MÚSICA   CULTURA POP   ESTILO DE VIDA   COMIDA
CRIATIVIDADE & IMPACTO SOCIAL

RED HOT CHILI PEPPERS

OUT IN L.A.
O PRIMEIRO ROLÊ EM 1983

HAMISH DUNCAN

TRADUÇÃO PAULO ALVES

Título original: *Out in L.A.: The Red Hot Chili Peppers 1983*
Copyright © 2023 Hamish Duncan
Todos os direitos reservados

Publicado mediante acordo com Chicago Review Press

Nenhuma parte desta publicação pode ser reproduzida, armazenada ou transmitida para fins comerciais sem a permissão do editor. Você não precisa pedir nenhuma autorização, no entanto, para compartilhar pequenos trechos ou reproduções das páginas nas suas redes sociais, para divulgar a capa, nem para contar para seus amigos como este livro é incrível (e como somos modestos).

Gustavo Guertler (*publisher*)
Germano Weirich (coordenação editorial)
Marcelo Viegas (edição)
Celso Orlandin Jr. (adaptação gráfica e diagramação)
Paulo Alves (tradução)
Tanara de Araújo (preparação)
Lucas Mendes Kater (revisão)

Capa: Jonathan Hahn

Projeto gráfico: Nord Compo

Fotos da capa: Fabrice Drouet

Fotos da quarta capa: Anthony Kiedis (Rob Allen); Flea (Jennifer McLellan)

Foto da orelha: Fernando Mallory

Foto do autor: Rosa Becerra

2024
Todos os direitos desta edição reservados à
Editora Belas Letras Ltda.
Rua Visconde de Mauá, 473/301 – Bairro São Pelegrino
CEP 95010-070 – Caxias do Sul – RS
www.belasletras.com.br

Dados Internacionais de Catalogação na Fonte (CIP)
Biblioteca Pública Municipal Dr. Demetrio Niederauer
Caxias do Sul, RS

D911r	Duncan, Hamish
	Red Hot Chili Peppers - out in L. A.: o primeiro rolê em 1983 / Hamish Duncan; tradutor: Paulo Alves. - Caxias do Sul, RS: Belas Letras, 2024.
	304 p.
	Título original: Out in L. A.: The Red Hot Chili Peppers 1983
	ISBN: 978-65-5537-330-1
	ISBN: 978-65-5537-329-5
	1. Rock (Música). 2. Red Hot Chili Peppers (Conjunto Musical). 3. Músicos de rock - Estados Unidos. I. Alves, Paulo. II. Título.
24/03	CDU 784.4(73)

Catalogação elaborada por Vanessa Pinent, CRB-10/1297

Em memória de

Hillel Slovak
1962–1988

Jack Sherman
1956–2020

Para Rosa,
a luz sob a qual vejo o mundo

"Os fatos e números não são importantes para mim,

as cores e formas que constituem o meu mundo, sim;

elas são quem eu sou, certo ou errado."

— Flea, *Acid for the Children*, 2019

SUMÁRIO

Prólogo: 23 de agosto de 2003. Slane Castle, Irlanda   15

Antes do início: 1982 21

Show nº 1: 16 de dezembro de 1982
    Rhythm Lounge, Grandia Room,
    Melrose Avenue 61

Show nº 2: 30 de dezembro de 1982
    Rhythm Lounge, Grandia Room,
    Melrose Avenue 77

Show nº 3: 6 de janeiro de 1983
    Rhythm Lounge, Grandia Room,
    Melrose Avenue 80

Show nº 4: 4 de março de 1983
    Cathay de Grande, Argyle Avenue 84

Show nº 5: 25 de março de 1983
    Cathay de Grande, Argyle Avenue 94

Show nº 6: 31 de março de 1983
    Club Lingerie, Sunset Boulevard 97

Show nº 7: 31 de março de 1983
    Rhythm Lounge, Grandia Room,
    Melrose Avenue 102

Show nº 8: 13 de abril de 1983
    Anti Club, Helen's Place, Melrose Avenue 104

Show nº 9: 29 de abril de 1983
    The Plant, Ventura Boulevard 108

Sessão de gravação: início de maio de 1983
    Studio 9 Sound Labs, Hollywood Boulevard 113

Show nº 10: 20 de maio de 1983
    Fiesta House, East Olympic Boulevard 128

Show nº 11: 30 de maio de 1983
    China Club, West Third Street 134

Show nº 12: 4 de junho de 1983
Anti Club, Helen's Place, Melrose Avenue 141

Show nº 13: 5 de junho de 1983
Sunday Club, Golden Village Supper Club,
Hollywood Boulevard 144

Show nº 14: 11 de junho de 1983
The Vex, North Soto Street 148

Show nº 15: 17 de junho de 1983
Anti Club, Helen's Place, Melrose Avenue 150

Show nº 16: 3 de julho de 1983
Kit Kat Club, Santa Monica Boulevard 158

Show nº 17: 4 de julho de 1983
Music Machine, West Pico Boulevard 169

Show nº 18: 18 de julho de 1983
Club Lingerie, Sunset Boulevard 172

Show nº 19: 25 de julho de 1983
Music Machine, West Pico Boulevard 181

Show nº 20: 31 de julho de 1983
Al's Bar, Traction Street 183

Show nº 21: 4 de agosto de 1983
The Plant, Ventura Boulevard 190

Show nº 22: 13 de agosto de 1983
Pomona Valley Auditorium,
West Third Street, Pomona 194

Show nº 23: 17 de agosto de 1983
Universal Amphitheatre, Universal City Plaza 197

Show nº 24: 9 de setembro de 1983
Radio City, Knott Avenue 202

Show nº 25: 10 de setembro de 1983
Kit Kat Club, Santa Monica Boulevard 204

Show nº 26: 18 de setembro de 1983
Sunday Club, Cathay de Grande,
Argyle Avenue 210

Show nº 27: *circa* 10 a 13 de outubro de 1983
E'wu's Paradise, Galena Street, Aspen 230

Show nº 28: 29 de outubro de 1983
The Plant, Ventura Boulevard 237

Show nº 29: 7 de novembro de 1983
Club Lingerie, Sunset Boulevard 239

Show nº 30: 23 de novembro de 1983
Reseda Country Club, Sherman Way 243

*Epílogo: 9, 10 ou 11 de março de 1984. Estúdios da KTTV,
Sunset Boulevard   261*

Agradecimentos   271

Apêndice: As casas de 1983   274

Notas   279

PRÓLOGO

23 DE AGOSTO DE 2003

Slane Castle, condado de Meath, Irlanda

EMERGIMOS DA ESCURIDÃO. A princípio, só se consegue ver os galhos nus de uma árvore, mas essa árvore logo começa a pairar sobre dezenas de milhares de pessoas de respiração suspensa, barriga cheia de cidra, pernas doídas e nuca vermelha depois de horas de espera sob o sol irlandês. Ouve-se música, mas é apenas a *playlist* pré-show que toca baixinho das caixas de som de potência insana distribuídas por todos os cantos do gramado lotado. A ansiedade no ar é tão espessa que é possível senti-la através da cortina.

Algo muda em algum lugar. Não são as luzes que se apagam; não há o mergulho na escuridão que geralmente acompanha momentos como este. Estamos ao ar livre; o sol só começou a se pôr e, neste final de verão irlandês, o céu só vai escurecer daqui a uma hora, no mínimo. Mas o público percebe que o momento chegou. Como um, todos *berram*.

A câmera desliza pela fila do gargarejo de uma multidão repleta de rostos jovens, uma massa de gente que passou o dia todo pressionada contra a dura barreira de metal. É uma bagunça de membros, braços saindo do nada, palmas ansiosas, cabeças suadas. A maioria usa camisetas com logotipos de bandas; a maioria dessas é da banda que estão ali para ver.

No palco, de trás de uma parede de amplificadores Marshall do tamanho de um carro, saem o guitarrista John Frusciante e o baixista Flea com sorrisos de orelha a orelha. Frusciante, de cabelo comprido e semblante acuado, empunha sua Fender Stratocaster *sunburst* de 1962 e murmura algo para si mesmo ao ver a multidão devidamente pela primeira vez.

Parece ser "puta merda".

Em choque ou não, ele começa a tocar no tom de ré – um lamento melódico improvisado, ao mesmo tempo dramático e reconfortante. Uma introdução para algo maior. Flea – usando uma fantasia de esqueleto em referência ao herói do baixo John Entwistle – se junta a ele, tocando baixo daquele seu jeito, sem se ater apenas à tônica, mas criando uma composição melódica à parte. Logo o baterista Chad Smith, sentado no tablado atrás deles, pega a batida e os conduz a um *crescendo* finamente ajustado à medida que as luzes piscam ao seu redor. É uma coisa que eles já fizeram milhares de vezes, mas em permutações diferentes, uma composição inventada no ato e exclusiva a cada performance. São músicos de primeiríssima linha. Quando terminam – momento decidido aparentemente por telepatia –, o vocalista Anthony Kiedis salta para o palco ao som de mais aplausos arrebatados, e, simples assim, o show começa.

No dia 23 de agosto de 2003, o Slane Concert anual teve como atração principal a banda de rock de Los Angeles Red Hot Chili Peppers. Nos arredores do Slane Castle, um castelo do século 18 no condado de Meath, na Irlanda, o dia também contou com apresentações das lendas do rock PJ Harvey, Queens of the Stone Age e Foo Fighters.

O show foi uma empreitada imensa. Um público de 85 mil fãs devotos se espalhou e berrou por todo o extenso território do castelo, com um espetáculo de fogos de artifício encerrando o longo dia de música e festividades. Foi um dia especial em que tudo deu certo. Uma equipe de filmagem registrou a apresentação de 90 minutos dos *headliners*, que pouco depois foi lançada num DVD campeão de vendas cujo público só cresceu graças ao *streaming**.

Em agosto de 2003, o Red Hot Chili Peppers estava no topo. Era, provavelmente, a maior banda do mundo naquele período. Seu álbum mais recente até então, *By the Way* (2002), de inspiração *dream-pop*, já se aproximava dos nove milhões de cópias vendidas em todo o planeta, e as canções apresentadas no show de Slane Castle incluíram vários hits mundialmente adorados do grupo, como "Can't Stop", "Scar Tissue" e "Under the Bridge". Naquele mês, eles estavam no meio de uma turnê mundial muitíssimo bem-sucedida que os levou a praticamente todos os continentes. Nos anos seguintes, lançariam uma coletânea de seus maiores sucessos que raramente sairia das paradas, além de mais cinco álbuns arrasa-quarteirão. Em 2012, cruzaram a linha de chegada do Rock and Roll Hall of Fame, enquanto seguiam compondo músicas novas e estimulando seus músculos criativos.

Firme nos degraus mais altos da indústria musical, o Chili Peppers poderia ter parado a qualquer momento nas últimas duas décadas e ainda seria uma banda lendária. É grande o suficiente para poder desaparecer por meia década – o que já aconteceu em diversas ocasiões – e ainda virar notícia ao ressurgir. Pode ser *headliner* de qualquer festival do mundo, quando quiser. Grande a ponto de seu som ser facilmente reproduzido e satirizado, porém nunca superado. Cada membro por si só já é uma celebridade, sobretudo os dois fundadores, o vocalista Anthony Kiedis e o baixista Michael "Flea" Balzary. Seu guitarrista de longa data, John Frusciante, é frequentemente considerado um dos melhores de sua geração, se não de todos os tempos, enquanto Flea e Chad Smith já receberam honrarias semelhantes. Anthony Kiedis, apesar de talvez não ser

---

* A versão mais vista do show no YouTube tem, até o momento da escrita deste livro, aproximadamente 18 milhões de visualizações. (N. do A.)

um virtuoso, é insubstituível para o grupo e, muito provável, seja o que mais cresceu dentre todos eles em sua função.

Você pode estar se perguntando: de onde vieram esses quatro indivíduos? Como chegaram àquele palco na Irlanda naquele dia ao fim do verão de 2003? Qual foi a jornada deles e que dificuldades superaram para estar ali? Como todas as grandes bandas, eles foram moldados por suas próprias histórias; nunca algo majestoso emergiu de um vácuo. E o Red Hot Chili Peppers não é exceção.

Será que alguém apontaria para o retorno glorioso de John Frusciante em 1998 e a subsequente dominação mundial da banda com o lançamento de *Californication* no ano seguinte? Ou talvez o ponto de virada tenha sido antes, quando Frusciante se juntou ao grupo na década anterior para substituir o guitarrista original, Hillel Slovak, após sua morte trágica por *overdose* de heroína, levando-a a percorrer um caminho completamente diferente? Seria uma das muitas vezes – 1992, 2009 – em que eles se viram desfalcados de um membro-chave e ainda assim decidiram seguir em frente?

O que explica sua longevidade, sua singularidade e seu espírito inquebrantável?

Para responder essa pergunta, certamente seria de grande valia olhar o mais para trás possível para comparar o Red Hot Chili Peppers de 2003 com a encarnação original de 1983. Vinte anos é muito tempo. Mais tempo do que a maioria das bandas dura, afinal.

Em agosto de 2003, o grupo já havia atingido um superestrelato monstruoso, era uma indústria autônoma com centenas de empregados e uma frota de caminhões. Naquele dia em particular, tocou para tanta gente que, por razões de segurança, precisou chegar ao show de helicóptero.

Em agosto de 1983, aquele quarteto de aparência e sonoridade muito diferentes tinha apenas oito meses. Contava, se formos generosos, com dez músicas no repertório. E, dessas dez, duas tinham menos de um minuto, uma era um *cover* alucinado de Jimi Hendrix e três eram sátiras simples *a capella* de cantigas de acampamento.

Eles próprios eram quase uma piada. O Red Hot Chili Peppers do início não se levava a sério, nem os públicos para quem tocava. Ainda não havia uma carreira. A maioria dos integrantes tocava em outras bandas mais empenhadas: aquelas que tinham muito potencial, formadas do zero e que haviam conquistado bases de fãs de verdade, fora do círculo de amigos. Esse grupo novo era só um projeto paralelo, algo para o qual só foram pensar num nome depois de três shows.

Ao final de 1983, as coisas estavam em movimento de uma forma que ninguém, especialmente a banda, esperava. Talvez eles não fossem uma piada, afinal; talvez houvesse alguma coisa *real* acontecendo ali. Tinham desenvolvido presença de palco após tocar ao vivo cerca de 30 vezes e elaborado a maioria das suas excentricidades nos shows. Haviam gravado uma demo efervescente, uma representação perfeita do repertório daquela era, com uma energia e economia que passariam o resto da carreira tentando recriar.

Também tinham sofrido os primeiros reveses dessa carreira, os primeiros de uma longa série que teria destruído qualquer outra banda. Perderam o guitarrista e o baterista – membros essenciais e amigos íntimos de infância –, que compunham, festejavam, sangravam, amavam e dançavam com aqueles que permaneceram.

Perderiam guitarristas mais nove vezes nas três décadas seguintes, além de alguns bateristas, para completar. Aquela primeira separação foi um mero aquecimento. A decisão de continuar com a banda no final de 1983 seria tomada muitas outras vezes por Anthony Kiedis e Flea.

Assim que o tempo no palco do Slane Castle termina e a banda (metade dela sem camisa, todos suados e extasiados) acena para a multidão devota, o Red Hot Chili Peppers ruma ao *backstage* para recuperar o fôlego e preparar os próximos passos. Mais paradas daquela jornada monstruosa acenam no horizonte: um show na Escócia e, em seguida, outra etapa de uma interminável turnê por arenas dos EUA. Um abismo de distância do mundo minúsculo que eles habitavam naquele ano de formação, no qual todos os shows, exceto um, foram feitos em seu amado estado natal da Califórnia.

Tudo o que fez do Red Hot Chili Peppers os superastros do rock moderno que são hoje só pôde acontecer por causa dos episódios de 1983. Cada passo dado naquele ano caótico plantou as sementes para o resto de sua carreira ilustre. Houve momentos de sorte, momentos de caos, momentos de loucura. Porém, havia um fio condutor: o amor pela música – mais especificamente, o amor por um certo tipo de música – e o amor uns pelos outros, fosse entre todos os quatro membros da banda ou apenas entre os dois centrais, Flea e Anthony. Poderiam ter se separado inúmeras vezes desde sua formação; por causa de 1983, nunca o fizeram. Sem 1983, não haveria Slane Castle, nenhuma história antes e nenhuma história depois.

O que vem a seguir é a história de como os jovens que se tornaram o Red Hot Chili Peppers se conheceram, como formaram a banda nos finalmentes de 1982 e como decidiram transformar o que seria um único show em algo muito maior. É a história de *onde* tocaram, do *que* tocaram e com *quem* tocaram. É também uma história sobre a cena punk de Los Angeles do início dos anos 1980. Singulares, vibrantes e tão família quanto repulsivos, esses shows, quase sempre de público escasso, aconteciam em lugares incrivelmente diferentes ao redor da cidade. Restaurantes convertidos, bares de música country e casas de *strip-tease*, tudo isso aparece.

Mais importante: é a história de Anthony, Michael, Hillel e Jack, quatro garotos que tiveram sorte e fizeram bom uso de algo inesperado que dura até hoje.

ANTES DO INÍCIO:
1982

MICHAEL BALZARY TINHA 19 anos e era tecnicamente um sem-teto quando se mudou para o Contemporary Artists Space of Hollywood[*] (CASH) no final de 1981. Fundado e administrado por Janet Cunningham no Cahuenga Boulevard, nº 1953, o CASH foi inaugurado em junho de 1981 e de imediato se tornou um lar para diversos punks e garotos de rua, entre eles Laurence Fishburne, astro do então recém-lançado filme de Francis Ford Coppola *Apocalypse Now*.

O CASH foi o plano de Cunningham para obter uma bolsa do governo federal. Depois de ter se envolvido em espaços similares na sua terra natal, New Orleans, ela decidiu instituir o seu próprio ao se mudar para Los Angeles: "Conseguir o dinheiro da bolsa, abrir um espaço para apresentações e organizar shows, peças de teatro, música ao vivo, leituras". Um calendário do período mostra uma semana típica com performances na segunda-feira, exibições de vídeos e filmes na terça e na quarta e uma noite de novidades musicais na quinta.

Uma empreitada extremamente informal, com o tempo o CASH evoluiu de galeria e espaço para artistas num albergue para alguns fre-

---

[*] "Espaço de Artistas Contemporâneos de Hollywood", em tradução livre. (N. do T.)

quentadores. Era comum que esses fossem convidados a passar a noite lá, contanto que ajudassem. Embora nunca tenha morado no local, Fishburne fazia a segurança de graça para os shows, e a residência contínua de Balzary dependia de suas habilidades com a vassoura. Os primeiros anúncios do espaço informavam que o horário de abertura era "21h até as pessoas decidirem ir embora. Traga suas próprias bebidas".

Cunningham, "uma mulher sem meias palavras que não engolia sapo de ninguém", também mantinha seus esfarrapados hóspedes alimentados com pratos generosos de arroz e feijão ao estilo de New Orleans enquanto eles encaravam ressacas, criavam arte e formavam inúmeras bandas; algumas eram só passatempo, outras eram um pouco mais sérias.

Michael Balzary ainda não era o baixista de rock mundialmente famoso, conhecido como Flea. Nascido em Melbourne no dia 16 de outubro de 1962, seu pai, um agente aduaneiro, se mudou com a família da Austrália para Nova York quando Michael tinha sete anos. Seus pais se separaram pouco depois, com Michael Sr. voltando sozinho e em definitivo para a terra natal, na intenção de não interferir na educação dos filhos. A mãe, Patricia, mudou-se então com eles para a casa do contrabaixista de jazz Walter Urban Jr., professor na Manhattan School of Music, onde ela aprendia violão. Os dois não demoraram a se casar.

A família Balzary voltou a fazer as malas, desta vez para Los Angeles, onde chegou em 14 de novembro de 1972. Aos dez anos, Michael foi logo tirado de um subúrbio agradável, porém tedioso, e prontamente cercado por música, violência e drogas ilegais na Costa Oeste. Apesar das dificuldades, uma conexão importante com a música, em especial com o jazz, foi despertada nessa época. Walter fazia *jam sessions* em casa com músicos da região, enquanto Michael assistia hipnotizado: "Aqueles caras pegavam os instrumentos e começavam a soprar, sugar, bater e puxar, e aquilo me deixava tão feliz que eu rolava de rir no chão".

ANTES DO INÍCIO: 1982

Contudo, o padrasto e seus amigos raramente estavam empregados e sempre se metiam em encrenca com a polícia, o que causava fricção na família e levava Michael a perambular pelas ruas tentando fugir dos problemas em casa. Com o tempo, ele desenvolveu o hábito de beber e fumar maconha. "Aqueles caras não davam sorte de jeito nenhum", recordou-se anos mais tarde. "Tinham empregos de merda. Meu padrasto consertava carros no quintal. Era um grande baixista, cara. Deus o abençoe, era muito difícil." Quando Walter Urban Jr. *estava* trabalhando, era com grandes nomes como Dizzy Gillespie, Roy Gaines e Joe Greene, mas essas *gigs* eram escassas.

Sem surpresa, Michael também passou a tocar um instrumento. Urban tocava contrabaixo, mas seu enteado, num leve desvio, se interessou pelo trompete aos 11 anos. Estudante bolsista, ele logo se tornou extremamente proficiente e chegou até a tocar com a Jr. Philharmonic Orchestra e com a Los Angeles City College Jazz Band por um curto período, além da banda marcial, do coral e da orquestra da escola[*]. Porém, quando mudou-se para o CASH em 1981, já tocava baixo elétrico mais ou menos em tempo integral, num grupo de rock, ainda por cima.

A banda em que Michael tocava foi formada na Fairfax High School, na Melrose Avenue, no limite de West Hollywood. Começou como um trio, sem baixista, sob o nome Raven, que mudou para Chain Reaction e, depois, para Anthem. Ao descobrirem que havia uma banda homônima no vale de San Fernando, mudaram a grafia para Anthym. Em meados de 1981[**], o trocaram de novo, dessa vez para algo mais artístico e

---

[*] Um ensaio fotográfico de 1973 mostra um jovem Michael, de cabelos encaracolados e bochechas sardentas, tocando no estúdio de Dominick Calicchio, mestre da fabricação de trompetes. (N. do A.)

[**] O último registro existente de um show do Anthym data de 21 de junho de 1981; o primeiro de um show do What Is This data de 16 de agosto, o que significa que a banda deve ter mudado de nome em algum momento do verão de 1981. Abriram para a lenda local Oingo Boingo em 24 de julho daquele ano, mas não se sabe que nome usaram nessa apresentação. (N. do A.)

permanente. No outono daquele ano, o quarteto já tocava nos clubes da cidade e começava a desenvolver uma base de seguidores chamando-se What Is This*.

Michael foi recrutado para a banda (quando ainda era conhecida como Anthym) por seu amigo de escola Hillel Slovak no fim de 1979. Ele seria o substituto do baixista original, Todd Strassman, que entrara na época que o nome tinha sido mudado para Anthem. Hillel e o vocalista da banda, Alain Johannes, viram potencial no amigo, que até então só tocava trompete, mas crescera com um padrasto contrabaixista. "Precisávamos de um baixista", recordou-se Johannes, "e achamos que seria muito bom pegar alguém que não tocava e moldá-lo ao nosso estilo".

Anos mais tarde, Alain Johannes mencionaria que Strassman saiu da banda de forma amigável para se concentrar nos seus planos de entrar para a faculdade de Direito. Porém, em 1994, o baixista que entrou em seu lugar se recordaria da situação de modo um pouco diferente: "Hillel disse que o baixista deles era um idiota e me perguntou se eu não queria aprender a tocar baixo"**.

Ele relembrou o momento do convite numa conversa televisionada com o produtor Rick Rubin em 2019:

> Ele [Slovak] me disse: "Por que você não entra para a nossa banda de rock? Aí nós nos livramos do baixista atual, porque ele não está disposto a dar tudo de si". E foi isso, sabe? Eu nunca vou me esquecer daquele momento. Sentado no carro dele, estacionado no acostamento enquanto chovia lá fora. O DJ Jim Ladd, da KMET,

---

* Sem ponto de interrogação. O nome pode parecer uma pergunta, mas é apresentado como uma afirmação seca. (N. do A.)

** Hoje, Strassman é advogado em Los Angeles. (N. do A.)

tocava "Riders on the Storm", e realmente estava chovendo. Não sei se voltei a me sentir amado daquele jeito na vida. Como naquele momento, sabe? Tipo, quer entrar para a nossa banda?

Alguns meses depois de pegar um baixo pela primeira vez, Michael e o Anthym tocaram no lendário clube Gazzari's numa batalha de bandas. Pouco depois, o novo membro se envolveu ainda mais profundamente ao se tornar o agente de shows deles. O Anthym ficou em segundo lugar na competição no Gazzari's, mas só porque a banda campeã levou um ônibus cheio de amigos para torcer. Michael não abandonou o trompete por completo; ainda tocava de vez em quando, inclusive no palco com sua nova banda de rock, embora o baixo tenha virado seu foco musical daí em diante.

Hillel Slovak nasceu em Haifa, uma cidade costeira no norte de Israel, no dia 13 de abril de 1962. Seus pais eram sobreviventes do Holocausto, e, em 1967, a família, que já incluía um irmão mais novo, James, se mudou (assim como os Balzary) primeiro para Nova York, depois para Los Angeles. Hillel ganhou a primeira guitarra de seu tio Aron como presente de Bar Mitzvah e teve aulas de música na Fairfax Avenue com seu amigo de escola Jack Irons, nativo de Los Angeles, também de ascendência judaica[*].

Na infância, Jack viu uma bateria na vitrine de uma loja de instrumentos e soube imediatamente que aquele era seu futuro, depois que conseguisse convencer o pai a comprar uma para ele. "Meu pai não achava que eu estava pronto para pegar firme no instrumento", recordou-se. A bateria chegaria em seu 13º aniversário, mas, nesse meio tempo, batucar em potes e panelas com talheres daria conta do recado. Por volta dessa mesma época, Jack e

---

[*] Como haviam começado as aulas de música exatamente ao mesmo tempo e já eram bons amigos, Jack Irons e Hillel Slovak tinham a relação mais longa e talvez mais forte dentre todos os membros do Red Hot Chili Peppers quando a banda foi formada. (N. do A.)

Os garotos do Anthym com cabelo de poodle. Alain, Michael, Hillel e Jack pouco antes de um show no Troubadour, o maior deles até então. *Circa* 1980.

Hillel formaram uma banda *cover* do KISS*, dublando as faixas dos álbuns na frente dos colegas de turma numa festa de Halloween do colégio. Um deles seria um futuro companheiro de banda.

O vocalista e guitarrista base do What Is This era Alain Johannes Mociulski, nascido em Santiago, no Chile, em 2 de maio de 1962. Aos 12 anos, ele se mudou para Los Angeles (após passar pela Suíça e pelo México) com os pais. Assim que assistiu a Hillel e Jack imitarem o KISS naquele dia na escola, Alain, por razões ainda incompreensíveis para ele muitos anos depois – "Eu era muito tímido, mal falava inglês" –, decidiu testar a integridade estrutural da frágil braguilha caseira de Jack (que, na verdade, era apenas uma bola de tênis cortada ao meio e pintada de prata com spray), logo descobrindo que era quase nula. Depois de um pedido de desculpas frenético, o trio começou a fazer *jams*, formando o Raven,

---

* Hillel era o guitarrista e vocalista Paul Stanley, mas Jack era o baixista Gene Simmons; sua escolha de membro do KISS não se alinhou com o instrumento que ele acabaria tocando de verdade. (N. do A.)

que passaria a ensaiar numa variedade de quartos e garagens por Los Angeles. Alain (cujo pai era músico e seu tio, Peter Rock, era um astro no Chile) tocava guitarra desde os quatro anos e, portanto, era o músico mais experiente do grupo, além de seu líder de fato˚.

O What Is This era composto por esses quatro integrantes, mas seu círculo de amigos da escola era extenso; alguns eram músicos, como Keith Barry, que tocava viola e cujo pai vendeu a Michael o primeiro baixo, e Patrick English, que tocava trompete. Outros não eram músicos, ou pelo menos não ainda. Um deles era Anthony Kiedis.

Anthony nasceu em Grand Rapids, Michigan, em 1º de novembro de 1962. Na infância, sua família se mudou para Los Angeles para seguir o pai, John Kiedis, em seus sonhos de se tornar ator. Porém, a fama não veio tão rápido quanto todos esperavam, e a família se desfez pouco depois. Anthony voltou para Michigan com sua mãe recém-separada, enquanto o pai permaneceu em Los Angeles. Nos anos seguintes, John se formou com louvor na UCLA e estudou no Lee Strasberg Institute, conhecido por seus métodos de interpretação. Fez pontas nos seriados *Starsky & Hutch - Justiça em Dobro* e *As Panteras* no final da década de 1970, mas sua maior fonte de renda naqueles primeiros anos eram trabalhos em publicidade e tráfico de drogas.

John era uma figura mítica para Anthony. Além das idas esporádicas a Los Angeles durante as férias de verão ou das visitas de supetão do pai a Michigan para levar drogas, Anthony só tinha notícias dele por meio de cartas e pacotes que mostravam uma vida muitíssimo diferente daquela que o garoto levava no nevado, gélido e chato Meio-Oeste. Em 1974, os

---

˚ Não surpreende que houvesse tanta musicalidade pelos corredores da Fairfax High; ao final da década de 1970, entre os ex-alunos estavam Warren Zevon, o lendário produtor Phil Spector, a lenda da Tin Pan Alley Jerry Leiber e o trompetista de jazz Herb Alpert. Além disso, Robert Wolin, o professor de guitarra que dava aulas a Alain e Hillel, também teve como aluno o guitarrista do Guns N' Roses, Slash. (N. do A.)

dois se reconectaram quando o jovem Kiedis teve seu desejo concedido e finalmente se mudou mais uma vez para a Califórnia, direto para uma vida de testes para filmes, muita proximidade com lendas do rock e uso de drogas gratuito e fácil. O pai acabaria por trocar sua identidade para Blackie Dammett, nome artístico inspirado pelo autor de literatura policial Dashiell Hammett.

Michael e Anthony se conheceram quando ambos tinham 15 anos. A princípio, Anthony tentou se matricular na University High depois de se formar na Emerson Junior High, mas foi impedido pela escola após a direção descobrir que ele mentia sobre seu endereço*. Assim, ele foi mandado para a Fairfax High, 11 km mais a leste.

Num primeiro momento, foi um choque de frustração, mas que mudou sua vida de muitas maneiras. Em torno de um mês após o início do ano letivo, Anthony foi confrontado com a imagem de seu amigo Tony Shurr preso num mata-leão por um moleque baixinho de cabelo bufante e diastema. Para piorar e transformar o insulto em injúria, o *bully*, que aparecera de súbito, pressionava as juntas dos dedos fechados contra a cabeça de Shurr. Ao arrancar o garoto de cima do amigo, Anthony ficou cara a cara com Michael Balzary pela primeira vez e o ameaçou com violência se ele voltasse a pôr as mãos em Tony. A briga foi dispersa rapidamente, mas os dois acabaram se sentando um ao lado do outro na aula de direção naquele mesmo dia. O professor se irritava com os alunos que escreviam em propriedades da escola; quando Anthony se levantou da carteira, Michael escreveu "Anthony Kiedis esteve aqui" nela, o que Anthony só pôde achar engraçado ao retornar**. No dia seguinte, voltaram a se encontrar na arquibancada do ginásio, quando a chuva interrompeu

---

* O endereço falso pertencia a Sonny Bono, amigo da família. (N. do A.)

** Esse acontecimento foi imortalizado, assim como muitas aventuras daqueles primeiros anos, nos versos falados que abrem "Deep Kick", do álbum *One Hot Minute*, de 1995. (N. do A.)

ANTES DO INÍCIO: 1982

uma aula de educação física, e iniciaram uma conversa que, segundo Michael, "já dura mais de 40 anos".

"Apesar de termos começado com agressividade, senti uma ligação instantânea com aquele pequeno estranho", recordou-se Anthony. Os dois rapidamente se tornaram inseparáveis, embora fossem polos opostos em muitos aspectos. Talvez isso tenha sido resultado das tentativas assumidas de Anthony de fazer amizade "com os mais solitários e desprezados da escola".

Mais amizades significativas viriam a ser feitas. Um dia, pouco depois de conhecer Michael, Anthony viu uma banda estranha formada por rapazes com cabelo de poodle chamada Anthym tocar no pátio da Fairfax High no intervalo e pegou um dos bottons distribuídos pelo grupo. Por acaso, estava usando esse botton quando se deparou com Hillel Slovak, que o convidou para um lanche após a aula. Em meio a sanduíches de salada de ovo, os dois se deram bem, tornando-se bons amigos imediatamente. Anthony, Michael e Hillel acabaram formando seu próprio grupinho dentro do círculo maior de amizades que desabrochou quando se formaram na Fairfax em julho de 1980[*]. Mais interessados em anarquia e substâncias ilícitas do que, digamos, Alain Johannes ou Jack Irons, os três se intitulavam Los Faces, uma gangue de mentira na qual todos tinham alter egos mexicanos inspirados em Cheech e Chong. Michael era "Poco"; Hillel era "Paco" ou "Slim" ["Magrelo"] ou o "Cowboy de Israel"; e Anthony era o "Swan" ["Cisne"] ou "Fuerte"[**].

Anthony era um *showman* nato que já fazia aulas de teatro, frequentava o clube de dramaturgia da Fairfax e conseguira diversos papéis em

---

[*] Décadas mais tarde, Anthony prestaria homenagem a esses primeiros anos com Hillel numa estrofe ao estilo fluxo de consciência na faixa "Open/Close". (N. do A.)

[**] Nas notas do encarte da coletânea de raridades *Out in L.A.*, de 1994, escritas à mão, Flea cita ainda os seguintes nomes: Fire Man, Earth Man, Wind Man, Clem Phlegm e Huey Spitoon. Não se sabe que nome pertence a quem, embora se possa fazer algumas suposições. (N. do A.)

comerciais e filmes de Hollywood como ator mirim sob o pseudônimo Cole Dammett, inspirado pelo pai. O mais proeminente desses papéis foi ao lado de Sylvester Stallone em *F.I.S.T.*, de 1978, drama policial dirigido por Norman Jewison. Cole Dammett, no papel do filho de Stallone, só teve uma fala, mas essa fala foi assistida por milhões.

Capitalizando sobre esse elemento da sua personalidade e talvez desejando o brilho dos holofotes, Anthony começou a abrir para o Anthym (e mais tarde para o What Is This) como MC, mais ou menos na época em que Michael entrou para o grupo*. Antes de a banda tocar, Anthony saltava no palco e copiava algumas sacadas do pai: contava piadas, improvisava rimas quase sempre *nonsense* e aquecia o público (que invariavelmente estava ali para ver outra atração). Seu repertório flutuava com naturalidade, mas havia uma passagem frequente à qual recorria quando chegava a hora de apresentar a banda: "Cal Worthington** os chama de os roqueiros mais quentes de Los Angeles. Seus pais os chamam de malucos, e as garotas os chamam o tempo todo. Mas eu os chamo como eu os vejo, e eu os chamo de... Anthym!".

Quando seu *set* de um minuto terminava, Anthony se juntava ao público e pulava da forma mais louca possível, influenciando agora os presentes *in loco*. É improvável que ele se considerasse um membro efetivo do Anthym ou do What Is This, mas, no futuro, jornalistas que fugiam da lição de casa frequentemente dariam a ele esse crédito, ainda que apenas como "mestre de cerimônias e agente provocador".

Anthony talvez fosse o menos musical de seus amigos, mas também já havia tido a experiência de fazer parte de uma banda. Em 1980, ele, Michael e seus camaradas Dondi Bastone e Patrick English formaram

---

* Anthony também trabalhava de *roadie* para a banda de vez em quando, mas não era conhecido por sua confiabilidade. (N. do A.)

** Negociante de automóveis conhecido nos EUA por seus excêntricos comerciais de rádio e televisão. (N. do T.)

ANTES DO INÍCIO: 1982

uma *"jam band"** chamada Spigot Blister and the Chest Pimps. Além de terem durado pouco, Anthony pode ter apenas gritado ao microfone enquanto os demais piravam nos instrumentos atrás dele. Porém, essa combinação de presença de palco desinibida e experiência com um microfone se provaria útil no futuro próximo**.

A exemplo de Michael, Anthony também era quase um sem-teto em 1982. Vinha morando com seu amigo Bill Stobaugh, cineasta e músico, mas o acordo terminou quando Stobaugh acusou o hóspede de roubar sua preciosa coleção de guitarras***. Antes disso, ele e Michael moraram com um terceiro amigo, John Karson, numa casa perto do Formosa Cafe, no Santa Monica Boulevard. A dupla, no entanto, foi despejada após uma festa tão alucinada que Karson, menos aventuroso, os dedurou para o proprietário, levando-os à expulsão. Michael então se mudou para o CASH.

Anthony, assim como Michael, já tinha intimidade com as drogas. Sempre com um espírito livre e vivendo os efeitos da sua infância um tanto indisciplinada, em 1982 ele já perdera as estribeiras e estava provavelmente viciado em cocaína. Abandonou a faculdade de Ciências

---

* Denominação usada para caracterizar, desde os anos 1960, bandas cujo som ao vivo é voltado para *jams* extensas, com muita improvisação, dentro de gêneros como o blues rock, o Southern rock e a psicodelia, entre outros, tendo como seus primeiros expoentes bandas como o Grateful Dead e a Allman Brothers Band. (N. do T.)

** No livro de fotos do Chili Peppers *Fandemonium*, Anthony chama a banda de "Chest Pumps", mas em *Scar Tissue* refere-se a ela como "Chest Pimps". Como o nome foi inspirado (segundo Anthony) pelo problema de acne de Michael, é de se presumir que "Pimp" *["espinhas" em inglês]* seja o nome correto. Além disso, em *Fandemonium*, Anthony não menciona que Michael fazia parte da banda; em *Scar Tissue*, ela é *batizada* com inspiração em Michael, então é justo presumir que ele era um integrante. Ele diz ainda num relato que Dondi Bastone tocava baixo; em outro, diz que Bastone tocava guitarra. Baixo é improvável, caso Michael estivesse envolvido, mas talvez a proposta fosse que todos trocassem de instrumento. Bastone e Patrick English eram da orquestra da escola Bancroft Junior High com Michael. (N. do A.)

*** Stobaugh, que tocaria guitarra no Thelonious Monster por um tempo, acabou dirigindo os clipes de "Higher Ground" e "Show Me Your Soul" para o Red Hot Chili Peppers, então ele e Anthony evidentemente fizeram as pazes anos mais tarde. Ele também dirigiu Flea no clipe de "Who Was in My Room Last Night?", do Butthole Surfers. Stobaugh faleceu em 1996. (N. do A.)

Políticas na UCLA e mal conseguia se sustentar como motorista da Mid--Ocean Motion Pictures, produtora de animação computadorizada de Los Angeles*. De tempos em tempos, passava a noite nos escritórios da Mid-Ocean, dormindo num depósito, além de ficar na casa da família de Hillel, na de Keith Barry e no CASH.

Não é novidade que, para os adolescentes que cresceram na Califórnia nos anos 1970, a porta de entrada para o uso recreativo de drogas era a cannabis. Graças ao pai, Anthony fumou o primeiro baseado aos 12 anos, mais ou menos a mesma idade com que Michael também experimentou, apresentado à maconha por sua irmã Karyn. Durante a adolescência e início de seus 20 anos, a dupla provou diferentes substâncias, frequentemente se aventurando em territórios intravenosos perigosos.

Michael e Anthony situavam-se nos extremos opostos de um espectro de várias maneiras, sendo a relação deles com as drogas um exemplo dessa divisão entre os dois. Em sua autobiografia, Michael apontou a diferença entre ele e seu amigo mais próximo: "Eu gostava de fumar maconha, mas, quando comecei a andar com Anthony, era uma *vibe* diferente. Precisávamos fumar todo dia, era uma missão fazer isso acontecer no segundo em que saíamos da escola. O motor interno que o conduzia a chapar era incansável". Sob o risco de simplificar demais, esse vislumbre inicial pode ajudar a explicar as distinções entre eles mais adiante; Anthony Kiedis enfrentaria a dependência química até quase os 40 anos, ao passo que Flea largou todas as drogas pesadas no início dos anos 1990: "Eu não tinha esse gene do vício pesado".

---

* Em sua autobiografia, Anthony menciona que a Mid-Ocean fez "todas as animações para *Blade Runner*", embora nada nos créditos do filme corrobore com essa afirmação. Aparentemente, ele trabalhou por um tempo para o Entertainment Effects Group, que Douglas Turnbull operava num depósito em Marina Del Rey. Foi o EEG quem, na verdade, fez todos os efeitos especiais fotográficos de *Blade Runner*. (N. do A.)

ANTES DO INÍCIO: 1982

Foi durante aqueles primeiros anos da década de 1980 que a heroína entrou na vida deles de forma séria, com alguns envolvendo-se mais intensamente com a droga do que outros. Michael se manteve em relativa segurança e só provava de vez em quando, mas Anthony e Hillel se tornaram usuários consistentes, o que daria início à dependência que os assombraria nos anos seguintes. Como já tinham experiência em injetar cocaína, não foi uma mudança tão grande para o mais grave dos dois narcóticos. Anthony, em particular, chegou a experimentar heroína pela primeira vez aos 14 anos, também graças ao pai, embora sem o uso de agulha nessa primeira fase.

Nesse ínterim, o CASH andava chamando muita atenção e passou a ser frequentemente alvo do Departamento de Polícia de Los Angeles. No início de 1981, o espaço sofreu uma batida após uma reclamação sobre barulho e Janet Cunningham foi presa por "perturbação do sossego" – uma acusação estranha, pois tudo o que a polícia encontrou na batida foi um poeta *beatnik* acompanhado por um tocador de bongô. Mesmo assim, ela foi forçada a instaurar uma política que determinava o uso exclusivo de instrumentos acústicos aos artistas que tocavam na casa. Entretanto, depois de visitas demais da polícia e alguns problemas com o pagamento do aluguel, o clube foi fechado em meados de 1982, forçando o pessoal que morava lá a ir embora[*].

Assim que conseguiu juntar algum dinheiro, Michael se mudou para um apartamento no North Wilton Place, 1857, em Hollywood, com seu amigo Joel Virgel-Vierset, um percussionista franco-caribenho que havia conhecido no CASH e com quem pretendia montar uma banda. Quando a dupla precisou de um terceiro inquilino para divi-

---

[*] Há evidências de que o clube estava aberto em maio de 1982, mas não mais do que isso. Janet Cunningham faleceu em 2017. A conexão dela com os que viriam a se tornar o Red Hot Chili Peppers não é nada se comparada às incontáveis conexões que ela forjou com muito, muito mais gente naqueles primeiros anos da década de 1980. (N. do A.)

dir o aluguel e ajudar a pagar pela instalação de uma linha telefônica, convidaram o fotógrafo e artista Fabrice Drouet. Também francês, ele conhecia Virgel-Vierset desde Paris e o seguiu até Los Angeles, e o que começou como uma simples viagem turística de um mês se transformou em quase dez anos.

Durante um curto período, Drouet morou com Gary Allen, nativo do Arkansas, cuja banda, Neighbors Voices (que incluía Joel Virgel-Vierset, entre outros), tinha recentemente acabado. Allen, a quem Hillel Slovak chamou certa vez de "um grande ser humano", era um homem de muitos talentos: ex-dançarino do programa *Soul Train*, chef particular (de ninguém menos que Elton John) e designer de moda que acabaria trabalhando de perto com Billy Idol nos anos seguintes. Michael, Anthony, Jack e Hillel primeiro viram o Neighbors Voices ao vivo e, em seguida, conheceram Gary Allen e Joel Virgel-Vierset num clube chamado Brave Dog, no centro de Los Angeles. Instalado durante as noites de final de semana numa loja vazia na East 1st Street, 418, o clube usava um esperto sistema de cartões postais para manter as festas no *underground*, só para convidados e particular – funcionou bem por cerca de um ano e meio até que o Departamento de Polícia de Los Angeles acabou descobrindo e fechou tudo.

O Anthym tocou no clube ao menos uma vez, em 21 de junho de 1981; o Neighbors Voices se apresentou no final de semana seguinte. Os clubes eram mais do que um espaço para beber e dançar, eram *acontecimentos*, cujas "festividades", relembrou Michael, "transbordavam para o estacionamento e para a viela de trás, onde, naquelas noites quentes de verão, o inesperado sempre acontecia". Durante esse período, ele trabalhava na clínica veterinária Miller, na Melrose Avenue. O dr. Miller em si era "um homem incrível, uma nuvem de cabelos grisalhos e um rosto bulboso de espirais". Era um trabalho que dava ao sorrateiro Michael o acesso ocasional a remédios controlados, potencialmente alucinógenos,

ANTES DO INÍCIO: 1982

Onde tudo começou. No final de 1982, Flea se mudou para um apartamento neste prédio no North Wilton Place, 1857, em Hollywood, com dois amigos franceses, Fabrice Drouet e Joel Virgel-Vierset. Alguns meses depois, uma nova banda fez seu primeiro ensaio a *capella* na sala de estar. (Foto: Gary Allen)

mas que também tinha seus contras, já que ele era sujeito a incontáveis e traumatizantes autópsias de cães e gatos[*].

O apartamento no North Wilton Place, a apenas um quarteirão da agitação do Hollywood Boulevard e dos labirintos sinuosos e silenciosos de Hollywood Dell, foi rapidamente apelidado por seus novos inquilinos de "Wilton Hilton". O prédio era lar de muitos músicos, artistas e até mesmo de uma senhoria idosa que acabaria cometendo suicídio pulando do terraço muitos anos depois. As lembranças desse tempo são nebulosas, mas todas envolvem farra extensa e pouca reflexão séria sobre o futuro. Hillel também se tornaria um morador; vivia com a mãe e o irmão mais novo perto dali, mas se mudou para o prédio para ficar mais perto dos amigos e companheiros de banda. Ele passaria o resto do ano ali à medida que o What Is This, com o novo empresário Kevin Staton a bordo, continuava a fazer shows por Los Angeles[**].

De início, os membros do What Is This tinham como referência os nomes clássicos do rock, como Led Zeppelin, Jimi Hendrix e KISS, sendo suas primeiras apresentações ao vivo na segunda metade dos anos 1970 (quando a banda ainda era conhecida como Chain Reaction) grandemente compostas por *covers* de artistas daquela era. Uma das peças centrais era "Ogre Battle", do Queen, do segundo álbum, *Queen II*. Porém, como qualquer banda que quisesse realmente chegar lá, começaram enfim a criar o próprio material e, durante esse período, foram influenciados mais por nomes do rock progressivo como Rush e

---

[*] Num post de 2003 para o blog do site do Red Hot Chili Peppers, Flea escreveu sobre ter roubado a clínica para comprar drogas, mas também fez questão de mencionar seus esforços para compensar por essas transgressões anos depois, quando já se encontrava em melhor condição financeira. (N. do A.)

[**] Nas notas do encarte da coletânea *Out in L.A.*, de 1994, Flea escreve que Anthony morou no Wilton Hilton. Em *Scar Tissue*, Anthony menciona ter apenas *se hospedado* lá com frequência. Não se sabe se ele foi um morador permanente ou não, mas é seguro afirmar que se tratava de uma presença constante no apartamento. (N. do A.)

King Crimson. Não restam muitas lembranças do repertório da banda antes da transformação em Anthym, exceto por poucas músicas: "The Answer", "One Way Woman", com Hillel no vocal*, e "White Knight Part I and II", que contava com solos de guitarras em dupla. Outra canção inspirada fortemente pelo progressivo e em que Hillel e Alain duelavam nas guitarras era "Paradox", um épico lento e arrastado que combinava o grave sinistro do Black Sabbath com as mudanças frenéticas do Rush. A banda gravou uma demo dessa música em 1979 e muito provavelmente registrou o repertório inteiro nessa mesma sessão**.

Por terem passado sua infância nos anos 1960, fica subentendido que os garotos cresceram ouvindo figurinhas carimbadas do rock clássico, além de uma grande variedade de estações de rádio de Los Angeles que fornecia uma dieta constante de toda e qualquer coisa sob o sol. "Eu adorava o rádio daquela época", lembrou Jack já adulto. "Havia muita Motown e R&B do bom." Anthony também escreveu sobre ouvir rádio com o pai após se mudar para Los Angeles em 1974 e proclamar que, um dia, seria cantor. Apesar de Michael ter começado sua vida musical focado intensamente no jazz, uma vez que sua mente se abriu para o mundo da música popular, não faltaram oportunidades para ele se atualizar. Sua rádio favorita era a KJLH, cujo dono era Stevie Wonder, e havia muitos amigos dispostos e prontos para dar outras sugestões.

Ao terminarem a escola no início de uma nova década, o Anthym começou a pender para sons mais experimentais, aprofundando-se no rock progressivo, mas também curtindo a new wave. Hillel e Alain

---

* Um trechinho da qual foi cantado por Flea numa entrevista a Malcolm Gladwell: "*Hey there, baby, have you heard the news?*" *["Oi, baby, você ficou sabendo da notícia?"]* (N. do A.)

** Depois de reaparecer em 2021, essa gravação em 8 canais hoje tem a honra de ser a mais antiga disponível relacionada ao Red Hot Chili Peppers. Sabe-se que existe outra gravação de estúdio da música "Clocks", do Anthym, que foi até executada na noite de demos regular da rádio KWEST *[hoje KPWR]*, de Los Angeles. (N. do A.)

Johannes foram a todos os shows da turnê do King Crimson em L.A. em novembro de 1981, onde estudaram absortos os truques de guitarra de Robert Fripp. Era um abismo de distância das fantasias do KISS ou da espera, poucos anos antes, no hotel em que Gene Simmons e cia. estavam hospedados. Contudo, em essência, eles simplesmente trocaram um traje por outro. "Cortamos o cabelo e passamos a usar ternos", recordou-se Alain, mas ainda se tratava de uma banda inspirada fortemente por outra.

Não era só o rock progressivo que capturava seus ouvidos: Michael escreveria que, depois de ouvir a banda de pós-punk inglesa Gang of Four pela primeira vez, em 1979, soube "no ato como queria que minha música soasse... Mudou completamente a forma como eu enxergava o rock". Os sons do Gang of Four aparecem com força na gravação de um show do Anthym no Flipper's Roller Boogie Palace daquele mesmo ano*. A banda podia estar tocando num rinque de patinação em Santa Monica, mas o som era, na sua maior parte, de Leeds; guitarras angulares e robóticas de Hillel e Alain (combinadas a um sotaque falso da parte do vocalista, para complementar) e linhas de baixo complexas e destacadas de Michael**. Dito isso, parte do repertório inicial da banda, como "Paradox", inspirada pelo rock progressivo, ainda sobrevivia, embora começasse a parecer deslocada no repertório.

Entretanto, mesmo que eles tenham expandido seus interesses, alguns artistas eram perenes. Numa entrevista dada em Miami Beach em dezembro de 1987, Hillel disse que seus dois guitarristas favoritos eram

---

* A gravação sem data, que vazou na internet em algum momento dos anos 2010, dura cerca de 40 minutos; provavelmente a duração do repertório inteiro do Anthym naquele momento. Não se pode precisar a data exata em que a banda tocou. (N. do A.)

** Infelizmente, não apareceram gravações do What Is This do período em que Michael fez parte da banda, embora uma foto de show de 1981 esteja reproduzida em sua autobiografia, *Acid for the Children*. (N. do A.)

ANTES DO INÍCIO: 1982

Andy Gill, do Gang of Four, e Jimi Hendrix. Enquanto o KISS tinha sido deixado de lado, Hendrix era uma presença permanente.

O What Is This começou devagar em 1982, e as tentativas até então de conseguir um contrato de gravação tinham sido, em sua maioria, malsucedidas. Era uma banda difícil em vários aspectos: o nome, por exemplo, era uma piada interna e descritivamente artístico, mas pode ter desinteressado possíveis fãs e selos que, de modo errado e persistente, o transformavam numa pergunta. Também era um grupo musicalmente complexo, que não se encaixava com exatidão em um único gênero. Isso não chega a ser algo negativo, é claro, mas ficava mais complicado vendê-los numa cidade cheia de artistas que se anunciavam de formas mais claras e eram mais simples de comercializar. Porém, nem tudo era ruim: o nome da banda, talvez por definição, permitia anúncios espertos. "Um público assistindo a um grupo moderno que faz uma mistura eclética de jazz, pós-punk e texturas rítmicas funkeadas talvez se pergunte *o que é isso?*"*, começa um deles para um show em maio de 1983.

Em 1982, o What Is This fez apenas um punhado de shows, dos quais nove foram documentados, embora o número real seja possivelmente o dobro. Nos dias 7 de abril e 22 de maio, tocaram no Cathay de Grande, clube em Hollywood. Em 24 de setembro, foi a vez do Madame Wong's, em Chinatown (uma das casas favoritas e mais frequentadas por punks de todo lugar), onde abriram para os Burning Sensations, hoje mais conhecidos pela participação na trilha sonora de *Repo Man – A Onda Punk*, de 1984. Infelizmente, o repertório da banda nessa época é desconhecido e nunca surgiram gravações ao vivo, mas é improvável que um *set* de 1982 lembrasse de algum modo a performance gravada lá em 1979.

Foi durante esse período mais lento que os gostos musicais de Michael começaram a se desviar daqueles de seus companheiros do What

---

* *"What is this?"*

Is This. Ao longo do tempo em que viveu no CASH e mesmo para além disso, ele frequentemente tocava em shows improvisados e fazia *jams* com músicos locais, na maioria das vezes com o baterista Joel Virgel--Vierset, além de tentar formar projetos mais permanentes, com níveis de sucesso variados.

Alguém com quem Michael passava um tempo considerável era Rick Cox, músico experimental que tocava guitarra, saxofone e clarinete, entre muitos outros instrumentos. Cox era um improvisador notável, que havia passado a virada da década em várias bandas com o baterista Read Miller em Nova York, gravando para o selo de música ambiente Cold Blue. Os dois retornaram a Los Angeles no início de 1982 à procura de seus próximos passos. "Quando voltei, estava muito sedento por conhecer outros músicos", lembra Cox. Ele então respondeu a um anúncio pessoal nos classificados de um jornal da cidade que chamou sua atenção: uma jovem procurava outros músicos e listava influências que lhe interessavam. Quando apareceu no espaço de ensaio, acabou conhecendo outra pessoa que havia respondido ao anúncio: Michael. "Nós meio que nos demos bem. Na época, eu também tocava saxofone alto e guitarra, e nós nos juntávamos." Esse projeto musical, desenvolvido em apartamentos e *lofts* por toda Los Angeles, se transformou em algo sério o suficiente para chegar ao palco em algumas ocasiões ao longo de 1982. No Anti Club, casa instalada numa taverna turbulenta na Melrose Avenue, tocaram pelo menos uma vez. Essas performances eram improvisadas e sem nome, então aconteciam sem chamar muita atenção e não deixavam registros públicos. Entretanto, junto com as *jam sessions* no CASH, elas foram um passo importante para Michael se dar conta de que havia um mundo musical fora do seu círculo imediato de amizades.

Acima de tudo, o que desviava a atenção de Michael do What Is This era o punk. Embora para alguns já tivesse atingido seu platô e estivesse de saída, o punk hardcore era algo relativamente novo na cena de L.A. e ainda com uma notável atividade nos clubes em Hollywood.

ANTES DO INÍCIO: 1982

O punk tinha explodido na segunda metade dos anos 1970, e, no início da década seguinte, Los Angeles virou um caldeirão fervilhante para um tipo próprio e especial de shows punk DIY ultrajantes e quase sempre violentos. Na superfície, tratava-se de um gênero descomplicado, mas extremamente difícil de ser feito do jeito *certo*. Mais importante: era uma válvula de escape emocional e física para Michael, que achava a música libertadora e acolhedora. Ele era um dos milhares em Hollywood – e um dos milhares ao redor do mundo – que sempre se considerou um excluído.

"O punk rock mudou minha vida", rememorou. "Sempre fui o moleque chamado de bicha no colégio. O punk rock me deu um lar." Era uma sensação física, essa música, mas o mais relevante é que também atacava o *status quo*; saíam de cena os deuses pop sublimes, as posturas afetadas e os clichês irritantes. "O punk esvaziou toda aquela coisa do *rock star* volumoso." Era um veículo para uma "energia viciosa, animal".

Seria impossível listar todas as bandas importantes do período inicial do punk. Muitas têm uma imagem superinflada hoje; muitas se perderam ao longo do tempo; muitas existiram para uma única apresentação. Aquela era uma época de *flyers* copiados à mão para divulgar shows em porões e de efemeridade compulsória. No entanto, há algumas que podem ser mantidas como referências importantes na carreira do Red Hot Chili Peppers.

Assim como o rock mais rudimentar das décadas anteriores, o punk veio em ondas e gerações. Há as primeiras bandas que abriram caminhos e influenciaram o ciclo seguinte, como os Sex Pistols e os Ramones, que, nos anos 1980, já eram ícones estabelecidos e deslocados de suas raízes ousadas e vanguardistas[*]. Depois, há as lendas da segunda onda que per-

---

[*] Os Ramones cruzaram caminhos com o Red Hot Chili Peppers muitas vezes. Além de compartilharem notavelmente um palco em 1988, o Chili Peppers gravou um *cover* de "Havana Affair" em 2001. John Frusciante se tornou um amigo querido de Johnny Ramone e estava ao lado do guitarrista quando ele faleceu. (N. do A.)

sistiram, tais como o Black Flag e sua ramificação igualmente influente, o Circle Jerks. De Washington, D.C., o Bad Brains combinou virtuosismo musical com velocidade imbatível. Todas as três bandas cruzariam caminhos com o Red Hot Chili Peppers em pouco tempo.

Em 1982, também havia grupos que tinham deixado sua marca e se desfeito, devido a implosões de personalidade ou aos excessivos e prevalentes problemas com drogas e álcool. Uma das bandas que sofreu com essa última questão foi o Germs, cujo vocalista, Darby Crash, teve uma *overdose* de heroína, morte que acabou ofuscada por ocorrer um dia antes do assassinato de John Lennon. Michael tentou ir ao último show da banda, em 3 de dezembro de 1980, mas não conseguiu entrar no clube abarrotado.

Anthony lembrou-se de uma apresentação do Devo com o Germs, em 1977, no Hollywood Palladium, como seu primeiro show punk. Embora as duas bandas tivessem sons divergentes, faziam parte daquela mesma cena singular e selvagem, sendo esse show um ótimo exemplo da diversidade que havia à disposição dos fãs numa única noite. A princípio, ele manteve distância das condutas: "Fiquei no fundo, completamente fascinado". Porém, foi um evento que lhe trouxe muitas novidades. "Encontrei uma garota com um cabelo punk incrível, que pegava alfinetes de fralda enormes e perfurava o rosto com eles, um depois do outro. Aquilo era novo para mim." Ele pode não ter entendido de imediato, mas, depois daquele show, foi inequivocamente fisgado.

Em entrevistas ao longo dos anos, Michael destacaria duas performances diferentes que lhe introduziram à cena punk. A primeira foi um show do Black Flag no Starwood, em West Hollywood, no dia 18 de novembro de 1980[*]. Suas impressões iniciais não foram totalmente positivas: "Eu achei nojento", recordou-se. "Uns caras apanhavam só por terem

---

[*] Há uma gravação desse show no YouTube. (N. do A.)

cabelo comprido." No entanto, a música da banda era hipnotizante. Mais tarde, Anthony teve o cuidado de separar o bom do ruim: "Qualquer que fosse a nossa opinião sobre um pequeno segmento do público do Black Flag, ela não refletia como nos sentíamos em relação ao som e à performance do grupo". Apesar das preocupações iniciais quanto à cena que rodeava aquelas bandas, um amor pela música rapidamente criou suas raízes.

O outro show eleito por Michael foi no Club Lingerie, em Hollywood, no dia 8 de maio de 1982. A apresentação era de uma banda que ironicamente se autodenominava North Central Van Nuys Gay Young Men's String Quartet*. Seu nome, na verdade, era FEAR**.

Formado em 1977 e capitaneado por Lee Ving (nascido Lee Capallero), o FEAR ganhou atenção nacional após uma participação caótica no *Saturday Night Live*, em 1981, que culminou num cenário destruído e "20 mil dólares em danos"***. Uma de suas principais músicas, "I Love Livin' in the City", de 1978, era uma ode irônica de amor e ódio à cidade natal da banda, que destacava e celebrava todos os aspectos negativos da vida numa Los Angeles moderna e decadente no melhor estilo punk****. Aproveitando o ensejo, eles contribuíram para a "rixa" entre as costas leste e oeste então presente na cena punk com "New York's Alright If You Like Saxophones". O inverso de "I Love Livin' in the City", "New York's Alright" era puro pano para a manga da polêmica, e foi ela quem pareceu

---

* Em tradução livre, "Quarteto de Cordas dos Jovens Gays do Centro-Norte de Van Nuys". (N. do T.)

** Nesse show, para manter as aparências, a banda de fato contratou um quarteto de cordas para abrir a apresentação. (N. do A.)

*** Esse número foi espalhado, na época, como uma brincadeira; o valor real foi, segundo a edição de 13 de junho de 1982 do *Los Angeles Times*, mais próximo de 40 dólares. (N. do A.)

**** *"My house smells just like a zoo/ It's chock-full of shit and puke!"* ["Minha casa cheira igual a um zoológico/ Está cheia de merda e vômito!"]

trazer a maior "encrenca" para o grupo em meio a uma imprensa facilmente ofendida.

Assim como para muitas outras bandas da cena, os tumultos internos não eram novidade para o FEAR. Pouco depois do lançamento do álbum de estreia, *The Record*, em maio de 1982, eles fizeram uma pequena participação em *Get Crazy – Na Zona do Rock*, uma comédia musical estrelada por Malcolm McDowell e Lou Reed[*]. Quando as filmagens terminaram, no início de setembro, o baixista fundador, Fred "Derf Scratch" Milner, foi demitido.

Os motivos oficiais para a mudança de formação variam. Anos mais tarde, o baterista Tim "Spit Stix" Leitch afirmaria que foi porque Derf não "se esforçava" e estava alguns passos atrás do resto da banda. Porém, o próprio Derf contestaria isso, dizendo que acabara do lado errado da ciumeira difícil de lidar de Lee Ving, além de testemunhar o vocalista recebendo de um *promoter* um dinheiro que deveria ter ido para os demais integrantes.

Depois de ter sido demitido, temporariamente substituído pelo baixista dos Dickies, Laurie "Lorenzo" Buhne, então chamado de volta e persuadido a fazer uma turnê que terminou no final de setembro, Derf saiu da banda de vez. Como já havia horas de estúdio agendadas, o FEAR foi complementado durante um curto período por Eric Feldman, que dividia um apartamento com Spit Stix. Feldman tocou em "Fuck Christmas", um compacto festivo de Natal, mas não pôde continuar na banda. Eis que entra Michael Balzary.

Não era segredo que Derf saíra do FEAR, e, após saber da vaga num jornal local, talvez a edição do *LA Weekly* de 16 de setembro de 1982, Michael entrou em contato diretamente com Lee Ving e encheu o peito para lhe dizer que seria seu novo baixista. Recebeu a oportunidade de

---

[*] O filme, aliás, ajudou a dar o pontapé inicial na carreira de Janet Cunningham como agente de elenco de figurantes, o que deu a ela um papel na comunidade punk depois do fechamento do CASH. (N. do A.)

ANTES DO INÍCIO: 1982

fazer um teste pouco depois, no espaço de ensaios da banda em Reseda, um "depósito sujo de aparência doida", no início de outubro de 1982. O teste começou turbulento; Michael não quis levar seu amplificador de baixo pelo labirinto de depósitos e, quando perguntaram onde estava seu "equipamento", imaginou que o termo se referisse à seringa para injetar heroína. "Acho que ele pensou que fôssemos *junkies* ou algo assim", lembrou Spit Stix, afirmação com a qual Michael concordou. "Cara, meus pontos de referência na vida eram um pouco tortos."

Depois de trazer o amplificador de Michael para a sala, o quarteto, incluindo o guitarrista Philo Cramer, tocou junto pela primeira vez. O jovem, que já tinha tirado a maior parte do repertório do FEAR ao longo do ano anterior, como fã, arrasou no teste. Lee Ving ofereceu a ele um posto na banda naquela noite; o fato de ele ser parente de um amigo de Spit Stix pode ter ajudado.

Apesar de extasiado com a oferta, Michael demonstrou preocupação quanto a ser apenas o *sideman* de alguém, que se ateria ao papel típico de um baixista. Aquelas circunstâncias, porém, eram um tanto quanto diferentes. No FEAR, ele ainda seria um *sideman*, mas era a primeira experiência numa banda fora de seu círculo de amigos, sendo esperado que ele vestisse a camisa. Não havia dúvidas de que Michael era perfeito para o grupo; o FEAR se destacava de muitos outros nomes punks da época pelo fato de todos os membros serem bastante habilidosos em seus instrumentos numa cena em que qualquer evidência de prática e profissionalismo – de cuidado demais – era um pecado capital. Lee Ving era um ótimo cantor quando queria, e o restante da banda era composto por músicos de formação praticamente clássica. As canções do FEAR tinham ritmos e harmonias muito mais complexos do que as letras palhaças e de intenções ofensivas poderiam sugerir. Michael diz que o FEAR o "deixou maluco". "Eram todos músicos muito bons, tocavam pra caramba. Incrivelmente afiados." No FEAR, ele não só tocaria numa banda que adorava, mas também usaria uma parte diferente do cérebro; a música não era menos difícil do que aquilo que tocava no What Is This, era apenas mais rápida e intensa, parecendo muito mais natural para ele. Posteriormente, Michael escreveria sobre o conflito interno entre as bandas no seu livro de memórias:

> O What Is This tinha uns *grooves* profundos e era inteligente e interessante, mas a gente não roubava o coração das pessoas nem as fazia dançar. Ninguém na plateia fazia nada físico num show do What Is This, só apreciavam a arte cordialmente. Por mais caricato que o FEAR pudesse ser, eles mexiam com as pessoas. Eu estava cansado de ser inteligente, queria trepar com a música, foder a cabeça das pessoas e ficar louco.

O que realmente diferenciava o FEAR do restante era um distanciamento irônico, evidente naquela estranha desconexão entre as letras fanfarronas e a música complexa. Eram *metapunks*; o ultraje era intencional, o sentido todo eram as letras insultantes[*]. Eram punks arrogantes, claro, mas só *agiam* como punks arrogantes e sabiam exatamente como chamar atenção para si mesmos ao extrapolar as coisas no momento preciso. O segredo era estar inteirado da piada. Era tudo encenação, algo que Michael e Anthony entenderam com perspicácia ao vê-los pela primeira vez: "O FEAR não era uma banda de punk rock de molecada", observou Anthony. "Era uma caricatura daquilo que uns músicos pesos-pesados consideravam o mais ridículo grupo de punk rock." E Michael se encaixava com perfeição. Numa carta sem data ao fã-clube da banda, escrita enquanto esteve na formação, sua contribuição é curta e doce: "Quero fazer um *ménage* com a sua mãe e o seu sarjento [sic]".

Embora ele estivesse eufórico com o convite, havia a questão espinhosa de dar a notícia aos seus companheiros do What Is This. Usando

---

[*] O guitarrista Philo Cramer tinha um diploma de Física pela UCLA – algo não exatamente punk. (N. do A.)

Anthony como interlocutor-teste, Michael decidira que, se precisava escolher a qual tipo de música se aliar, seria o punk. E agora era hora de colocar essa crença em prática. "Ele confidenciava para os amigos: 'Não sei que porra eu faço. Será que abandono meus irmãos de sangue?'"

Havia outro fator, além de seu interesse agora vacilante pela música do grupo, que o levava a reconsiderar seu lugar no What Is This. Lee Ving exigia lealdade total; não permitia que seus subalternos tocassem com outras bandas*. Se ele fosse fazer parte do FEAR, teria de sair do What Is This de qualquer modo. Nesse sentido, a decisão a respeito de seu futuro em cada uma das bandas pode ter sido tomada para ele.

Por fim, Michael – tão nervoso que vomitou antes – sentou-se com Hillel para contar ao guitarrista que estava saindo. A conversa não foi boa. "Hillel empalideceu, me encarou por um momento sofridamente longo, com uma expressão de desgosto, raiva e decepção, balançou a cabeça com pesar e saiu da sala sem dizer uma palavra... Via aquilo como uma baboseira carreirista, egoísta e desleal." Hillel ficou de fato tão aborrecido que passou várias semanas sem falar com Michael.

Essa reação raivosa faz muito sentido. Primeiro, a notícia chegou aparentemente do nada; Michael parece ter feito o teste sem contar a ninguém do What Is This e se aconselhou apenas com Anthony. Segundo, Hillel e Alain tinham sido os primeiros responsáveis por ele começar a tocar baixo e entrar numa banda de rock. Eles o tiraram do trompete e colocaram um baixo sobre seus ombros, o tornando essencial para seus sonhos de *rock star*. Agora ele os abandonava para se juntar àqueles músicos mais velhos e consagrados?

Hillel acabaria por perdoar o amigo. Era só questão de "quando", não de "se"; o ex-integrante escreveria que, em questão de semanas, "Hillel abrandou seu ressentimento, deixando o perdão entrar". No

---

* Esse problema ressurgiria no ano seguinte. (N. do A.)

entanto, na época, foi um conflito sério entre dois velhos amigos que talvez não fosse reparável.

Michael seguiu em frente; sua primeira apresentação com o FEAR foi no dia 22 de outubro de 1982, no centro comunitário de Goleta, uma cidade universitária a cerca de 150 km de Los Angeles subindo pela Costa do Pacífico. Sua chegada na cena foi discreta, mas ele conseguiu receber uma pequena menção no *Daily Nexus*, da UC Santa Barbara: "A cozinha foi cuidadosamente completada pelo novo baixista", escreveram, antes de rapidamente esclarecer que ele "não era Derf Scratch". Fotos tiradas no dia mostram Michael sorrindo de orelha a orelha ao volante de uma caminhonete (seu transporte para o show) numa camiseta amarela da banda marcial da Fairfax High. Tinha completado 20 anos poucos dias antes.

Esse show em Goleta foi um evento isolado até então. A apresentação seguinte do FEAR só aconteceria em 6 de dezembro, quando abriram para os pesos-pesados do *art rock* Oingo Boingo no Long Beach Veterans Memorial Stadium. O show era parte de uma campanha beneficente em prol da Toys for Tots, realizada pela rádio KROQ sob uma enorme tenda circense numa noite tempestuosa de 10 ºC. O Corpo de Fuzileiros Navais dos EUA administra essa associação de caridade, que distribui brinquedos para crianças carentes; um ingresso para o show custava cinco dólares e meio mais um brinquedo novo, que deveria ser doado na chegada. Fuzileiros de uniforme azul posicionados em cada entrada coletavam as doações, mas o público punk agiu conforme o figurino e trouxe bonecas desmembradas e deformadas de fabricação própria.

O restante da noite foi puro caos. Após o rápido *set* do FEAR, a energia acabou devido ao ar salgado pela água do mar, e isso causou um curto nos geradores, levando a multidão desordeira a quase invadir o palco. Alguns dos presentes mais audaciosos escalaram as cordas que sustentavam a tenda e balançavam-se sobre as cabeças dos amigos feito primatas. Blecautes intermitentes deixavam a tenda completamente no

ANTES DO INÍCIO: 1982

Um baixista prodígio de 20 anos, que se apresentava como Mike B the Flea, momentos antes do primeiro show com sua nova banda, FEAR, em Goleta, Califórnia. 22 de outubro de 1982. (Foto: Jennifer McLellan)

escuro, depois toda iluminada, então no escuro de novo. Depois que o Oingo Boingo cortou a alimentação elétrica para seu equipamento, os punks começaram a quebrar cadeiras e arremessá-las no palco em protesto. O medo de eletrocussão não era, evidentemente, nada *cool*.

Os fuzileiros foram embora e a polícia chegou, estacionando as viaturas em cada entrada da tenda e iluminando a escuridão com holofotes. Um tumulto parecia iminente, mas o líder do Oingo Boingo, Danny Elfman, se recusou a cancelar a apresentação e persuadiu o Departamento de Polícia de Long Beach a deixar a noite continuar, conectando o palco improvisado ao fornecimento de energia principal do estádio para apaziguar a plateia inquieta.

Depois desse show tenso, a banda só tocaria de novo em 29 de dezembro, em São Francisco. Pode ter havido apresentações nesse meio tempo, mas não há registro existente.

Por que essa lacuna entre outubro e dezembro? Teria feito sentido o FEAR se apresentar ao vivo com muito mais frequência do que o fez nos meses finais daquele ano, pois tinha um álbum recém-lançado, que acabava minimizando até mesmo sua troca de formação. Porém, existia outro ponto mais premente para Lee Ving: sua carreira de ator. O vocalista acabara de conseguir o papel de Johnny C., dono de uma casa de strip em *Flashdance*, de Adrian Lyne, filmado de outubro a dezembro em Pittsburgh, Pensilvânia. E não foi apenas *Flashdance*; ele teve ainda um papel em *Pesadelos Diabólicos*, de Joseph Sargent, também filmado nos últimos meses do ano. Ving não ficava no set de filmagem o tempo todo, é claro, mas os ensaios e a necessidade de estar disponível para os diretores teriam tomado a maior parte de sua agenda. Talvez os compromissos de Ving em Hollywood expliquem a escassez de shows do FEAR no final de 1982; ele trocara um tipo de atuação por outro.

Nesse meio tempo, o What Is This substituiu Michael pelo alemão Hans Reumschüssel e seguiu em frente sem seu baixista estelar[*]. Contudo, a saída de Michael freou ainda mais uma banda que já enfrentava dificuldades; o último show deles de 1982 parece ter sido na noite de 4 de outubro, quando tocaram mais uma vez no Madame Wong's, em Chinatown, aparentemente o derradeiro com Michael também. Levou um tempo até que o What Is This se recuperasse. Sempre que a nova formação ia ensaiar, Hillel e o novo baixista Reumschüssel entravam em conflito, tanto em termos musicais quanto de personalidade, e demorou

---

[*] A maioria das referências ao What Is This cita Chris Hutchinson como substituto de Michael, mas Hutchinson só entrou na banda no final de 1983. (N. do A.)

muito até que a banda voltasse a entrar nos eixos para tocar. Enquanto Flea ensaiava com seus heróis e vivia a emoção de uma vida inteira, Jack, Hillel, Hans e Alain baixavam as cabeças e tentavam se reerguer.

Eram quatro pessoas diferentes, propensas a discussões e ciúmes – e as conexões entre eles tão frágeis quanto as de qualquer outro grupo social*. No entanto, nem tudo eram trevas nesse período. Michael, Anthony, Hillel e Jack faziam música quando podiam e andavam juntos quando dava (mesmo que as coisas tenham ficado tensas entre Michael e Hillel por um ou dois meses). Nunca pararam de se ver, mesmo que a banda que os conectava tivesse sido desfeita pelas realidades da vida como ela é. Visitavam clubes, bares e restaurantes; um dos favoritos era o Canter's Deli, na Fairfax Avenue, embora em pouco tempo a conta deles tenha ficado alta demais para poderem voltar lá. Gastavam a moeda infinita da juventude e absorviam o máximo de Los Angeles que fosse possível. Era um lugar que os mimava.

Aventuravam-se para fora da cidade também: o documentário do VH1 *Behind the Music* sobre a banda, de 1999, mostra fotos de Anthony e Hillel numa viagem de acampamento que provavelmente data do final de 1982. E, mais perto de casa, sempre havia a suposta propriedade de Errol Flynn para onde fugir, um parque de 65 hectares em North Hollywood, repleto de estruturas decrépitas e uma piscina vazia, que se acreditava erroneamente ter pertencido ao ator espadachim. Depois de anos de abandono, o local se tornou um esconderijo dos punks. "*Welcome to Hell*" ("Bem-vindos ao Inferno") foi pichado no chão da quadra de tênis, enquanto bêbados desordeiros esmagavam ou quebravam tudo o que estivesse ao seu alcance. Longe dos olhos bisbilhoteiros da polícia

---

* Anthony e Jack, em particular, nunca foram muito próximos; fica aparente na biografia de Anthony que ele só foi passar um tempo de verdade com Jack depois de montarem uma banda juntos. Jack é também o único membro da banda não mencionado por Anthony em "Out in L.A.". (N. do A.)

(a menos que houvesse uma batida), era o lugar perfeito caso você não tivesse idade para beber legalmente.

Em algum momento no início do outono, Anthony e Michael cortaram o cabelo um do outro em estilo moicano e pegaram carona até São Francisco para um final de semana regado a drogas*. A turma, em especial o trio Anthony, Hillel e Michael, era inseparável; ainda eram Los Faces, os mesmos garotos bobos que faziam vozes engraçadas e palhaçadas. Porém, transições inegavelmente importantes estavam em curso. Quando Michael entrou para o FEAR, houve um salto em sua vida que foi mais do que apenas uma mudança no estilo da música que ele tocava. Embora existam relatos diferentes de como aconteceu, a história geralmente aceita é a de que o apelido Flea ("Pulga") chegou durante um acampamento no deserto da Califórnia com Keith Barry, que recebeu o apelido menos parasítico de Tree ("Árvore"), em uso até hoje, e John Karson, que ganhou o menos duradouro Squeak ("Rangido"). Não há dados concretos sobre quando a viagem teria ocorrido; em sua autobiografia, Anthony sugere que foi em 1982, o que provavelmente é correto, mas outras fontes indicam que foi muito antes, até de algum momento do final dos anos 1970. O próprio Flea, numa entrevista de 2014 com fãs no Reddit, sugeriu que foi Anthony quem lhe deu o apelido.

Em todo caso, naqueles primeiros anos, era só um apelido. Agora, "Flea" havia se transformado em toda uma *persona*. É difícil precisar o momento exato em que Michael Balzary "virou" Flea, mas parece ter sido na época que entrou para o FEAR. Outro fator que corrobora com isso é que quase todos os outros integrantes de sua nova banda já tinham apelidos. Flea estava simplesmente fazendo o que precisava ser feito para se encaixar. "Eu já era chamado de Flea aqui e ali, entre outros apelidos", lembrou

---

* Mesmo para um jovem, o cabelo de Michael crescia estranhamente rápido. Em fotos de setembro, seu moicano está novo; ao final de outubro, o resto do cabelo já havia crescido por completo. (N. do A.)

ele sobre quando perguntaram seu nome no teste para o FEAR, "mas sem pensar e querendo parecer um *punk rocker*, soltei: 'Eu sou o Flea'".

O novo nome não era exatamente popular no início. Gary Allen perguntou: "Por que você quer se chamar de um negócio que entra debaixo da pele e chupa sangue?". E, segundo as lembranças de Janet Cunningham, ela achou o apelido "idiota", mas seu comentário ajuda a traçar a linha do tempo. "Ele era Michael quando o conheci e Flea quando foi embora [do CASH]." O apelido também passou por algumas mudanças antes de se cristalizar. Uma foto promocional do FEAR para a Slash Records refere-se a ele como "The Flea", e, em outras aparições daquela época, seu nome é citado como "Mike B the Flea". O mais provável é que tenha começado como "Mike B the Flea", numa espécie de rima, até ser encurtado.

"Flea" é mais do que apenas um apelido para Michael Peter Balzary, o garotinho loiro da Austrália, de cabelos encaracolados e diastema. O menino tímido, que dizia só se sentir confortável ao redor dos amigos, tinha agora uma nova *persona* que lhe permitia se abrir e agir tal como gostaria de ser capaz o tempo todo. Como pessoa, Michael era quieto e sensível, introvertido até não poder mais; se Anthony não fosse à aula, ele passava o dia inteiro vagando, com medo de as pessoas notarem que ele estava sozinho, sem amigos.

Como Flea, ele poderia ser diferente. Poderia ser um peste, um provocador. O tipo de pessoa que talvez não aparecesse de forma natural, mas que era como ele sentia seu verdadeiro eu.

Porém, não foi só o novo nome que o ajudou a fazer essa transição; ao encontrar Anthony no ensino médio, ele mudou toda a sua visão de mundo, de modo que o apelido parecia ser apenas o ápice de anos de transformação pessoal. "[Conhecer Anthony] teve muito a ver com a forma como me tornei músico", refletiria ele mais tarde. "Foi o primeiro garoto que conheci que não dava a mínima para ser como os demais. O jeito como ele falava, se vestia e agia teve uma grande influência sobre mim. Ele era muito antagônico; considerava ridículo quem tentava ser como os demais." Amigos, garotas e até bandas iam e vinham, mas Flea e Anthony eram inseparáveis. *Quase sempre* inseparáveis; a dinâmica entre eles levava, sim, a raras brigas e a ressentimentos ocasionais, como é o caso de qualquer relação muito próxima. Como Anthony relembraria: "Às vezes, eu era um filho-da-mãe prepotente". No entanto, não eram rusgas incomuns e nunca chegaram a ser irreparáveis.

Ao entrar para o FEAR, Flea imediatamente ganhou uma espécie de fama dentro da cena, com um prestígio que só poderia vir de uma banda bem estabelecida. "[Isso] criou um deslocamento profundo", recordou-se Anthony, que se beneficiou por tabela dessa mudança. "Estávamos deixando de ser só curiosos e passando para o meio da roda, onde um dos nossos agora estava lá no palco com um dos maiores grupos a surgir em L.A. naquele período." Porém, essa fama atingiu outro nível quando ele conheceu Penelope Spheeris, a diretora de *The Decline of Western Civilization**, documentário lendário sobre o punk e a cena punk de Los Angeles, que exibe um show do FEAR, pré-Flea, como uma de suas caóticas peças centrais. Filmado ao longo de 1979 e 1980, apresenta também o Black Flag, o Circle Jerks, o Germs e o X ao mundo, atingindo um ponto nevrálgico na época de seu lançamento, em julho de 1981, e, nesse processo, solidificando as credenciais punk de Spheeris.

Nascida em New Orleans, Spheeris passou uma boa parte da infância viajando com o circo do pai. Depois que ele foi morto a tiros em Troy, Alabama, ela foi viver com a mãe e um desfile constante de novos padrastos na Califórnia, onde viria a se formar em cinema pela UCLA. Aqui há mais uma conexão com o *Saturday Night Live*: Spheeris dirigiu muitos curtas que foram exibidos na primeira temporada do programa, parte de uma parceria muito próxima com o comediante e cineasta Albert Brooks.

---

* O filme chegou a circular no Brasil sob o título *Juventude Decadente*, porém é provavelmente mais conhecido pelo nome original, assim como suas duas sequências. (N. do T.)

ANTES DO INÍCIO: 1982

Philo Cramer, Mike B the Flea, Spit Stix e Lee Ving, do FEAR. Início de 1983. (Foto: Jennifer McLellan)

Spheeris manteve contato com as bandas que filmou para *Decline*. Numa visita a Lee Ving certa tarde, nas últimas semanas de 1982, conheceu Flea, que estava lá para o jantar de domingo com a farta comida italiana caseira que Ving oferecia toda semana*. Houve uma conexão instantânea. "No momento em que bati os olhos nele, pensei: 'Este moleque é um astro'", disse ela.

"Lee me apresentou como o novo baixista da banda", recordou-se Flea. "Ela disse que estava fazendo um filme e eu logo me envolvi nesse projeto." Essa, porém, é uma versão condensada dos acontecimentos. Na verdade, ele fez um teste para Spheeris no dia seguinte, meio acabado, se

---

* Devido a seu estilo de vida transitório, é possível que Flea estivesse, na verdade, morando temporariamente com Lee e a esposa. (N. do A.)

recuperando dos efeitos de uma dose grande de MDA, a droga imprevisível e semialucinógena parente do MDMA (ou ecstasy, mais comum). A princípio, o teste era para um papel maior que ele não conseguiu, mas Spheeris não resistiu à energia exalada por Flea:

> Eu estava bem fodido de MDA, e o rosto de Penelope virava todo tipo de careta distorcida, o nariz dela derretia até o queixo e as palavras que dizia eram muito distantes umas das outras, estava tudo muito esquisito, e contei isso a ela. "Estou chapado de MDA neste momento e está meio difícil", disse. E ela entendeu e me deu o papel.

Spheeris estava descontente com a dificuldade que teve para lançar *The Decline of Western Civilization* – disseram a ela que documentários simplesmente não eram vendáveis – e decidiu que seu filme seguinte seria um drama. Isso ocuparia mais assentos nos cinemas e tornaria projetos futuros mais fáceis de bancar. O filme resultante, *Suburbia*, é uma narrativa baseada nas experiências dela na cena punk. É sobre punks e música punk, mas também sobre os fracassos do capitalismo na era Reagan para com a unidade familiar. É parte filme de show e parte uma fantasia à Peter Pan, onde quarteirões inteiros de subúrbios abandonados da Califórnia foram tomados por adolescentes punks desordeiros, uma gangue chamada The Rejected, ou TR, que vivem segundo as próprias regras longe dos olhos dos pais e do Estado, cada um com sua história pessoal dentro do enredo maior.

Suburbia foi filmado ao longo do inverno americano de 1982 e nos primeiros meses de 1983, o que significa que Flea estava livre para filmar suas partes quando necessário durante o período de calmaria do FEAR. Creditado com a versão inicial de seu apelido, Mike B the Flea, faz o papel de um garoto dos TR chamado Razzle. Ele e seu rato de estimação aparecem em poucas cenas, mas roubam o show, e há uma vitalidade caótica e crua na sua interpretação que sugere que a maior parte dela veio da vida real. Porém, fiel ao espírito punk, a criação do filme foi marcada por problemas financeiros e de distribuição, de forma que ele levaria algum tempo até ser lançado.

Syndee Coleman interpretou uma das garotas dos TR e passou um tempo com Flea no set naqueles meses de inverno. "Eu tinha 20 anos na época das filmagens. Quando li as falas da personagem feminina principal, me disseram que eu ficaria com o papel, mas não pude voltar no dia que eles queriam. Flea e eu ficávamos no trailer entre uma cena e outra. Jogávamos baralho por horas e conversávamos", relembra ela. "Fazer um filme é, às vezes, muito chato. É um incessante 'se apressar para esperar', como Penelope costumava dizer."

Nesse ínterim, o período de Anthony como motorista da Mid-Ocean Motion Pictures chegou ao fim em agosto, mais ou menos no momento em que a companhia declarou falência. O que ele fez para se sustentar depois disso nunca foi revelado, mas, naquela época em que passou os dias no caminhão de entrega, com os vidros abaixados e o rádio a todo volume, foi plantada uma semente que mudaria sua vida dali em diante. Tudo graças a uma nova música lançada naquele verão, "The Message", de um grupo de hip-hop chamado Grandmaster Flash and the Furious Five.

O rap e o hip-hop só foram emergir no finalzinho dos anos 1970 e ainda eram novíssimos para o público em geral, sendo raro alguma faixa chegar às paradas semanais, que seguiam dominadas pelo rock e o pop. Porém, em 1982, Grandmaster Flash – nascido Joseph Saddler – e seus Furious Five já tinham conquistado as ruas de Nova York e rapidamente varriam o resto do país como um furacão. Na juventude, Saddler inventara e aperfeiçoara um método para alternar dois discos que tocavam ao mesmo tempo numa *pickup,* criando mixagens únicas. Logo passou a se apresentar em festas e reuniões acompanhado por rappers e dançarinos. Após tocarem em clubes de Nova York e ganharem reputação, Flash e o seu grupo de apoio* lançaram alguns compactos, dos quais "Freedom", de 1980, causou uma boa repercussão. Porém, "The Message", lançado no dia 1º de julho de 1982 e seguido por um álbum homônimo em outubro daquele ano, foi uma das primeiras faixas de hip-hop a se afastar daquilo que era a norma na época**.

No começo, o hip-hop costumava ser, em sua maior parte, cheio de rimas centradas num discurso petulante e em demonstrações de habilidades de dança, mas "The Message" era um comentário político que contava uma história e passava uma mensagem real. Era mais do que apenas algo para ser tocado numa festa. Era sobre pobreza, as ameaças e a pressão que acompanhavam a vida na selva de pedra, num rap feito com maestria pelo MC principal do grupo, Melle Mel. Mas também era pegajosa à beça. Ela alcançou a 62ª posição na Billboard Hot 100 em novembro de 1982, foi considerada compacto do ano pelo *Los Angeles Times* e causava uma comoção enorme em Anthony quando ele a ouvia no rádio durante todo o verão.

Entretanto, ver o grupo ao vivo, no Reseda Country Club no dia 18 de outubro de 1982 – alguns dias antes da primeira apresentação de Flea com o FEAR –, causou um impacto ainda maior. Testemunhar os Furious Five fazerem rap no palco com o acompanhamento de Grandmaster Flash abriu alguma coisa bem no fundo daquele jovem à beira de completar 20 anos. O grupo contou sua história e mexeu com o público tanto emocional quanto fisicamente, tudo sem precisar do suporte de talentos musicais tradicionais. Falavam de um assunto familiar, mas de um

---

* Flash, embora fosse o *"frontman"*, na verdade passava a maior parte do tempo atrás das *pickups*. A maioria dos raps era feita pelos demais integrantes do grupo. (N. do A.)

** "The Message" foi fortemente inspirada em "Rapper's Delight", faixa de 1979 do Sugarhill Gang, considerada a canção prototípica do hip-hop, e, junto a "The Breaks", de Kurtis Blow, foi o primeiro compacto comercialmente bem-sucedido da história do gênero. Traz uma letra falastrona acompanhada por uma linha de baixo proeminente, veia que o Chili Peppers exploraria muito a fundo nos primeiros anos de banda. (N. do A.)

jeito nada familiar. "Foi acachapante", recordou-se Anthony. "Subconscientemente, jurei que, de algum modo, criaria aquele tipo de energia para entreter as pessoas. Não fazia a menor ideia de como escrever uma canção ou cantar, mas pensei que provavelmente seria capaz de descobrir como contar uma história com ritmo."

Ele mencionaria esse show repetidas vezes ao discutir sua carreira como cantor e letrista, fazendo inclusive uma referência àquele momento na faixa "Aquatic Mouth Dance", gravada quase 40 anos depois. "Comecei a entender que você não precisa ser Al Green ou ter uma voz incrível de Freddie Mercury para ter um lugar no mundo da música", escreveu. "Rimar e desenvolver um personagem eram outras formas de fazer isso." Até mesmo Flea estava ciente do efeito que o show tivera sobre o amigo: "Ele nunca tinha feito parte de uma banda, mas foi ver Grandmaster Flash and the Furious Five e se apaixonou pelo hip-hop, dizendo: 'Uau, eu podia fazer isso'".

Embora sem conexão prévia com a música, Anthony sempre teve interesse em escrever. Os jogos de palavras que apresentava ao "abrir" para o Anthym e o What Is This já indicavam que ele não tinha pudores em misturar essa forma de criatividade com uma presença de palco naquele cenário da música ao vivo. Também havia escrito arroubos de poesia ao longo dos anos e recebera elogios por eles, mas isso não evoluiu para além de um hobby ocasional que ficava escondido em algum diário ou apostila do colégio. Porém, agora ele sentia a urgência de fazer algo com as palavras que escrevera, e a explosão do rap provou que ele não precisava ser um cantor emocionante (sequer particularmente talentoso) para fazer uma contribuição musical. Sua voz poderia ser o tom. Conhecia músicos de sobra; tinha até dividido o palco com alguns, mas a música não era algo pelo qual ele parecia se interessar: "Nunca notei aspirações musicais da parte dele, ele nunca mencionou um desejo de se focar na música", recordou-se Flea.

No dia seguinte ao show do Grandmaster Flash, Anthony "entrou na cozinha do Wilton Hilton explodindo de empolgação" e "se sentou [...] e começou a escrever letras". No entanto, se não fosse por Gary Allen, ele talvez nunca tivesse a oportunidade de colocar esses novos desejos em prática. De fato, se não fosse por Gary Allen, essa história toda seria muito diferente. Mas 1982 foi um ano de mudanças para aqueles quatro, e todas conduziram a um único momento.

SHOW Nº 1

16 DE DEZEMBRO DE 1982

The Rhythm Lounge no Grandia Room, Melrose Avenue, 5657, Los Angeles, CA

DEPOIS QUE SUA PRIMEIRA BANDA, o Neighbors Voices, se separou, Gary Allen deu início a uma carreira solo com um EP lançado na segunda metade de 1982, intitulado *In White America: This Hollow Valley Broken Jaw of Our Lost Kingdom*. Lançado de forma independente, por seu próprio selo, é uma obra à frente de seu tempo: enquanto o Neighbors Voices era para cima, animado e enérgico, *In White America* é, em sua maior parte, esparso e conduzido por sintetizadores, repleto de baterias eletrônicas e sons industriais[*]. Foi gravado um clipe para a faixa "Oops It's an Accident", parte *Blade Runner*, parte filme caseiro, uma canção de dor de cotovelo marcada por uma batida incansável e propulsiva[**]. O disco está disponível nas plataformas de *streaming*, mas se tornou co-

---

[*] Dito isso, uma das canções do EP, "Mogul at Home", é, na verdade, apenas uma faixa do Neighbors Voices com uma nova roupagem. (N. do A.)

[**] A música tem uma similaridade impressionante com "Blue Monday", do New Order, que saiu um ano depois. (N. do A.)

biçado nos últimos anos. Cópias usadas do vinil original chegam a custar mais de 70 dólares na internet*.

Allen tinha planos de dar uma festa de lançamento do EP num clube em Hollywood. Localizada na Melrose Avenue, 5657, a casa foi muitas coisas no passado – um mercado, um açougue, uma coquetelaria, o Sonny Haines Talent Center –, mas, no final dos anos 1960, o *restauranteur* Peter Sargologos assumiu o comando do lugar e o rebatizou de Grandia Room. Ele o transformou em metade casa noturna, metade restaurante grego, com um palco minúsculo num canto e árvores e videiras falsas penduradas no teto.

Apesar de ser considerado uma espelunca pelo pessoal mais esnobe de Hollywood, o Grandia Room era popular entre uma variedade de cenas, graças à habilidade de assumir uma personalidade completamente diferente quase todos os dias da semana desde março de 1981. Numa noite, recebia um show punk, na seguinte, uma balada; em outras ocasiões, DJs tocavam suas faixas favoritas enquanto dançarinos demonstravam seu talento no palco. Essas noites quase sempre evoluíam (ou involuíam) para "batalhas" entre turmas rivais. E, no meio disso tudo, o lugar continuava sendo um restaurante e casa noturna com seus próprios clientes regulares, que faziam pedidos de drinks gritando por entre a cacofonia.

O tipo de música tocado no clube pode ter sido uma novidade, mas as performances em si, não. Durante boa parte da década anterior, vários *promoters* empreendedores já haviam organizado shows no local, incluindo Sandra Lane e sua Hollywood Showcase, que apresentava uma "noite sem compromisso de entretenimento grátis", dando a muitos novos artistas a primeira oportunidade de subir num palco.

Às quintas-feiras, por volta das 21h30min, o Grandia Room se tornava o Rhythm Lounge, noite apresentada pelo francês Salomon Em-

---

* Uma inspeção cuidadosa vai revelar um agradecimento a Michael Balzary nas notas do encarte e a participação de Laurence Fishburne nos vocais de uma faixa. (N. do A.)

SHOW Nº 1: 16 DE DEZEMBRO DE 1982

quies, que já fazia discotecagens e exibições de filmes no clube e assumiu as quintas depois que o *promoter* anterior saiu. Emquies – diretor do clipe de "Oops It's an Accident" – deu um novo nome à noite, estipulou uma entrada de cinco dólares e tornou sua aquela empreitada. Matt Dike era outro DJ e presença constante. Enquanto trabalhava no clube naquele ano, Dike conheceria Mike Ross, com quem acabaria criando o selo Delicious Vinyl, casa do hit arrasador do Tone Loc, "Wild Thing", e de "Bust a Move", do Young MC, que conta com Flea num baixo instantaneamente reconhecível. Anos mais tarde, Dike ajudou a produzir *Paul's Boutique*, dos Beastie Boys[*].

A primeira sessão do Rhythm Lounge foi na noite de 9 de setembro de 1982, repetindo-se toda semana até os primeiros meses de 1985. Era um lugar adorado pela turma toda. "Nós íamos ao Rhythm Lounge toda quinta", lembrou Flea. "Ficávamos muito doidos e dávamos em cima das minas." Gary Allen, sempre atento ao figurino, considerava o lugar "influenciado pela moda, tanto quanto pela música". Fotos da época mostram muitos jovens glamourosos fazendo careta para a câmera, incluindo Ice-T antes da fama, então rapper da casa. Nessas imagens, o ambiente é curioso; painéis de madeira *kitsch* e mesas de jantar baratas aparecem ao lado de *pickups* e microfones. Parecia que o grupo tinha tomado o controle de um restaurante pequeno, familiar – em essência, era isso mesmo –, mas, naqueles tempos difíceis, as festas tinham de ser feitas onde fosse possível, com algumas delas acontecendo nos lugares mais incomuns. O artista Jean-Michel Basquiat era frequentador assíduo do clube e, mais tarde, filmaria um clipe com Emquies e o pioneiro do hip-hop e do grafite Rammellzee numa sessão do Rhythm Lounge no início de 1983.

---

[*] Matt Dike faleceu em janeiro de 2018 em decorrência de um câncer nas glândulas salivares. (N. do A.)

O show de lançamento de Gary Allen, na noite de quinta-feira de 16 de dezembro de 1982, seria um acontecimento estelar – um "*set* muito especial" para apresentar seu EP ao mundo. Ele não só tocaria faixas do disco com uma banda, como também incorporaria elementos teatrais extravagantes e exagerados ao espetáculo. Acompanhando o astro do show no palco estavam Russel Jessum no sintetizador, Keith "Tree" Barry no violino, Rodney "Wizard" Turner na bateria, Tequila Mockingbird nos *backing vocals*[*] e Michael "Flea" Balzary no baixo[**]. Era um grupo de músicos muito unido; Turner era amigo de Allen desde o ensino médio, assim como Tequila Mockingbird, e, é claro, Flea e Keith Barry se conheciam desde o primário. Jessum tocara em boa parte do EP de Allen, e aquela não era a primeira vez que o restante da banda tocava junto em uma ou outra formação. Porém, essa não seria a única atração da noite.

Em biografias da banda, autobiografias e reportagens ao longo dos anos, essa história normalmente é contada da seguinte forma: depois de vê-lo aquecer a plateia antes dos shows do What Is This e *na* plateia de clubes de Los Angeles, Gary Allen – pressentindo algum talento oculto e ainda não explorado – sugeriu que Anthony fosse o *frontman* de uma banda de um show só, acompanhado por Flea, Jack e Hillel, três dos músicos da formação original (e favorita) do What Is This. Anthony, a princípio chocado com a sugestão absurda, mas ao mesmo tempo lisonjeado, se mostrou o candidato perfeito; tinha experiência no palco, era

---

[*] Tequila Mockingbird, atriz, cantora (cujo currículo inclui um período como *backing vocal* de Nina Hagen) e produtora de casa noturna, escolheu esse nome ao ser apresentada à vocalista do X, Exene Cervenka, pelo cantor do Germs, Darby Crash. Até hoje ela não revelou publicamente seu nome. Mockingbird também trabalhou como supervisora musical do programa de TV *New Wave Theater*. (N. do A.)

[**] A fonte dessa formação vem de um *flyer* do show de Allen no Rhythm Lounge em dezembro de 1982. Em outras ocasiões, Allen falou sobre uma banda que contava com Hillel Slovak, Jack Irons e Flea o acompanhando, mas não está claro se as performances ocorreram na mesma noite no Rhythm Lounge; Hillel e Jack não são citados no *flyer* de 16 de dezembro. (N. do A.)

SHOW Nº 1: 16 DE DEZEMBRO DE 1982

O polímata de L.A. Gary Allen lançou seu EP solo no final de 1982 e precisava de uma banda de abertura para o show de lançamento, em 16 de dezembro. Eis que entram Flea, Anthony, Hillel e Jack. (Acervo: Salomon Emquies)

um líder natural em meio ao público e estava tomado por uma paixão recém-descoberta por rimas e rap, que queimava em seu cérebro. Em seu discurso quando a banda entrou para o Rock and Roll Hall of Fame, em 2012, Anthony repetiu essa versão da história e disse à plateia que "um camarada chamado Gary Allen sugeriu: 'Sabe, por que vocês não dão àquele Anthony uma chance ao microfone?'".

As lembranças são uma coisa traiçoeira, é claro, e mais de 30 anos é muito tempo, mas o próprio Gary Allen se lembra desse processo de maneira diferente. Na verdade, diz ele, foi o inverso; foi Anthony quem o abordou:

Flea e Hillel moravam num apartamento no Hollywood Boulevard [o Wilton Hilton]. Anthony foi morar com eles por um tempo. Nessa época, ele começou a fazer rap e eles fizeram umas duas músicas. Anthony me ligou e disse que eu deveria passar lá e ouvir o que eles estavam fazendo. Fui direto e fiquei impressionado com o que ouvi. Quando acabaram de tocar, Anthony falou que eu deveria deixá-los abrir o meu show. Concordei, e foi isso.

Nunca um integrante da banda descreveu a formação desse modo, então as lembranças de Allen podem estar equivocadas – ou ele se lembra de um ensaio de última hora que pode ter visto pouco antes do show. Porém, se foi isso mesmo o que aconteceu, é uma versão bastante diferente da história oficial. Uma prova a seu favor é o intervalo de dois meses entre Anthony ver o Grandmaster Flash ao vivo, em outubro, e essa apresentação marcada para meados de dezembro. Se, como ele disse, Anthony ficou inspirado de imediato ao ver o show e, segundo Flea, começou a escrever seus próprios raps no dia seguinte, o que houve nesse período de dois meses?

Talvez a banda já estivesse formada, pelo menos de maneira muito embrionária, apenas uma ideia, e só precisou do empurrãozinho de Gary para se tornar algo real. Se é esse o caso, então Anthony não deveria ter ficado tão surpreso ao ser abordado para ser vocalista; a iniciativa pode muito bem ter partido dele mesmo.

Em todo caso, sendo ideia de Gary Allen ou de Anthony, foi tomada a decisão de apresentar algo – uma canção, algum tipo de performance, não importava. As especificidades poderiam ser decididas depois, no show que estava por vir no Rhythm Lounge em 16 de dezembro. Anthony Kiedis no vocal, Flea no baixo, Hillel Slovak na guitarra e Jack Irons na bateria*.

---

* Em 2005, Jack Irons escreveu em seu site oficial que Anthony e Flea convidaram ele e Hillel para acompanhá-los depois que o show já estava marcado, sugerindo talvez que o guitarrista e o baterista não estivessem incluídos nos planos iniciais. Um detalhe pequeno, mas importante, que seria pertinente no desenrolar do ano seguinte. (N. do A.)

SHOW Nº 1: 16 DE DEZEMBRO DE 1982

Há dois motivos principais pelos quais essa combinação de músicos fazia tanto sentido. Primeiro, era inevitável que Anthony e Flea se unissem musicalmente; uma parte enorme da amizade deles se baseava em música, fosse ouvindo em casa, no Wilton Hilton, indo a shows punks no Club Lingerie ou no Al's Bar, ou dançando ao som de discos novos de hip-hop no RadioTron, em MacArthur Park. Transformar essa amizade numa parceria musical era levá-la a um território inexplorado, mas ainda muito familiar.

Também havia o fato de que Flea certamente sentia falta de tocar com seus antigos companheiros do What Is This e vice-versa. Afinal, Hillel era um dos dois músicos que ensinaram Flea a tocar baixo, e o trio, incluindo Jack Irons, tinha um elo musical inaudito e potente, o tipo de conexão que só podia se formar depois de anos e anos praticando juntos, tocando horas de música que ninguém jamais ouviria, apinhados num estúdio de ensaio barato e sujo – ou, às vezes, num simples quarto. O FEAR até pode ter sido uma experiência incrível e nova para Mike B the Flea, mas a relação com seus novos parceiros de banda não era a mesma que tinha com os *antigos*. Por mais empolgante que o punk fosse, era, em boa medida, um estilo de uma fórmula só – música agitada, dura e rápida, com pouco espaço para a liberdade de expressar qualquer coisa além de *foda-se*. Ainda havia outros caminhos a explorar.

Do mesmo modo, Hillel e Jack não estavam obtendo os resultados que esperavam com o novo baixista, Hans Reumschüssel, e teriam agarrado sem pensar a chance de tocar mais uma vez com o velho amigo, após perdoarem Flea – Hillel em particular – por deixar a banda. Acrescente o potencial de charme e presença de palco de Anthony a esse desejo já florescente dos três de se reconectarem como músicos: eis o cenário perfeito. É de se perguntar por que eles não haviam pensado nisso antes. Mas agora os astros haviam se alinhado e "a sequência de acontecimentos não planejada, inesperada e orgânica" se sucedeu.

Flea foi falar com Salomon Emquies para se certificar da aprovação do *promoter*, que recebeu a banda de braços abertos. Seria um único show, algo elaborado para se autodestruir após uma única apresentação, o tipo de coisa que a cena já vira acontecer centenas de vezes. Se você piscasse, perdia; a ideia era essa. "Não tínhamos noção do que esperar", relembrou Anthony uma década e meia depois. "Era só para tirar onda."

Agora só restava uma decisão a ser tomada: o que tocar?

Ao longo dos anos, a banda nunca escondeu suas influências (no caso de Flea, estão bem em seu ombro), e, no que diz respeito a "Out in L.A.", foi ainda mais direta e reta do que de costume quanto à fonte de sua criação*. A maior inspiração para aquela primeira música foi a banda Defunkt, em particular a faixa homônima "Defunkt".

Formada em 1978 em Nova York, era uma das favoritas de Anthony e Flea para dançar nas festas e clubes. Flea causou até um incômodo certa noite, em 1982, no Cathay de Grande, ao pular para a cabine do DJ e insistir para que ele virasse o compacto do Defunkt que estava tocando ("In the Good Times", *cover* largueirão de "Good Times", hit do Chic de 1979) para a música do outro lado, a mais lenta e groovada "Strangling Me with Your Love". O DJ, Bob Forrest, se aborreceu com o modo como o jovem transmitiu seu pedido, mas ficou impressionado com a determinação e não podia negar o bom gosto.

"Defunkt" começa com a voz do vocalista Joseph Bowie em camadas que vão aumentando e chegando a um *crescendo* em estéreo até que a bateria e o baixo emergem com tudo. A música entra num *groove* hipnótico que segue assim até o fim, exceto por um *break* e um minissolo de bateria ao final. Embora, na superfície, a canção pareça ser sobre farra – "*I wanna dance, I wanna party-hearty, I wanna get down tonight, with*

---

* Em nota lateral, procurem por John Frusciante explicando o processo de composição (ou de "cópia") da faixa "Under the Bridge", de 1991, durante uma apresentação solo em Amsterdam em fevereiro de 2001. (N. do A.)

SHOW Nº 1: 16 DE DEZEMBRO DE 1982

the Defunkt"* –, ela atinge uma nota mais amarga, mesmo que o instrumental se mantenha para cima e alegre. *"I live for you, but you want me to drop dead"***, canta Bowie de forma seca sobre o baixo gordo e as guitarras funkeadas.

Flea e Anthony haviam sido apresentados ao Defunkt (e muitos outros artistas) por Dondi Bastone, ex-colega de quarto de Anthony. Bastone e ele chegaram até a conhecer o guitarrista da banda, Kelvyn Bell, em Nova York em 1980. Essa interação com Bell foi um dos catalisadores para o sentimento de Anthony, depois solidificado por sua exposição ao Grandmaster Flash, de querer "fazer as pessoas sentirem o que a música me fazia sentir".

Ao contrário do relativo frescor do punk, o funk não era um fenômeno novo; na verdade, no início dos anos 1980, seu auge já havia passado. Enquanto o punk acelerava o rock, o funk tendia a desacelerá-lo, ou pelo menos torná-lo muito mais dançável, sincopado e esparso. O funk era capaz de dar a uma banda tempo de respirar, mesmo que levasse o público à loucura. Uma evolução das cenas de R&B e blues de New Orleans, ele tinha como foco o primeiro tempo do compasso, o baixo e a bateria e, quase sempre, uma frase curta, afiada e acentuada do naipe de metais. Em meados dos anos 1960, artistas como James Brown levaram o estilo a um público mundial, mas, na década seguinte, elementos do funk se incorporaram de volta ao rock, deixando as fronteiras menos definidas; ficou mais difícil precisar o que exatamente constituía o funk. Com o enfoque na bateria e no baixo, ele se tornou uma das principais e primeiras bases para o surgimento do hip-hop alguns anos depois. Todo tipo de música – rock, funk, punk, hip-hop – começou a compartilhar do mesmo DNA.

---

* "Quero dançar, quero fazer a festa, quero aproveitar a noite com o Defunkt"

** "Vivo por você, mas você quer me ver cair morto"

O processo de composição dessa nova música já foi narrado de algumas formas diferentes. Em sua autobiografia, Anthony conta que ela surgiu por inteiro nos poucos dias que eles tiveram para se preparar para o show, com Flea criando a linha de baixo durante esse período. Já na *História Oral e Visual* da banda, Jack disse que "era só um *riff* de guitarra que Hillel e eu tocávamos horas a fio, somente por diversão". Há uma chance de que Anthony já tivesse a letra em mãos, após tê-la esboçado como um poema ("[ele] traduzia em raps poemas que tinha escrito"), o que resultou num momento de iluminação quando ouviu a linha de baixo com a qual Flea vinha casualmente brincando nos meses que antecederam o show. Talvez tenha sido uma combinação de todas essas variantes, e, é claro, Gary Allen lembra-se de os quatro já a terem composto *antes* de o abordarem. Não se sabe quando a canção foi exatamente concebida, mas é provável que tenha pairado por aí em diferentes formatos antes de ser refinada nas últimas semanas antes do dia 16 de dezembro.

Em diversas entrevistas ao longo dos anos, Flea deixou implícito que elaborou a linha de baixo numa tentativa direta de imitar "Defunkt", tanto no som quanto no estilo. Num post de blog de 2006, ele foi além e afirmou que "a primeiríssima música que escrevemos... nasceu de eu tentar ao máximo copiar o *groove* [de 'Defunkt']". Ouvindo a faixa novamente com o conhecimento de que Flea tirou dela sua linha de baixo, as similaridades estão lá e a inspiração fica óbvia, mas há alterações suficientes para não caracterizar uma cópia nota por nota.

A fusão de punk com funk era algo com o qual Flea já vinha brincando por algum tempo ao final de 1982. Segundo Syndee Coleman, sua colega em *Suburbia*, "ele ainda estava no FEAR na época, mas empolgado com um novo projeto musical em que vinha trabalhando... Na hora, achei a ideia interessante, mas não tinha certeza do quão certo daria. Como eu estava errada!".

Ensaiá-la foi algo rápido e casual. Fabrice Drouet lembra-se de que a banda passou a música no apartamento que dividiam no mesmo dia da

SHOW Nº 1: 16 DE DEZEMBRO DE 1982

apresentação, o que Flea confirma em sua autobiografia. Essa pode ter sido a única vez que eles de fato a ensaiaram. Numa entrevista de maio de 1984, Flea diz que ela *nunca* foi ensaiada, mas isso muito provavelmente era só para manter uma postura punk rock. Em outra entrevista no ano seguinte, ele admitiu que eles pelo menos "a assoviaram uns para os outros". Anthony também se recorda de uma rápida passada *a cappella* em sua autobiografia.

A noite caiu naquela quinta-feira, 16 de dezembro de 1982, com o show de Gary Allen no Grandia Room. Não há como saber ao certo quanta gente estava presente naquela data, mas, segundo Anthony, havia 30 pessoas no clube no início da apresentação da banda. Flea convidou muitos de seus colegas e amigos do set de *Suburbia*, que ainda estava sendo filmado, tais como Chris Pedersen, Christina Beck e Maggie Ehrig, sua namorada na época*. Também estavam por lá a DJ da noite, Nuala, que trabalhava na rádio KXLU, Fabrice Drouet e, é claro, todo mundo que foi para a performance de Gary Allen, sem ter noção do que estava prestes a testemunhar. A estimativa de Anthony de 30 presentes é provavelmente correta, ainda que um pouco baixa, ao passo que Flea brinca com o número específico de 27. Também haveria gente nas redondezas; do lado de fora, na Melrose Avenue, fumando no frio de 10 ºC, ou na outra ponta do clube, ali só para se divertir, beber e ouvir os discos que tocavam entre um *set* e outro.

Além daquela canção curta e formidável, o novo grupo tinha outra ideia para deixar sua marca: uma coreografia ao som de "Pack Jam (Look Out for the OVC)", do Jonzun Crew. Era mais uma faixa de hip-hop da era espacial, lançada havia apenas alguns meses e provavelmente algo que Anthony ouvira certa noite no RadioTron. Entrando no Grandia

---

* Maggie Ehrig era uma ex-integrante do Twisted Roots, uma banda que durou pouco e contava com Pat Smear e o tecladista Paul Roessler. Em 1998, Flea planejava fazer um *cover* do Twisted Roots em um (cancelado) álbum solo. (N. do A.)

Room pela porta principal, na Melrose Avenue, ergueram a *boom box*, dançaram e fizeram uma espécie de mímica até o palco. Uma vez lá, o resto da coreografia supostamente foi pelo ralo graças à inabilidade de Jack de acertar os movimentos, mas naquele momento já estavam prontos para começar a performance propriamente dita.

Como é quase sempre o caso no início da história da banda, os relatos existentes deixam algumas perguntas que perduram. Há uma confusão quanto ao momento exato em que essa coreografia aconteceu. Em sua autobiografia, Anthony afirma que foi no segundo show e que, nessa noite em particular – a do primeiro show –, a banda passou despercebida até subir ao palco e plugar os instrumentos. Gary Allen concorda ao se lembrar da dança, "do *boom box* no ombro, ao estilo do hip-hop *old school*, sem camisa" e pensar que provavelmente foi no segundo show. Porém, Flea e Salomon Emquies insistem no contrário. Flea menciona a dança no show de estreia na *História Oral e Visual* e em sua autobiografia, enquanto Emquies recordou-se de que o lance do *boom box* ocorreu tanto naquele primeiro *quanto* num show posterior em sua entrevista para *Uma História Oral e Visual*.

De um jeito ou de outro, o que é certo é que o quarteto não foi creditado em nenhum *flyer* da noite, tampouco mencionado em anúncios de jornal, mas já se contou muitas vezes que eles se apresentaram sob o nome Tony Flow and the Miraculously Majestic Masters of Mayhem. Além de ser uma história engraçada de ser narrada quando já eram mundialmente famosos, o nome – se é que foi mesmo citado naquela noite – pode ter sido apenas algo bobo que falaram ao público e aos *promoters* em tom de sacanagem enquanto montavam o palco, ou então repetido mais tarde quando perguntados sobre o nome da banda; essas palavras só foram aparecer em alguma fonte impressa em 1991. Também podem ter se apresentado sob o nome The Flow, que seria usado nos dois shows

SHOW Nº 1: 16 DE DEZEMBRO DE 1982

seguintes*. Flea se lembra de ter sido algo bolado por Anthony especificamente para soar como uma aliteração farsesca, e é possível discernir a influência de Grandmaster Flash and the Furious Five.

Qualquer que fosse o nome, quando estavam prontos no palco minúsculo no canto sudoeste do Grandia Room, Jack fez a contagem enquanto Anthony, sóbrio numa noitada, só para variar, de robe floral e boina laranja, deu uma cambalhota improvisada. Ao pousar, era hora de tocar.

Presumindo-se que a versão tocada naquela noite tenha sido parecida com a demo gravada seis meses depois, "Out in L.A." foi um punk-funk prototípico, baseado, em essência, no tom de Mi**. Não há muita estrutura no sentido de estrofe-refrão-estrofe, mas meio que segue um certo padrão: Anthony termina a música da forma como começa, e, no meio do caminho, há espaço para um solo de baixo, um *break* de bateria e dança inspirado em hip-hop, um solo de guitarra e um *break* vocal tirado diretamente de "Fopp", faixa de 1975 dos Ohio Players.

Anthony e Hillel eram grandes fãs de "Fopp" e teriam se divertido muito ao fazer uma referência tão clara a essa canção. Para alguns, pode parecer um plágio descarado, mas tinha mais a ver com um *sample*; artistas de hip-hop sempre pegavam uma frase de bateria ou um gancho de uma faixa já existente e os ressignificavam, e isso vinha no mesmo espírito (embora aparentemente Anthony nunca tenha admitido a fonte). Com quase duas décadas da carreira que "Out in L.A." lançaria, ele só citou "Fopp" no meio da turnê *Californication*:

---

* Se realmente existiram *flyers* com o primeiro nome completo, não restou nenhum, e a banda nunca o mencionou nos primeiros anos da carreira, apesar de muitas oportunidades de fazê-lo. (N. do A.)

** Contudo, a versão tocada nessa noite *pode* ter sido imensamente diferente, ainda não refinada, que só lembraria vagamente a versão demo gravada em maio de 1983. (N. do A.)

Houve uma época em que Hillel e eu costumávamos sair para dançar e entrávamos num estado mental perfeito para fazer *freestyle* na pista. Meio que ficávamos em pontas opostas da pista, por assim dizer, naquele ambiente das casas noturnas de Hollywood do início dos anos 1980, que era um ambiente muito estimulante, e essa música entrava... E lentamente, mas com firmeza, fazíamos o nosso lance, como peixes nadando contra a corrente em direção um ao outro, até que nos encontrávamos no meio da pista e íamos à loucura.

Assim como o punk pegava o conceito de uma canção convencional de rock com três acordes e a acelerava ao ponto de uma abrasividade atraente, despindo-a de tudo que não fosse o básico e, ao mesmo tempo, incrementando a intensidade, "Out in L.A." pegou o funk "convencional" e acrescentou a velocidade e a energia do punk rock. Entretanto, ao invés de a música ser reduzida apenas ao essencial, manteve um elemento de complexidade; o solo de baixo com *slap* de Flea não era algo que seria ouvido num show do FEAR ou do Circle Jerks. Numa travessia por toda a extensão do braço do instrumento, estava muito mais alinhado a um solo de funk. Era um talento raro do baixista, que não tinha medo de demonstrá-lo. O solo de guitarra de Hillel é absolutamente incendiário – Hendrix sob o efeito de ácido *e* de anfetaminas. À parte do roubo não reconhecido, Anthony foi muito influenciado na letra pelos primórdios do hip-hop. Num rap em *staccato*, ele conta ao mundo sobre si mesmo e seus amigos, rimando em 4/4, e não tem vergonha – nunca foi possível acusá-lo de ser tímido – de começar a se gabar. Consegue até mandar um salve para o FEAR.

A apresentação teria durado no máximo cinco minutos (foram provavelmente três) e, quando acabou, Gary Allen assumiu o palco e o restante da noite foi todo dele. Não foram feitas gravações da performance e nunca apareceram fotos do evento, testemunhado por menos de 50 pessoas. Porém, aqueles poucos minutos com certeza deixaram uma marca. Depois do show aparentemente improvisado daquela banda (talvez ainda sem nome), o público ficou atordoado e cada um dos membros soube que eles haviam dado asas a algo especial, algo "muito divertido" que lhes causou um barato por "dias a fio". "Enquanto tocávamos", recordou-se Anthony, "todos os que estavam no local e não prestavam atenção foram se aproximando do palco como zumbis". Flea disse que foi "VRAU desde a primeira nota", e Gary Allen que "eles foram tão bons que todo mundo soube que estava assistindo à história sendo feita".

Salomon Emquies abordou Anthony e Flea logo após a apresentação, deu a eles o cachê de 50 dólares e os convidou para voltarem duas semanas depois, mas com algumas músicas a mais. A performance foi incrível, embora pudesse ter sido mais longa; ele ficou impressionado e achou que eles é quem deveriam ter sido as estrelas da noite.

Eles não tinham planos, não tinham mais músicas e nem expectativas. Porém, não havia dúvidas; toparam e, ao toparem, algo especial nasceu*.

Como seria de se esperar, muito foi escrito ao longo dos anos sobre aquela noite especial, com praticamente todos os relatos trazendo detalhes conflitantes e incorretos. A biografia *By the Way*, de Dave Thompson, de 2004, publica a data errada, afirmando que o show aconteceu em abril de 1983; *Fornication*, de Jeff Apter, também lançado em 2004, comete o mesmo erro. A biografia anterior de Thompson, de 1993, diz que foi na primavera de 1983: menos específico, mas ainda incorreto.

Até mesmo os integrantes da banda são propensos a relembrar certos fatos de modo equivocado. Em 2004, Anthony escreveu em sua autobiografia que a performance de estreia foi em fevereiro de 1983 e que o show foi uma apresentação regular do Neighbors Voices – porém, esses já tinham terminado bem antes, em 1981. Na verdade, o lançamento da estreia solo de Gary Allen é que teria sido a motivação do show. O livro de memórias

---

* Para algo criado para uma única apresentação, "Out in L.A." certamente ganhou pernas. A canção seria tocada em praticamente todos os shows da banda dali em diante e só sairia do *setlist* regular em 1992, quase dez anos depois da estreia. (N. do A.)

de Flea, de 2019, ecoa a data de fevereiro de 1983, provavelmente tirada de outras fontes incorretas, como a biografia de Anthony. Numa entrevista de 2003, Anthony afirmou: "É muito difícil lembrar a data exata na qual viramos uma banda, mas Flea e eu, que temos pouca ou nenhuma lembrança, estimamos, no chute, que foi 13 de fevereiro". Isso não é possível, já que 13 de fevereiro foi um domingo e o Rhythm Lounge só ocorria às quintas-feiras. Numa entrevista de 1990 ao canal de televisão holandês VPRO, Flea – na frente do próprio Grandia Room, local exato da performance e apenas alguns meses antes de seu fechamento – já não tem mais nenhuma certeza: "Lá atrás, bem atrás, achava que era em fevereiro, ou talvez não fevereiro, mas março...". O mês de fevereiro é citado desde pelo menos junho de 1984, numa entrevista à revista *BAM*, e repetido em agosto daquele ano no *press kit* do álbum de estreia da banda. Flea, Anthony e os outros biógrafos erraram por apenas dois meses, perto o bastante para se confortarem desde então e usarem a data de 13 de fevereiro como aniversário do grupo, que, inclusive, figurou por um período na linha do tempo no site do Chili Peppers. Isso é especialmente irônico, considerando que eles não tocaram no mês de fevereiro de 1983. O show de 6 de janeiro daquele ano aparece na linha do tempo do livro *Uma História Oral e Visual* como o primeiro da carreira da banda, sob o nome Tony Flow and the Miraculously Majestic Masters of Mayhem. Embora não tenha sido o primeiro – e sim o terceiro –, foi o mais perto que a banda chegou de um registro correto.

Felizmente, há fontes primárias na forma dos *flyers* para o show de Gary Allen em 16 de dezembro de 1982, fornecidos ao autor por Salomon Emquies, que geria o Rhythm Lounge no período em que a banda tocou lá, além dos anúncios no *Los Angeles Reader* que trazem a mesma data. Isso, é claro, põe um asterisco curioso sobre a formação do Chili Peppers; ao longo de quatro décadas, foi uma banda que começou em 1983, data que consta em biografias, em menções online, no merchandising e em alguns livros de referência. Mas o fato é que a performance inaugural do grupo aconteceu, na verdade, nos últimos dias de 1982.

SHOW Nº 2

30 DE DEZEMBRO DE 1982

The Rhythm Lounge no Grandia Room, Melrose Avenue, 5657, Los Angeles, CA

UMA SEMANA DEPOIS QUE A BANDA recém-formada abriu para Gary Allen, houve mais uma espécie de reunião do What Is This, quando Flea, Hillel e Alain Johannes tocaram numa noite de cabaré no Lhasa Club, em 23 de dezembro, a poucos quarteirões do Grandia Room. "The Flea" fez uma dupla com Patrick English, seu amigo do ensino médio, no trompete, enquanto Slovak e Johannes tocaram violão juntos na mesma noite, no espaço de artes que fazia as vezes de galeria, café e cinema. Não há memórias dessa noite específica, mas foi uma de um milhão de pequenas apresentações interessantes que aconteciam por aquelas redondezas, assim como uma de um milhão perdidas no tempo.

Em 29 de dezembro, Flea foi até São Francisco para fazer aquele que talvez tenha sido apenas seu terceiro show com o FEAR, no Old Waldorf, abrindo para a banda punk inglesa UK Subs. No dia seguinte, 30 de dezembro de 1982, uma quinta-feira, Flea, Anthony, Hillel e Jack retornaram ao Rhythm Lounge para tocar. Esse segundo show foi a primeira vez que o quarteto apareceu num *flyer* e talvez a primeira que tenha aparecido com um nome. Foram anunciados como The Flow – nada de Tony, nada de Majestic Masters of Mayhem – e dessa vez não abririam para Gary Allen. Tinham o palco minúsculo do Grandia Room a seu dispor.

A programação do *LA Weekly* que apresenta as atrações do Rhythm Lounge refere-se a "performances de The Flow, com Anthony Kiedis e membros do FEAR e do What Is This". No que diz respeito aos nomes, "The Flow" alinha mais a banda ao rap e ao hip-hop – um "flow" é a técnica de um rapper. Sendo novato na cena e, ainda por cima, um moleque branco, Anthony ainda tinha muito a provar, e seu primeiro passo para mostrar valor era agir de acordo com o papel, mesmo que suas habilidades não estivessem bem desenvolvidas ainda. Porém, o uso desse nome sugere que eles se viam como uma atração ligada ao rap ou hip-hop, mais do que à cena punk ou rock. E tocar no Rhythm Lounge, que tinha o foco justamente no rap e no hip-hop, só solidificava essa direção inicial.

É impressionante que tenham encontrado tempo para compor outra canção naquela semana movimentada; mais ainda, que tenham encontrado tempo para ensaiar. No entanto, cumpriram a promessa feita a Salomon Emquies e retornaram com mais de uma música no repertório, bem como um show que durou mais do que três minutos. Depois de "Out in L.A." – mais 90 segundos de deleite sensorial –, veio "Get Up and Jump", uma canção rápida e irregular baseada numa linha de baixo *slap* complexa e intrincada de Flea, com um acompanhamento sincopado de Hillel e uma introdução e uma conclusão suingadas e *funky*. O início é bem sensato para, então, partir para o caos.

De certa maneira, a letra de Anthony se assemelha à música: é um chamado frenético para um público pronto para começar a dançar e pular, traz jogos de palavras mais rápidos e traiçoeiros que "Out in L.A." e, quando a coisa toda se mistura, é uma louca confusão. Em vez de fazer um rap estritamente sobre si mesmo, nessa faixa ele incorpora uma espécie de braço direito, fazendo referência a Ronit Frumkin, uma jovem em quem Hillel estava de olho*. Assim como "Out in L.A.", "Get Up and Jump" é mais uma faixa que veio a significar muito para a banda. Seria a música enviada para as rádios como compacto promocional do álbum de estreia e foi tocada em praticamente todos os shows até outubro de 1991, com uma variedade de trechos usados carinhosamente como provocação de vez em quando desde então. Nada mau para algo feito às pressas em uma semana.

Esse show teria durado apenas alguns minutos a mais do que o primeiro e pode também ter sido o cenário da coreografia de "Pack Jam" mencionada anteriormente, que foi por água abaixo pouco depois de começar. Muita coisa permanece desconhecida e não contada a respeito dessa performance e a da semana seguinte, já que, ao longo dos anos, a maioria dos relatos se concentrou no primeiro show. Tudo o que se sabe é que eles tocaram duas músicas e saíram pela noite, enquanto os DJs do Rhythm Lounge fechavam a insanidade.

Um único show era uma brincadeira curiosa, mas dois shows talvez já significassem o começo de alguma coisa verdadeira. Ainda assim poderia ter sido o fim do experimento; duas noites divertidas para os caras, duas noites longe de suas bandas regulares, tocando um tipo diferente de música, e, para Anthony, um gostinho de algo que nunca tinha feito antes. Quando Salomon Emquies rapidamente os chamou para uma terceira data, eles poderiam ter recusado. Afinal, tinham outras coisas nas quais pensar: outras bandas, outros compromissos, outros planos. No caso de Anthony, talvez outras carreiras.

Porém, estava divertido demais para parar, e aquela veia robusta que haviam encontrado parecia ter muito mais a oferecer. Disseram a Salomon que estariam de volta. Dois shows rapidamente viraram três.

---

* Segundo o relato de Anthony em *Scar Tissue*, essa ideia funcionou maravilhosamente bem. (N. do A.)

SHOW Nº 3

6 DE JANEIRO DE 1983

The Rhythm Lounge no Grandia Room, Melrose Avenue, 5657, Los Angeles, CA

COM O NOVO ANO DE 1983 despertando pelas ruas e vales de Los Angeles, o The Flow tocou na noite de terça-feira no Rhythm Lounge pela terceira vez. Esse show foi talvez o mais divulgado até então e o primeiro sinal de que a banda estava levando essa empreitada nova e interessante bastante a sério; foram distribuídos *flyers* e mais anúncios foram publicados no *Los Angeles Reader* e na seção de divulgação do *LA Weekly*.

Um *flyer*, criado por Salomon Emquies, era uma colagem caótica do tipo que poderia ter sido exibida nas paredes do CASH, com uma mistura de legendas datilografadas e títulos rabiscados à mão. De um lado dele, um homem de cartola com um sorriso desfigurado e uma camisa do The Flow manualmente desenhada está diante de um arranjo de balões em formato de lustre. "Rap P-Funk com o The Flow", o texto anunciava para apresentar "a banda mais legal e mais braba"*:

---

* No *flyer* original há um erro de ortografia (ou de digitação): "*[the] coolest, the badest*" (onde deveria ser "*baddest*"). (N. do T.)

SHOW Nº 3: 6 DE JANEIRO DE 1983

Mestre Rapper M.C. Anthony K.
Fazedor de Ritmo Jack I.
Puxador de Cordas Hillel S.
Puxador de Cordas Grossas Michael B.

Foi feito um esforço extenso para anunciar esse show, o que é interessante, já que a maioria das bandas divulgadas ao lado dele em jornais e *flyers* eram nomes consagrados que tocariam pelo menos 30 minutos, não cinco ou dez como o The Flow. Uma possibilidade é a de que eles teriam atraído público para ficar o resto da noite no Rhythm Lounge, cujos gerentes ficariam com uma porcentagem das vendas de bebidas e comidas. O *flyer* corrobora com isso; é uma propaganda do Rhythm Lounge ("a máquina de festa que vai te fazer gritaaaar"*) tanto quanto do The Flow. Outro motivo é que anunciaram porque podiam; não eram do tipo a recusar qualquer publicidade, ainda mais com essa nova e empolgante tarefa nas mãos. No fim das contas, quanto mais gente fosse ao show, maior seria o cachê – que já seria em torno de 50 dólares, de qualquer forma.

Essas duas performances como The Flow foram, na maior parte dos casos, condensadas em uma única noite nas histórias e biografias do Chili Peppers ao longo dos anos, mas as fontes primárias revelam que foram, de fato, dois shows num período de duas semanas, além daquela estreia em 16 de dezembro. Porém, infelizmente, mais uma vez, não há fotos nem gravações em áudio existentes em circulação para documentar em definitivo o que foi dito, o que foi tocado e como foi tocado; restam somente lembranças destroçadas pelo tempo e pelo uso irrestrito de narcóticos pelo restante da década.

Após esse show, houve uma sensação estranha de quietude. O grupo não prosseguiu numa trajetória ascendente como havia sido sugerido.

---

* "the party machine that will make you screammm"

Depois de uma primeira performance apimentada, a nova banda decidiu levar a diversão adiante sob o nome The Flow, que durou pouco. Este *flyer* foi distribuído antes do show de 6 de janeiro de 1983, que fizeram como *headliners* no Rhythm Lounge. (Acervo: Salomon Emquies)

Na verdade, o The Flow passou por um período de hibernação depois dessas três performances iniciais. O resto de janeiro e o mês inteiro de fevereiro foram dedicados às bandas principais de Hillel, Jack e Flea. O What Is This tocou por toda Los Angeles, incluindo dois shows no Club Lingerie e um no O.N. Klub, no Music Machine e no Madame Wong's West. A banda também gravou uma série de demos com o produtor Neville Johnson, algumas das quais apareceram online de forma não oficial.

Flea continuou a gravar cenas de *Suburbia* aqui e ali, e o FEAR fez dois shows com mais ou menos uma semana de intervalo no final de janeiro e começo de fevereiro[*]. O segundo destes foi em Devonshire

---

[*] A banda também entrou em estúdio em algum momento em fevereiro, muito provavelmente para gravar a faixa "Brainwashed". Até hoje, essa gravação – a única com Flea na banda – não veio à tona. (N. do A.)

SHOW N° 3: 6 DE JANEIRO DE 1983

Downs, um antigo hipódromo em Northridge que se tornara parte da California State University. O FEAR, que dividiu o palco com o Angry Samoans e o Vandals, foi filmado no palco e no *backstage* em 4 de fevereiro como parte de um panorama de várias noites da cena punk produzido pelo KTTV, canal de TV de Los Angeles. Nas palavras do apresentador bigodudo Chris Harris, o punk era "de fato rápido e pesado, com letras que quase sempre tratam de violência e destruição, com conotações sexuais nuas e cruas", e o canal estava disposto a fomentar as preocupações dos pais de Los Angeles (e, por extensão, dos pais de todo o país). Essa matéria "reveladora" sobre o punk é, em alguns momentos, um trabalho sensacionalista de pânico moral clássico e bastante desinformado, que conseguiu não só não entender a piada do FEAR, como também caiu de bandeja na armadilha da banda. Porém, nos traz um registro de valor incalculável em primeira mão de como era a cena em 1983 (e, para sermos justos, apresenta muitos pontos de vista diferentes, dando aos punks da época um tempo de tela substancial).

Depois de algumas imagens de palco com a banda tocando "Let's Have a War" e "I Love Livin' in the City", cortam para o *backstage*, onde Spit Stix e Lee Ving são entrevistados e se mostram surpreendentemente francos a respeito da filosofia sarcástica da banda, que de algum modo não foi compreendida pelos produtores do programa. Um jovem e quieto Mike B the Flea está sentado à direita deles e não profere uma só palavra, mas se encontra ali, de modo que, além das cenas de *Suburbia*, essa talvez seja a mais antiga imagem dele disponível. É um período interessante para aquele moleque; as sementes de sua futura fama mundial foram plantadas – a banda, os filmes, seu lugar na cena como um todo –, mas ainda não tinham criado raízes. Em questão de algumas semanas, porém, a vida daquele jovem quieto estará prestes a se tornar muito mais barulhenta.

SHOW Nº 4

4 DE MARÇO DE 1983

Cathay de Grande, Argyle Avenue, 1600, Los Angeles, CA

NAS SEMANAS SEGUINTES ÀS três performances no Rhythm Lounge, Anthony, Flea e Hillel juntaram recursos e saíram do Wilton Hilton para seu próprio lugar. A nova casa, de três quartos, ficava no Leland Way, um *cul-de-sac* no Sunset Boulevard, mais conhecido pela vizinhança como "Pot Alley" – "Beco da Maconha". Não foram bem recebidos; os residentes, desconfiados com os recém-chegados, jogaram garrafas e pedras neles no dia da mudança, mas isso não foi suficiente para impedi-los de se instalar ali.

Houve mais do que uma alteração de endereço. Depois de três shows feitos como The Flow, também era hora de trocar de nome. É impossível apontar com precisão o momento dessa virada, podendo-se apenas especular quais seriam suas exatas motivações, mas aconteceu pouco antes deste show no Cathay de Grande, no início de março. O The Flow não existia mais. Agora eles eram Red Hot Chili Peppers.

Como muita coisa relacionada aos primórdios da banda, não existe muita informação concreta a respeito de quem inventou o nome ou qual foi sua origem. Keith Barry, amigo do ensino médio, leva o crédito no livro

SHOW Nº 4: 4 DE MARÇO DE 1983

Uma História Oral e Visual, e Matt Dike, no mesmo volume, se recorda da incerteza quanto a se manter como The Flow ou mudar para Red Hot Chili Peppers. Em sua autobiografia, Anthony escreve sobre ter bebido na fonte de grupos de jazz do passado que tinham nomes similares: Louis Armstrong and the Hot Five foi um exemplo; e o Red Hot Peppers, de Jelly Roll Morton, também foi mencionado por outros como possível influência. Numa entrevista antiga, Anthony também citou a história bíblica de Moisés e sua sarça ardente* como referência para o nome, mas essa gênese foi, obviamente, uma piada. Outros especularam que a canção "They're Red Hot", de Robert Johnson, tenha servido de inspiração, o que explicaria o porquê de a banda acabar fazendo um *cover* da faixa em 1991, mas é uma afirmação sem muito mérito. Gary Allen lembra-se de estar sentado num carro com Hillel na noite de um show – neste de 4 de março ou talvez num anterior – e sugerir The Red Hots e de, então, se surpreender quando ouviu o nome definitivo, muito parecido, pouco depois. Se foi pura coincidência ou parte da origem factual do nome, jamais saberemos.

Quem quer que tenha de fato bolado o nome Red Hot Chili Peppers, ele foi decidido ao longo do quieto mês de fevereiro e revelado no Cathay de Grande, bem no coração de Hollywood, nesta noite no início de março de 1983. Inaugurado em sua forma atual em dezembro de 1973, o prédio retangular longo e plano no número 1600 da Argyle Avenue foi, por muito tempo, um restaurante chamado Nickodell – havia outra unidade na Melrose Avenue, mas era o endereço menor dos dois e logo fechou. Quando o Red Hot Chili Peppers tocou lá, o lugar já tinha sido um restaurante chinês por cerca de uma década.

Enquanto bebidas eram servidas no térreo, o clube e o palco ficavam no porão. Ao descer até a pista, você se depararia com uma avalanche de nomes rabiscados nas paredes brancas; alguns de lendas da cena e, agora,

---

* Na narrativa bíblica do livro de Êxodo, capítulo 3, é descrita uma sarça – ou arbusto – que arde em chamas, mas não é consumida pelo fogo. (N. do T.)

lendas mundiais, outros de fãs anônimos, mas todos ficavam no mesmo patamar na escadaria subterrânea. O salão em si exibia péssimas condições. Fotos e vídeos da época mostram um arremedo de teto prestes a cair, tijolos à mostra e fiação exposta. Havia um risco sério de incêndio que nunca permitiria ao lugar operar legalmente no século 21. As bandas ficavam de um lado e tocavam no mesmo nível do público – o que significava que quem ficava ao fundo teria dificuldade em ver o que estava rolando – mas, em todo caso, o espaço era pequeno o bastante para que nunca se ficasse muito distante. Era o tipo de lugar onde as paredes ficavam úmidas após um show particularmente intenso e, como a ventilação era mínima, ficariam assim por algum tempo.

Naquela ocasião, o tema era "Rap-Beat-Funk-Off", uma noite de hip-hop e DJs organizada por Wayzata de Camerone. Originalmente, esses eventos ocorriam em dois outros clubes de L.A. e sofreram de alguns inícios falsos, mas, no fim de fevereiro, passaram para as sextas-feiras no Cathay de Grande.

Nascido Mark Cameron Boyd em Jonesboro, Arkansas, de Camerone foi membro dos Brainiacs, uma banda de punk e funk que durou pouco entre o final dos anos 1970 e o início dos 1980. Porém, era mais conhecido como proprietário do Zero Zero, um infame *speakeasy* de Hollywood cujo primeiro endereço ficava a poucos metros do CASH e era bem conhecido por ser o único lugar da cidade em que se podia conseguir uma bebida de verdade na madrugada. Pouco depois de abrir, foi visitado por nomes como John Belushi, Bill Murray e outros astros descolados de Hollywood. Assim como o CASH, o Zero Zero também fazia as vezes de galeria de arte, e muitos fotógrafos e artistas de L.A., tais como a lenda local Gary Leonard, exibiram seus trabalhos lá até o clube deixar de existir, no final de 1981.

Além do Chili Peppers, aquela noite contaria com dois DJs – John Callahan e David Hughes –, mais conhecidos pelo público por seu grupo, o Age of Consent. A dupla se conheceu no início de 1981 numa apresentação feita por Hughes sobre música contemporânea, na qual ele rejeitava a *disco* como um gênero menor, o que exasperou Callahan. Após a explanação, os dois começaram uma conversa que acabou se tornando uma amizade e, então, uma banda. Formado de modo semelhante ao Chili Peppers, como algo pensado para uma única performance de um único rap, o Age of Consent rapidamente começou a se apresentar por Los Angeles e evoluiu para uma banda ao vivo mais consistente, que depois incluiria o guitarrista do Parliament-Funkadelic, DeWayne "Blackbyrd" McKnight, que por um curto período seria membro do Red Hot Chili Peppers, em 1988.

Porém, não foi o Age of Consent quem se apresentou naquela noite, foram os discos da dupla que fizeram o trabalho. Um vislumbre dessa coleção na época sugere algumas das possíveis faixas que soaram a todo volume pelas caixas de som enquanto o público dançava, flertava e fazia as manobras secretas que precisasse nos banheiros, enquanto a banda, por sua vez, montava o palco: "Nasty Rock", do P Crew (1983); "The Bottom Line", do South Bronx (1982); e "Shake It Off", do November Group (1982). Rolou até "Pack Jam", do Jonzun Crew, faixa muito familiar para certos presentes ali. Foi uma seleção variada e cheia de faixas obscuras, num mundo em que essa música era menos disponível do que hoje, com pouca presença nas rádios.

Um mês distante dos palcos não queria dizer que os Chili Peppers não se ocuparam; para este show, o repertório novamente dobrou, com mais duas faixas, além de alguns extras para fechar o *set*. Enquanto as duas primeiras músicas da banda adaptavam certos elementos do hip-hop, com uma narrativa bobinha e falastrona, a primeira das novas ia mais a fundo em determinadas influências, tratando dos problemas sociais da vida real sugeridos em faixas como "The Message". "Police Helicopter" era sobre as luzes onipresentes que atravessavam a janela do novo quarto de Anthony no Leland Way, vindas da polícia que circulava do alto, tentando em vão descobrir e dispersar o constante fluxo de tráfico de drogas que acontecia nas ruas abaixo.

Boa parte de Los Angeles era um lugar difícil de viver em 1983. Hollywood e suas cercanias, sobretudo o centro-sul de L.A., eram o epicentro de um crescente problema de drogas e violência de gangues[*]. O crack tinha acabado de chegar às ruas, implantado por traficantes conhecedores do negócio para combater a supersaturação da versão em pó da cocaína, e, com ele, vieram também uma distribuição mais ampla, preços mais baixos e mais criminalidade. A resposta dos governos estadual e federal, imersos nas políticas duras de Reagan contra o crime, tão populares com as classes média e alta dos subúrbios dos EUA quanto danosas para sua contraparte urbana, foi inundar a cidade de policiais e insistir em penas mais pesadas para quem fosse pego com drogas. Tudo isso sem levar em conta que muito desse crack supostamente teria chegado a Los Angeles por meio de cartéis nicaraguenses apoiados pela CIA. A Leland Avenue foi o cenário de uma batida em julho de 1983 que apreendeu três quilos e meio de maconha e rendeu 58 prisões, a maioria de imigrantes ilegais. Embora essa presença incrementada da polícia possa ter resultado em mais detenções, também levou a uma tensão palpável entre os cidadãos comuns e aqueles designados para protegê-los e servi-los. Se Anthony, Flea e Hillel, como casuais usuários de drogas, não viviam com medo constante da polícia, eram ao menos desconfiados, pois sua relação com ela nunca foi particularmente harmoniosa (ainda que, como homens brancos heterossexuais, a coisa fosse um tanto mais fácil para eles). Tampouco se tratava só de drogas; a polícia fechava com frequência shows na comunidade punk e dispersava todo público que considerasse desordeiro. E, como muitas forças policiais ao redor do mundo, tomavam injustamente minorias como alvos, em detrimento dos brancos. Foi uma

---

[*] Porém, para ser justo, segundo as estatísticas compiladas pelo Disaster Center, as taxas de criminalidade na Califórnia como um todo caíram durante aquele ano. (Disaster Center. "California Crime Rates 1960-2019". Acessado em 18 de julho de 2022. https://www.disastercenter.com/crime/cacrime.htm) (N. do A.)

SHOW Nº 4: 4 DE MARÇO DE 1983

década antes de Rodney King e os distúrbios de Los Angeles*, mas os problemas obviamente já estavam ali.

"Police Helicopter" é uma espécie de poema *beatnik* que lamenta o estado da Los Angeles do início dos anos 1980, com uma presença policial constante e ondas persistentes de paranoia nublando a maior parte, se não todas, as interações sociais. Era inevitável que esses instrumentos de vigilância remota aparecessem na música da banda. Como Anthony afirmaria numa entrevista seis anos mais tarde, citando a faixa em questão, "crescer em Hollywood te dá muita tensão, agressividade e frustração, porque há informação sensorial demais... as pessoas, o tráfego, as luzes, os filmes, as palmeiras, o oceano, a brisa, as colinas – os helicópteros da polícia pousando bem nos seus globos oculares. Eles estão todos lá, latindo bem na sua cara dia e noite. O que se pode fazer se não regurgitar isso na música?".

Assim como "Out in L.A.", "Police Helicopter" é mais a extensão de um *riff* do que uma composição típica de estrofe-refrão-estrofe. Anthony faz um rap e a banda responde, então todos repetem suas partes até frearem de súbito, cantando pneu. É uma faixa curta – ainda mais se eles estivessem num estado maníaco e espirituoso –, chegando a não mais do que 80 segundos na maioria das performances. Por definição, soa como um ataque do veículo do título. Estendê-la teria reduzido seu impacto.

A outra música que estreou naquela noite não era muito mais longa do que "Police Helicopter" e não tratava de temas tão adultos. "Nevermind" é um tipo de afirmação de que a banda, com apenas algumas

---

* Em 3 de março de 1991, o então taxista Rodney King (1965-2012) foi espancado por policiais do Departamento de Polícia de Los Angeles durante sua prisão, depois de uma perseguição por estar dirigindo embriagado. O episódio foi filmado por uma testemunha e as imagens que mostravam King desarmado sendo agredido pelos oficiais recebeu grande cobertura da mídia e causou furor entre o público. Em 29 de abril do mesmo ano, quando três dos quatro policiais envolvidos foram absolvidos pelo júri, uma série de tumultos e distúrbios civis se desencadeou pela cidade entre essa data e 4 de maio. (N. do T.)

semanas de existência e umas poucas faixas costuradas, era de fato mais digna de tempo, respeito e adoração do que muitos dos artistas na moda e no topo das paradas da época.

É tudo muito sarcástico – pelo menos em parte. Na introdução *a cappella*, Anthony tira sarro da "Pack Jam", embora ela tenha sido trilha sonora da dança que abriu um dos primeiros shows da banda; rejeita a Gap Band e a Zapp Band, duas pioneiras do funk que ele adorava e que haviam acabado de receber o Grandmaster Flash no palco meses antes. O funk era um golpe, dizia ele, mas nada temam, porque o Red Hot Chili Peppers está aqui para fazer justiça. Na estrofe seguinte, ele se concentra em alguns alvos mais óbvios, como Wham!, Duran Duran, Men at Work e Hall & Oates (*"Those guys are a couple of goats!"**), todos artistas que voavam alto nas paradas nos primeiros meses de 1983. Podiam ser dignos de algum escárnio, é claro, mas alguns deles se juntariam ao Red Hot Chili Peppers no Rock and Roll Hall of Fame num futuro distante. Talvez a letra não resista a um bom escrutínio, porém sua mensagem inerente é o ponto aqui, além de ter se tornado a versão da banda da mistura de uma faixa de hip-hop falastrona com um canto de torcida cheio de orgulho.

Em gravações posteriores daquele ano e em todas as apresentações dali em diante, incluindo a versão do álbum, "Nevermind" é introduzida por uma passagem falada de Anthony, uma história de travar a língua sobre disfarçar habilidades no bilhar. Era tirada de "Sport", faixa de 1973 do poeta e pioneiro do rap Lightnin' Rod, mas com o nome de Anthony nos pontos relevantes**.

---

* "Esses caras são dois bodes!"

** "*Well, now they called me Sport 'cause I pushed a boss short, and loved all the women to death*" se tornou "*Well, now they call me the Swan, 'cause I wave my magic wand*" ["Bem, agora eles me chamam de Sport, porque tirei um chefe da frente e amei todas as mulheres até não poder mais" // "Bem, agora eles me chamam de Swan, porque sacudo a minha varinha mágica"; reforça-se que no inglês há a rima entre *swan* e *wand*], mas o resto da letra basicamente não mudou. (N. do A.)

SHOW Nº 4: 4 DE MARÇO DE 1983

Ambas as novas faixas também giravam em torno dos *slaps* de Flea, ingrediente que, junto aos *scratches* de influência punk e *jazzy* de Slovak, vinha se tornando uma marca registrada. O *slap* no baixo existe desde os anos 1920 e era constante no contrabaixo acústico de jazz. Porém, o baixista do Sly and the Family Stone, Larry Graham (entre outros), refinou a técnica para o baixo elétrico e a transformou num dos pilares do funk – sobretudo quando Graham formou sua própria banda, o Graham Central Station, em 1973[*]. Na contramão de Graham e, mais tarde, de outros baixistas de funk como Bootsy Collins, do Parliament-Funkadelic, que mantinham o bpm relativamente baixo, firme e groovado, Flea – inspirado pelo baixista do Star, a *outra* banda consagrada da Fairfax High na época do Anthym – acrescentou um elemento punk ao *slap*. Isso acabou tornando o baixo um instrumento agressivo e percussivo que conduziria a banda na imensa maioria do tempo ao invés de ser o sistema de apoio menos presente, tendência maior entre os baixistas. No lugar de tocar tônicas e deixar Hillel guiar o show, uma linha de *slap* de Flea é um exercício complexo de destreza, que se expande por múltiplas oitavas. O *slap* seria algo bom para Flea, e ele recorreria à técnica em praticamente todas as composições originais do Chili Peppers ao longo dos anos seguintes. Em pouco tempo, o nome Flea seria sinônimo de *slap*, para o bem ou para o mal.

Além de "Police Helicopter" e "Nevermind", a banda preencheu o show divertindo o público com algumas cantigas de acampamento *a cappella*. Uma era "Stranded", sobre ficar preso no banheiro sem papel higiênico, adaptada do tema da série de faroeste *Branded*, exibida pela NBC entre 1965 e 1966. Praticamente de imediato, o tema virou uma piada nas escolas e, quase 20 anos depois, ainda era apresentado alegre-

---

[*] A faixa "Hair", do álbum de estreia autointitulado, de 1974, é apenas um exemplo de um som de baixo que traz uma semelhança assustadora com o estilo pelo qual Flea ficaria conhecido posteriormente. (N. do A.)

mente por jovens imaturos, acompanhados por Jack Irons numa levada de caixa do tempo em que ele tocava em banda marcial. O próprio Jack daria risada ao relembrar essas cantigas: "Elas caíam muito bem, pois todo mundo as conhecia. Os shows se transformavam numa cantoria!". A julgar pela gravação da música, feita em maio de 1983, parece que Slovak assumia o vocal principal; mais tarde, Anthony diria que foi o guitarrista quem apresentou a canção ao resto do grupo.

"Oom Chucka Willie" também pode ter sido cantada nessa noite, uma cantiga safada de infância da turma que Anthony já tinha parcialmente copiado para uma estrofe de "Out in L.A.". Segundo uma biografia da banda, outra canção tradicional de acampamento supostamente apresentada ali foi uma brincadeira com "She'll Be Coming 'Round the Mountain". Eram técnicas úteis para engrossar o caldo de *sets* curtos demais ou preencher o tempo enquanto os instrumentos eram afinados ou cordas eram trocadas, o que era comum.

Essa apresentação histórica de 4 de março recebeu pouca gente, cerca de 30 pessoas, mas isso não impediu Anthony de dar um *mosh*, rodopiar na pista e molhar o público com sua cerveja como se o clube estivesse lotado. "Só diversão, nada de racional envolvido", recordou-se Flea. "Apenas uma expressão selvagem." Todos os presentes adoraram o show, mas a bilheteria baixa causaria problemas quando Anthony foi recolher o cachê. Depois de prometer 200 dólares, Camerone só conseguiu obter 40 dólares, então Anthony o empurrou num mictório no banheiro masculino até que ele providenciasse mais dinheiro. "Eu não conseguia aceitar que alguém quebrasse um acordo e tentasse escapar", diria ele mais tarde. O vocalista já levava certos aspectos dessa empreitada bastante a sério.

O show rendeu à banda a primeira menção sob seu nome definitivo no *LA Weekly*, os primeiros de milhões de centímetros de cobertura jornalística mundial dos quais desfrutariam nos anos por vir. Na edição de 11 de março de 1983, na coluna L.A. Dee Da, que cobria o que se passava nas ruas, uma das repórteres escreve entusiasmada sobre o show da sexta-feira anterior:

> Quarteto de funk que consiste em Flea, do FEAR, e membros do What Is This, o Chili Peppers foi uma parada das quentes, com direito a cambalhotas de Flea (com o, cof-cof, instrumento em punho) e ao grupo todo entoando cantigas perversas entre uma música e outra.

A L.A. Dee Da era assinada por quatro repórteres, mas há uma boa chance de que esse trecho em específico tenha sido escrito por Pleasant Gehman, uma jovem jornalista que deu início à coluna em 1980 e cujo olhar se manteria fixo no Chili Peppers enquanto o grupo levantava voo naqueles anos formadores. Havia ainda outra conexão: Gehman era quem marcava as apresentações no Cathay de Grande, então, de certa forma, anunciava seus próprios shows na coluna. Talvez um pouco duvidoso do ponto de vista ético, mas uma maneira esperta de espalhar a palavra. Em retrospecto, Flea parecia ciente dessa nova atenção, mas mantinha a calma. "Os fiteiros de Hollywood estão lá – essa galera que vive por aí."

Eles estavam causando rebuliço, um rebuliço basicamente instantâneo.

SHOW Nº 5

25 DE MARÇO DE 1983

Cathay de Grande, Argyle Avenue, 1600, Los Angeles, CA

A PESAR DO DESENTENDIMENTO COM Wayzata de Camerone (ou talvez graças à influência de Pleasant Gehman), o Chili Peppers foi convidado a voltar ao Cathay de Grande três semanas depois para mais um show, ao lado do Restless Natives – banda fogo-de-palha cujo nome não aparece em nenhum outro lugar a não ser nos anúncios desta performance – e da Wayzata Band, do próprio de Camerone. Não há registros do material que o Chili Peppers tocou, mas o *setlist* decerto foi muito parecido com o do show anterior. Como o What Is This tinha feito três apresentações em Los Angeles na segunda quinzena de março, incluindo uma no 321 Club com o Martini Ranch, grupo do ator Bill Paxton, os rapazes muito provavelmente não tiveram tempo de compor músicas novas.

Um *flyer* deste show, com "Funk to Death" ("Funk até a Morte") rabiscado no topo e o diastema de Flea (reconhecível já na época) embaixo, está reproduzido no livro de fotos oficial da banda. O que é mais interessante é que, nesse *flyer*, ela é considerada *headliner* do show, embora a noite fosse da Wayzata. É provável que isso só tenha acontecido porque os próprios Chili Peppers fizeram o cartaz; naqueles tempos livres e lou-

SHOW Nº 5: 25 DE MARÇO DE 1983

cos, você poderia se declarar *headliner* se quisesse. Três décadas depois, Anthony explicaria os métodos de divulgação daquele período inicial da banda: "Não havia absolutamente vergonha nenhuma no nosso esquema e não nos importávamos em nos autopromover com uma atitude bem grandiloquente e um egocentrismo meio que arrogante, porque A) tínhamos 20 anos e B) não éramos ninguém. Então estava tudo bem promover ninguéns como se fossem os melhores".

Tendo ido ao *backstage* nesta noite, o pai de Anthony, John "Blackie Dammett" Kiedis, começaria a aparecer com bastante frequência nos shows do Chili Peppers, nos quais levava namoradas e amigos, dando início ao precursor não oficial do fã-clube oficial que um dia presidiria. Um dos amigos que levou àquelas primeiras performances foi James Granville Brown, profissionalmente conhecido como Jay Brown. Eles se encontraram em 1977, após Dammett conseguir um pequeno papel no drama policial *Fibra de Valente 3*, engatando desde então uma amizade de copo e de rabo-de-saia. Brown ficou impressionado com a banda e, naquela mesma noite de 25 de março, passou a ter ideias sobre onde ela poderia chegar sob sua orientação.

No *backstage* também estava Nina Hagen, cantora nascida na Berlim Oriental que, a essa altura, já tinha vivido uma vida louca de ambos os lados da Cortina de Ferro e obtido algum sucesso na Europa no final dos anos 1970 antes de ser expulsa da Alemanha Oriental. Agora, depois de ter dissolvido sua Nina Hagen Band, se apresentava como artista solo. Em junho de 1982, ela lançou *NunSexMonkRock*, que conseguiu se infiltrar na Billboard 200 e se tornou seu primeiro álbum a entrar numa parada nos Estados Unidos. Anthony se encontrou com Hagen e sua filha de dois anos, Cosma Shiva, no dia seguinte ao show ou pouco depois, e os dois rapidamente passaram de flertes simples para uma relação física que teria idas e vindas ao longo do ano.

Fotos tiradas no *backstage* por Gary Leonard, uma lenda da cena, dão um vislumbre da selvageria dos primeiros shows do Red Hot Chili

Peppers. Anthony com seu figurino de robe floral e boné laranja fluorescente, Flea e Jack de camisas igualmente extravagantes, Hillel de boné para trás e o que parece ser um smoking, todos contra a parede suja do Cathay de Grande como quatro meliantes numa fila de reconhecimento criminal, inadequadamente felizes por estarem ali. Quase parece bizarro vê-los com tanta roupa, mas a energia é palpável, até mesmo nesses registros granulados em preto e branco*.

---

* Como esses dois shows aconteceram no mesmo lugar e no mesmo mês, há uma possibilidade de que muitas dessas histórias – a discussão com de Camerone por causa do pagamento, as fotos de Leonard, o encontro entre Anthony e Nina Hagen – tenham sido relembradas e datadas de forma equivocada e acontecido, de fato, em um show e não no outro. (N. do A.)

SHOW Nº 6

31 DE MARÇO DE 1983

Club Lingerie, Sunset Boulevard, 6507, Los Angeles, CA

O **WHAT IS THIS TOCOU NO ROXY** em 29 de março, abrindo para o Plugz, um dos primeiros grupos latinos de punk e pioneiros do DIY que seria a banda de apoio de Bob Dylan no *Late Night with David Letterman* no ano seguinte. Após alguns dias, o Chili Peppers, num golpe de sorte insano, tocou no Club Lingerie.

Para o sexto show de uma banda com apenas um punhado de canções e um *set* de, no máximo, uns 15 minutos, esse *upgrade* para o Club Lingerie como abertura de um nome tão reverenciado quanto o Minutemen era algo verdadeiramente especial. De fato, foi uma catapultada tão meteórica de sorte que chega a ser estranho eles nunca a terem mencionado nos anos posteriores – e geralmente reservarem a história da "grande virada", em autobiografias e memórias, para outro show no Club Lingerie, três meses depois, abrindo para outro nome lendário. A boa sorte em conseguir esta apresentação pode ter vindo de um agendamento de última hora. Os primeiros *flyers* não citam a banda, que só veio a surgir num anúncio no *LA Weekly* que circulou na manhã do dia do show. Talvez o Chili Peppers tenha sido um tapa-buraco para outro grupo ou o único livre em tão pouco tempo para aquela noite. Isso pode explicar o motivo de ganhar tamanha chance num estágio tão inicial: simplesmente não havia ninguém mais disponível, e eles estavam no lugar certo na hora certa.

Essa passagem para uma casa mais legítima trazia à tona o problema da tenra idade da banda. Nesse momento de março, nenhum dos membros tinha mais de 21 anos; Hillel seria o primeiro a completá-los, mas só dali a duas semanas. Por causa disso, Brendan Mullen, que cuidava da agenda e geria o Club Lingerie, os fez esperar do lado de fora antes e depois de tocar, caso contrário as autoridades fechariam outro de seus clubes. Linda Kite, amiga do pessoal do Minutemen e vizinha de D. Boon na infância, estava no público e testemunhou essas manobras desconfortáveis: "Meu amigo Kevin e eu fomos ao *backstage* para conversar com eles e tivemos de procurá-los num beco".

Nascido em 1949, em Paisley, cidadezinha nas Lowlands escocesas, Mullen atuou como jornalista e baterista ocasional em sua terra natal antes de se mudar para os Estados Unidos em 1973. Em janeiro de 1979, fundou o Masque, clube na Cherokee Avenue com o Hollywood Boulevard. Um porão de uns 900 m² atrás do teatro de entretenimento adulto Pussycat, a intenção inicial era que o Masque fosse um espaço de ensaios, mas, em questão de meses, Mullen passou a complementar a renda desse serviço por meio de shows, recebendo nomes como The Weirdos, The Germs e os favoritos dos Chili Peppers, X. "Bandas de rock locais que não conseguiam shows em clubes mais formais por causa de seu visual e comportamento encontraram uma casa nesse porão sujo", escreveu Cindy Jourdan no *LA Weekly*. "Os entusiastas do punk vão aos montes."

Flea era um grande fã da casa e, em 2010, escreveu que "quando Brendan abriu o Masque, foi um ato puro, a criação de um lugar para que pessoas de quem ele gostava fizessem sua arte, se divertissem e pirassem, vendedores não eram permitidos. O lugar tornou-se o núcleo para um ambiente musical eletrizante, que deu à luz a cena punk rock do sul da Califórnia".

SHOW Nº 6: 31 DE MARÇO DE 1983

Assim como muitos outros clubes na época, o Masque foi fechado diversas vezes por problemas relacionados a licenças, alvarás e barulho, precisando reabrir em diferentes endereços de tempos em tempos até fechar de vez em 1979, após uma última batida do Departamento de Polícia de Los Angeles e uma infração séria de segurança contra incêndios. Mullen rapidamente abriu outro clube, o King's Palace, mas este também durou pouco, e ele então passou para instalações mais permanentes no Club Lingerie.

O clube existiu sob diversos nomes desde os anos 1940 – Whisling's Hawaii, Sundown Club e The Summit, que recebeu gigantes do jazz como Dizzy Gillespie – até ser rebatizado como Club Lingerie em meados de 1981. De início, Mullen foi convidado para trabalhar como DJ numa noite de música latina, mas, ao invés disso, ofereceu seus serviços de agente e, em menos de um ano de sua contratação, o palco do Lingerie recebeu a presença do oráculo do jazz Sun Ra, da cantora de R&B Big Mama Thornton e do FEAR, na primeira vez em que Flea viu a banda ao vivo. Até o What Is This tocou lá, em 10 de janeiro daquele ano; para Hillel e Jack, este grande momento de virada foi sua segunda vez na casa.

Enfim, eis que aqui estava o Chili Peppers, numa quinta-feira, parte de uma "noite de funk caótico" bancada pela SST Records, de Long Beach, que acabara de lançar o segundo álbum do Minutemen, *What Makes a Man Start Fires?*, e estava prestes a lançar um EP subsequente, *Buzz or Howl Under the Influence of Heat*. No anúncio publicado no *LA Weekly*, uma citação atribuída ao líder do Parliament-Funkadelic e lenda do funk George Clinton aparece ao lado do nome do Chili Peppers: "O funk não só mexe, ele re-mexe"*.

Tirada de "P-Funk (Wants to Get Funked Up)", faixa do Parliament de 1975, é notável que uma referência tão explícita a Clinton apareça

---

* *"Funk not only moves, it re-moves."*

num momento tão precoce da carreira da banda. Anos depois, os integrantes do Chili Peppers admitiriam um nível inicial de ignorância no que diz respeito à obra de George Clinton. Em sua autobiografia, Anthony diz que só descobriu o trabalho de Clinton, suas bandas e seus discos solo após *The Red Hot Chili Peppers* sair, em agosto de 1984. "Depois do primeiro disco, as pessoas diziam: 'Vocês devem beber do P Funk'", lembrou. Em 1985 já reconheciam isso; numa entrevista à *BAM*, Anthony afirmou que, depois que ficou sabendo da obra de Clinton, "fomos conferir. Compramos todos os discos dele, ouvimos todos e gostamos muito de todos". Flea, mais tarde, corroboraria, declarando que "ainda não tinha contato com muita coisa desse estilo" até meados de 1984. Bob Forrest também leva o crédito por apresentar o Funkadelic à dupla depois que foram morar juntos naquele ano. Porém, essa referência (e a outra referência inicial ao "rap P-funk" no *flyer* para o show de 6 de janeiro como The Flow) talvez implique que desde cedo eles já soubessem mais sobre a obra de Clinton do que revelavam, fosse o motivo qual fosse[*].

Formado em 1980, o Minutemen era liderado por Dennes "D." Boon, que morreria num trágico acidente de carro em 1985, causando um fim precoce e abrupto à banda no momento em que ela estava prestes a atrair um público muito mais amplo. O baixista e, às vezes, vocalista Mike Watt continuaria a viver na órbita do Chili Peppers por muitos anos. Sua banda pós-Minutemen, o fIREHOSE, abriria para eles numa turnê em 1988 e seria citada em "Good Time Boys", de 1989; em carreira solo, Watt abriria para a banda em turnês em 2003 e 2006. O Chili Peppers até dedicaria *Blood Sugar Sex Magik*, o álbum de 1991 que vendeu milhões de cópias,

---

[*] Isso se a referência foi ideia deles; o anúncio pode ter sido elaborado por uma terceira parte que presumiu que os Chili Peppers já fossem os discípulos de Clinton que viriam a se tornar. Há também a possibilidade (menos provável) de que a intenção das aspas fosse acompanhar todas as atrações, não só o nome do Chili Peppers, mas isso não faz muito sentido se considerarmos a música do Minutemen, que não exatamente se alinha ao trabalho de George Clinton. (N. do A.)

SHOW Nº 6: 31 DE MARÇO DE 1983

a Watt, e até hoje há um adesivo de D. Boon decorando o baixo Fender de 1961 de Flea, avaliado em 35 mil dólares.

Este show ocorreu na véspera do 25º aniversário de Boon, e, como tal, foi uma noite cheia de celebração. Houve um concurso de dança cujo prêmio era uma pizza grande. Infelizmente para o talentoso vencedor, Boon comeu a pizza inteira antes da premiação – mas, afinal, aquela era sua noite especial.

À parte da questão etária, os Chili Peppers provavelmente não viram a competição de dança. Além de precisarem esperar do lado de fora antes e depois do *set*, tinham outros lugares para onde ir naquela noite.

SHOW Nº 7

31 DE MARÇO DE 1983

The Rhythm Lounge no Grandia Room, Melrose Avenue, 5657, Los Angeles, CA

O RED HOT CHILI PEPPERS retornou ao Grandia Room no dia 31 de março para uma última sessão da meia-noite no Rhythm Lounge, mais ou menos uma hora depois de abrir para o Minutemen do outro lado da cidade. Embora tivessem se passado poucos meses desde a última vez em que tocaram no clube, agora eram uma banda mudada, com um novo nome, o dobro de músicas e um grupo de fãs já relativamente estabelecido para acompanhá-los.

Salomon Emquies colocou outro anúncio no *Los Angeles Reader* para promover o show, reproduzido no livro *Uma História Oral e Visual*. Desta vez, há um espírito mais dançante (ou de *break dance*) no anúncio, já que cada membro da banda tem seu próprio espaço e é representado por um boneco fazendo algum passo interessante. Há ecos do *flyer* anterior, no qual cada um foi apresentado individualmente, mas traz um estilo mais próximo ao grafite nova-iorquino ou a Keith Haring[*]

---

[*] O trabalho de Keith Haring apareceu em diversos anúncios do Rhythm Lounge publicados no *LA Weekly* e no *Los Angeles Reader* ao longo daquele ano. (N. do A.)

SHOW Nº 7: 31 DE MARÇO DE 1983

no lugar dos rabiscos malucos feitos à mão do primeiro, de dezembro de 1982.

Também é digno de nota o *M* que representa Flea; para alguns, ele ainda era conhecido apenas como Michael ou Mike, mas, a cada dia e a cada performance do Chili Peppers e do FEAR que passava, esse nome ficava cada vez mais para trás.

Não se sabe o que mais se passou neste show; mil coisas diferentes aconteceram, é claro, mas não há histórias e suas especificidades se perderam no tempo. Há também a possibilidade muito firme de que, como o show do Minutemen foi marcado para a mesma noite, esta apresentação tenha sido cancelada de última hora. Não havia nada que impedisse a banda de percorrer o trajeto de um quilômetro e meio do Club Lingerie ao Rhythm Lounge para chegar a tempo do show da meia-noite, mas também podem ter considerado essa viagem desnecessária após terem feito o primeiro show num clube.

SHOW Nº 8

13 DE ABRIL DE 1983

Anti Club na Helen's Place, Melrose Avenue, 4658,
Los Angeles, CA

UM PALCO NOVO PARA O CHILI PEPPERS, embora eles não tenham precisado ir muito longe, pois o Anti Club ficava a pouco mais de um quilômetro do Grandia Room, bem dentro da bolha de L.A., que ainda não havia sido furada. Inaugurado em 1979, o clube tinha como um de seus promotores Russell Jessum, que tocou sintetizador no show de lançamento do EP de Gary Allen, uma conexão que talvez explique a apresentação da banda ali na segunda semana de abril, no 21º aniversário de Hillel Slovak.

Os motivos para Jessum fundar o clube já eram, a essa altura, uma história bastante familiar. Era um "lugar para meus amigos e eu tocarmos", ele disse ao *Los Angeles Times* meses antes de o Chili Peppers tocar lá. Era "uma alternativa para quem não consegue tocar no Troubadour ou no Roxy. Se uma banda não tem baixo, guitarra e bateria padrões, geralmente já me empolgo bastante".

O Anti Club era também uma noite realizada numa casa já existente. Neste caso, a Helen's Place, uma taverna de propriedade de Helen Guttman na Melrose Avenue. A relação entre Guttman e Jessum e seus copromotores, Jack Marquette e Jim Van Tyne, já era turbulenta num bom dia, vindo a piorar com o passar dos anos. Guttman mal tolerava as bandas que se apresentavam em seu bar e frequentemente ela mesma encerrava os shows quando achava que eles estavam passando do ponto ou eram excêntricos demais. Já Jessum abraçava o esquisito: "Se alguém dissesse que queria tocar a mesma nota por 45 minutos e que era uma composição importante, eu provavelmente deixaria".

Com punks e *freaks* (e até os relativamente dóceis artistas da mesma-nota-por-quarenta-e-cinco-minutos) agraciando o palco de Helen noite após noite, essas interrupções eram cada vez mais constantes, fazendo com que os envolvidos frequentemente cancelassem acordos entre si. Em 1986, o divórcio público e bagunçado entre Guttman e Jessum e sua equipe viraria um processo multimilionário pelos direitos de uso do nome do clube, que chegou a ser exposto na seção de cartas do *LA Weekly*. Jessum e cia. levariam sua noite para outro lugar, mas Guttman, claramente decidida que era afinal capaz de tolerar punks e *freaks*, manteve o nome Anti Club. Anos mais tarde, Pleasant Gehman, relembrando Helen, disse que "ela foi a única que se safou de cobrar 25 centavos por um copo d'água de artistas que nem cachê recebiam".

Apesar da possibilidade de algum drama acontecer, o show transcorreu sem incidentes. Um *flyer* circulou pela cidade e ainda existe, desenhado à mão (provavelmente por Anthony) e anunciando "funk da terra santa", numa alusão à origem israelense de Hillel e seu dia especial[*]. Abaixo, uma espécie de ameaça: "Esteja lá ou vamos puxar seus pelos pubianos".

Duas outras bandas tocaram, sendo o Green on Red, de Tucson, a primeira da noite. Formada em 1979 como The Serfers, trocaram de nome por sugestão de um membro dos Germs ao se mudarem para Los Angeles e logo lançaram um EP autointitulado. A algumas semanas de

---

[*] Outra referência à origem israelense de Hillel apareceria na faixa "Organic Anti-Beat Box Band", de 1987. (N. do A.)

gravar seu álbum de estreia, *Gravity Talks*, o Green on Red tinha um som muito distinto do Chili Peppers; mais tarde naquele ano, o *LA Weekly* referiu-se ao grupo como "psicodelia de classe trabalhadora", rotulando-o como parte da moda do Paisley Underground* que atingiu seu ápice em meados dos anos 1980. Havia aí um mundo de distância do punk funk frenético do início do Chili Peppers.

Também tocou o Leaving Trains, banda cujo som se aproximava mais do Green on Red (em certo sentido, o Chili Peppers era o peixe fora d'água neste show). Ela era liderada por James Moreland, que acabaria se casando com Courtney Love por um breve período em 1989.

O vocalista e guitarrista do Green on Red, Dan Stuart, não tem lembranças do show. Entretanto, recordou-se de fazer parte de um filme com Anthony que teria sido gravado por volta dessa mesma época, talvez no ano anterior. Dirigido por um estudante de cinema da UCLA, faculdade que Anthony frequentou por um curto período, infelizmente o filme nunca foi lançado, apesar de algumas exibições preliminares. Foi bastante difícil para Stuart se lembrar de detalhes, exceto por ter pintado o rosto de Anthony para uma cena filmada às margens do rio Los Angeles. Uma peça curiosa que até hoje não viu a luz do dia, embora possa ter sobrevivido em algum lugar, num arquivo não oficial.

Ressurgiu uma série de fotos desta noite, feitas pelo onipresente e visionário Fabrice Drouet. O visual de Anthony é singular – de boné para trás, colete de couro e camiseta justa de manga curta, suas escolhas são questionáveis, embora não se possa questionar seu comprometimento com a individualidade. Já Flea e Hillel estão sem camisa e usam chapéus-

---

* Movimento que teve início nos primeiros anos da década de 1980 na Califórnia e foi especialmente popular em Los Angeles, cujas bandas incorporavam elementos de psicodelia, harmonias vocais apuradas e linhas de guitarra influenciadas por bandas dos anos 1960 como Love e The Byrds, combinadas a outras referências pop e do rock de garagem. Entre os exemplos do gênero estão The Bangles, Rain Parade e The Dream Syndicate, entre outras. (N. do T.)

SHOW Nº 8: 13 DE ABRIL DE 1983

-coco iguais. Mesmo nessas imagens estáticas, fica óbvio que a banda foi um negócio caótico e eletrizante de se ver no pequeno palco no fundo do salão principal da taverna de Helen. Se essas fotos são de fato desta noite (há uma chance de terem sido feitas em uma das duas apresentações da banda no Anti Club em junho), elas têm a honra de serem as imagens mais antigas de um show do Red Hot Chili Peppers. Dos mais de 1.800 (e contando) que eles fizeram, eis aqui, em preto e branco perfeito, o registro visual mais antigo existente.

O FEAR finalmente tocou pela primeira vez desde fevereiro, pouco depois deste show, numa performance em 16 de abril no clube On Broadway, em São Francisco, com outras duas bandas punk, Toxic Reasons e Minus One. O estado de espírito era animado: na viagem de volta, Spit Stix se recordou de que Flea riu tanto que "os amendoins e a cerveja que ele estava consumindo saíram pelo nariz".

Depois de tirar o mês de fevereiro de folga, a banda – agora chamada Red Hot Chili Peppers – toca no Anti Club, na Melrose Avenue. Esta é a foto mais antiga em circulação do grupo no palco. 13 de abril de 1983 – o 21º aniversário de Hillel. (Acervo: fabulosfab)

SHOW Nº 9

29 DE ABRIL DE 1983

The Plant, Ventura Boulevard, 12446, Studio City, CA

A BANDA ENFIM SAIU DOS LIMITES de Hollywood ao rumar ao norte e atravessar as colinas até Studio City para este show, o primeiro de vários no The Plant, no Ventura Boulevard. O local foi um spa e salão de beleza ao longo das décadas de 1950 e 1960 e oferecia massagens, "diagnósticos de silhueta" e "exercícios supervisionados" para as damas (e estritamente para as damas) de Hollywood. Em meados de 1977, o Bla Bla Café tomou seu lugar.

Anteriormente localizado a cerca de 3 km deste novo endereço, o Bla Bla original foi onde muitos gigantes da comédia e da música deram seus primeiros passos, com nomes como Peter Allen e Jay Leno reforçando a reputação do lugar em meio a muitas noites e madrugadas. No entanto, em busca de instalações maiores, a casa foi mais para oeste, onde o Bla Bla ficou até fechar as portas de vez em meados de 1982. Em março, o local reabriu mais uma vez, como The Plant, que se tratava predominantemente de um restaurante que servia omeletes, hambúrgueres e o sanduíche da casa: *cream cheese* e molho de tomate num pão de ovo com gergelim. O primeiro show realizado ali foi do Plugz, que tocara com o What Is This no mês anterior.

SHOW Nº 9: 29 DE ABRIL DE 1983

Embora naquela época as bandas tocassem em todo tipo de lugar, de porões vazios a teatros transformados, o The Plant tinha um interior particularmente interessante. Em sua maior parte, era um salão de jantar bem elegante, com abajures industriais impressionantes e tubos de ventilação de metal no teto, o que dava ao local um clima de fábrica ou espaçonave. Porém, ao invés de um palco tradicional, ou mesmo uma simples plataforma elevada num canto, os artistas (não só músicos; comediantes ainda se apresentavam nas noites de segunda-feira) ficavam numa área recuada que era revelada por uma porta rolante de garagem, que fazia as vezes de cortina de palco. Foi onde o Red Hot Chili Peppers tocou nesta noite de sexta-feira em abril.

Foi provavelmente neste show que eles estrearam sua composição seguinte, algo no qual vinham trabalhando duro entre uma festa e outra na casa no Leland Way. Se "Police Helicopter" falava diretamente do descontentamento de Anthony com o estado, "Green Heaven" lançava uma rede mais larga ao comparar o mundo natural imaculado com o mundo manufaturado, contrastando a vida repleta de poluição na superfície com o oceano abaixo dela. É mais uma faixa de funk soturno baseada num acorde de E7, com um *riff* potente e raivoso que, lá pela metade, passa para algo mais sereno, enquanto Anthony faz uma pausa no rap sobre a brutalidade policial e a xenofobia institucional para dar um mergulho despreocupado com os golfinhos. Descrita assim, parece boba, e, em fita, cumpre o papel, mas é uma canção intensa que exibe seus contrastes lindamente[*].

Flea, em particular, era um grande fã de "Green Heaven" e, ao ouvir a letra de Anthony pela primeira vez, ligou para várias pessoas (incluindo

---

[*] Considerando-se o tema aquático, não fica claro por que a música se chama "Green Heaven" ao invés de "Blue Heaven", mas essa é uma questão que talvez só Anthony possa responder. (N. do A.)

Flea e Jack durante um show do Red Hot Chili Peppers no The Plant, no Ventura Boulevard. 29 de abril de 1983. (Acervo: fabulosfab)

sua mãe) e leu o manuscrito inteiro*. Todos eles ficaram orgulhosos e passaram 24 horas seguidas trabalhando num arranjo inicial. Se havia um momento ideal para estreá-la, era esta noite.

A banda abriu para um duo de punks mais artísticos chamado Party Boys, cujo gênero era considerado "industrial", porém num sentido diferente do que talvez entendamos hoje em dia. Eles não eram exatamente o

---

* Uma cópia da letra manuscrita de Anthony para a canção (aparentemente escrita em 1983) aparece no encarte do relançamento de 2003 do álbum de estreia da banda. (N. do A.)

SHOW Nº 9: 29 DE ABRIL DE 1983

Throbbing Gristle ou o Nine Inch Nails, mas tinham batidas propulsivas e vinham das áreas de Los Angeles que abrigavam fábricas e depósitos, com um som que era uma espécie de dance primitivo.

Depois do Party Boys veio o Minutemen, com quem o Chili Peppers havia tocado algumas semanas antes, no Club Lingerie. Eles adoravam o Minutemen e estavam ávidos para chamar sua atenção; "Green Heaven", com suas inclinações sociais e um *groove* irresistível e intrincado, poderia ser exatamente o necessário para conseguir isso nesta sua provável estreia. A faixa não soava nada como algo do Minutemen, mas trazia similaridades com muitos sons do grupo, de modo que as duas bandas eram mais parecidas do que se possa presumir.

Fabrice Drouet também foi a este show e levou sua câmera. É do ponto de vista dele que temos uma das imagens mais claras do início do Red Hot Chili Peppers no palco. É um conjunto caótico de fotografias, cheio de luzes brancas fantasmagóricas que fazem parecer que eles estavam tocando no meio de uma fogueira, mas a energia é inescapável. Flea e Hillel estão sem camisa, dando cambalhotas entre os *riffs*, e embora Anthony esteja vestindo uma camisa, é por pouco tempo, já que ele a tira rapidamente sem se livrar do onipresente boné fluorescente. A banda parece louca, jovem e assustada.

É notável também que eles tenham dispensado praticamente de imediato as camadas de roupas que vestiram nos primeiros shows. O robe floral de Anthony sumiu. Ainda que o calor intenso das performances possa ter explicado a dispensa inicial das roupas no palco, houve outro motivo, relembrado por Anthony anos depois. "Todo mundo se vestia com uns figurinos meio pomposos e arrogantes, então nós pensamos: *Vamos só ficar pelados.*"

Antes deste show, Jay Brown, amigo do pai de Anthony, Blackie, falou sobre a banda para *seu* amigo Mark Richardson. Músico e engenheiro de som nascido em Atlanta e tendo atuado por um tempo em estúdios em Nova York e Londres, Richardson conhecia Brown graças a

Anthony e Hillel durante um show do Red Hot Chili Peppers no The Plant, no Ventura Boulevard. 29 de abril de 1983. (Acervo: fabulosfab)

alguns trabalhos em televisão que fizeram juntos. Ele se recordou de ter visto a banda pela primeira vez num "bar estranho em L.A., onde você nunca esperaria" vê-la, que "raramente recebia música ao vivo, se é que recebia", e ficou apaixonado pela "energia perigosa e bravata sexual" do Chili Peppers, decidindo no ato que precisava se envolver com eles de alguma forma. Richardson, Brown e Blackie organizaram um encontro com a banda logo depois, com a intenção de que Richardson, que "sabia alguma coisinha sobre gerenciamento", assumisse as rédeas.

A banda não apareceu, o que talvez tenha sido o resultado de má comunicação ou apenas indicativo do tipo de antiautoritários que eram naquela época. Richardson, porém, não desistiu e ficou com o Chili Peppers na cabeça, esperando por seu momento. Nesse meio tempo, a banda tinha seus próprios planos.

SESSÃO DE GRAVAÇÃO

INÍCIO DE MAIO DE 1983

Studio 9 Sound Labs, Hollywood Boulevard, 5504,
Los Angeles, CA

N**O INÍCIO DE MAIO DE 1983,** o Red Hot Chili Peppers, um grupo visceral e cru, que havia acabado de completar seis meses de existência e feito menos de dez shows com apenas algumas músicas para chamar de suas, viu-se num estúdio de gravação para registrar sua primeira leva de demos.

Havia muitos motivos pelos quais o Chili Peppers precisava registrar seu som, além do desejo simples e compreensível de ouvir como eles soavam em alta fidelidade. Demos eram ferramentas importantes para uma banda, não só para atrair a atenção das gravadoras, mas também conseguir shows; muitos *promoters* de clubes em Los Angeles (e no resto do país) pediam um exemplo do que os grupos faziam antes de deixá-los subir em seus palcos sagrados, sobretudo se fossem bandas independentes. Geralmente, essa amostra vinha na forma de uma fita K7, enviada pelo correio depois de uma solicitação encontrada em algum lugar tipo o *L.A. Weekly*. O Chili Peppers já tinha feito alguns shows razoavelmente bem cotados, mas estava prestes a alcançar o teto do que era possível sem gravar uma demo, então a sessão foi marcada.

Ao relembrar a gravação anos depois, a banda a mencionou como uma progressão natural, algo que parecia a coisa certa a se fazer naquele momento. "Para mim, todo esse processo era uma coisa em duas partes", escreveu Anthony. "Você compunha e ensaiava as canções, depois as tocava. E nós queríamos fazer shows cada vez maiores." Esse também foi um dos primeiros indícios de que o projeto Chili Peppers era mais do que apenas algo divertido para se fazer algumas noites por mês. Havia ali algum pensamento no futuro. Bandas que não fazem planos certamente não gravam demos.

Eles ainda não contavam com o apoio de uma gravadora, mas, por sorte, tinham amigos com contatos capazes de conseguir horas baratas de estúdio. Tim "Spit Stix" Leitch, baterista companheiro de Flea no FEAR, trabalhava nessa época no Studio 9 Sound Labs, no Hollywood & Western Building. A pedido de Flea, ele mexeu os pauzinhos e conseguiu reservar algumas horas de estúdio para eles por um bom preço, provavelmente cerca de 20 dólares a hora, o que também teria incluído o aluguel de equipamento e os *overdubs*. Quanto a Stix, ele trabalhou de graça: "Gravei e mixei de bom grado".

O Hollywood & Western, nomeado – como seria de se esperar – por sua localização na esquina do Hollywood Boulevard com a Western Avenue, era uma obra-prima da *art déco*, inaugurado no final dos anos 1920 e com uma longa história na indústria cinematográfica. Abrigava os escritórios da Motion Picture Association of America e sua divisão central de seleção de elenco. Tinha sido ali que, na era de ouro de Hollywood, muitos contratos foram fechados, muitas carreiras iniciadas e muitos filmes tiveram seu conteúdo ditado por Will Hays e seu código de produção cinematográfica moralmente puritano[*].

---

[*] É claro que, assim como muitos outros lugares em Hollywood, o prédio e, na verdade, a vizinhança inteira caíram na miséria. Em meados dos anos 1970, ele já era usado para a filmagem de pornografia. Uma longa distância desde a época de Hays. (N. do A.)

SESSÃO DE GRAVAÇÃO: INÍCIO DE MAIO DE 1983

A sessão de três horas foi bancada por Anthony, que disse ser o único com dinheiro de verdade naquela semana, mas Flea também se recorda de uma ajudinha de Fabrice Drouet. Ele esteve presente na gravação e, alguns dias depois, ganhou uma das muitas fitas K7 com etiqueta escrita à mão por Anthony, objeto estimado que até hoje é de posse do fotógrafo.

Na época, Stix também estava trabalhando como engenheiro de som nas gravações de um disco de reggae no Studio 9. Estava livre, é claro; o FEAR não tocava ao vivo desde 16 de abril e só voltaria a fazê-lo em julho, de modo que ele tinha de se ocupar com outros projetos. Para seu trabalho de engenharia de som, recorria a alguns truques que havia aprendido em seu tempo no estúdio. Por exemplo, ao ajustar os volumes, pedia para a banda tocar especificamente algo que *não* seria gravado – uma *jam* ou *cover* que todos eles soubessem –, para que, quando a gravação começasse, ele capturasse os verdadeiros primeiros *takes*. No fim, acabou gravando somente um *take* de cada música.

As faixas gravadas foram um *set* típico da banda: dez composições diferentes, somando um total de cerca de 16 minutos. Isso tornava evidente que, sem o falatório no palco, eles teriam muita dificuldade em preencher o tempo das apresentações. Não se sabe ao certo qual foi a ordem das gravações e talvez não houvesse motivo real para gravá-las em alguma ordem específica; tratava-se de uma demo crua de uma banda independente, não de um teste ou de uma tentativa de gravar um *single* específico. Uma fita copiada traz a seguinte sequência: "Get Up and Jump", "Out in L.A.", "Green Heaven", "Police Helicopter", "Nevermind", "Sex Rap" e "You Always Sing the Same". Essa estrutura foi mantida quando as faixas saíram na coletânea *Out in L.A.*, de 1994, então talvez tenha sido a mesma das gravações; nenhuma documentação parece ter sobrevivido para sugerir o contrário.

E não foi só isso. A banda estava tão produtiva naquele dia que teve tempo de incluir as cantigas de acampamento, gravando um *take* de "Stranded", "Oom Chucka Willie" e "Flea Fly", o que não fazia parte do plano original. Dificilmente alguém brigaria para obter essas faixas extras, mas eram um bônus divertido para o lado B da fita.

Enquanto "Stranded" e "Oom Chucka Willie" eram adaptações (ou cópias descaradas) de canções já existentes aprendidas em acampamentos e pátios escolares, "Flea Fly" era ostensivamente original. No entanto, tratava-se de uma música em sua maior parte *nonsense*, no formato pergunta e resposta; talvez fosse sobre Flea, talvez não, e, com menos de um minuto de duração, não tinha propósito algum, exceto exibir a dinâmica amigável entre os membros da banda[*]. Compartilha de algumas similaridades com uma das primeiras canções compostas por Flea e Anthony, intitulada "Himi Limi" e escrita num mochilão que os dois fizeram na adolescência. Essa música mais antiga era *nonsense* puro, mas cantada de tal maneira que parecia existir uma linguagem secreta entre os dois garotos. Décadas depois, eles ainda eram capazes de recitá-la com facilidade; era memória muscular, como a telepatia relatada por gêmeos.

Não se sabe a data exata dessa sessão de gravação. Em geral, há um consenso sobre o mês de maio, com a cronologia da agenda da banda naquele ano indicando ter sido nos primeiros dias do mês. Em seu livro de memórias, Blackie Dammett fala sobre 5 de maio, uma quinta-feira, embora essa alegação talvez não seja particularmente confiável, uma vez que vários outros detalhes referentes à sessão e demais datas que constam no livro também estão erradas ou imprecisas. Anthony, em sua autobiografia, diz que foi "uns dois meses depois" da formação da banda, o que combina vagamente. Ao relembrar da gravação 36 anos depois, Spit Stix relata que "parece que é isso mesmo". Pode ter sido até na terça-feira, 10 de maio.

---

[*] Só há confirmação de uma única vez em que a banda tocou "Flea Fly" ao vivo, algumas semanas depois desta gravação, mas ela provavelmente apareceu em um bom tanto dos shows iniciais, quando ainda não havia muito repertório. Nos anos seguintes, houve referências a ela em vários momentos, incluindo uma vez em 1994, quando talvez tenham se lembrado de sua existência durante a preparação para o lançamento de *Out in L.A.* (N. do A.)

SESSÃO DE GRAVAÇÃO: INÍCIO DE MAIO DE 1983

Exceto por Anthony, não foi a primeira vez que os membros da banda estiveram num estúdio de gravação*, mas esse registro ainda é o mais antigo no qual temos a oportunidade de ouvir o Red Hot Chili Peppers em pleno voo. E eles não decepcionam. São performances escaldantes, que eles ainda consideram algumas de suas melhores, mesmo com décadas de experiência em estúdio. Na lembrança de Anthony, "essas sessões foram as mais produtivas e inspiradas que já fizemos... ficou perfeito".

Foram gravações econômicas e um tanto carentes de fidelidade (o chiado da fita é especialmente perceptível nos momentos mais calmos), o que não compromete seu valor de forma alguma. O impacto dos quatro numa sala é imenso: a Stratocaster de Hillel em seu ruidoso amplificador Marshall, o baixo StingRay de Flea brigando pelos solos, a bateria microfonada bem de perto manejada por Jack e os vocais ao vivo de Anthony era tudo de que eles precisaram. A mixagem foi rudimentar e os *overdubs* mínimos, se é que houve. Exceto talvez por uma ou duas faixas, essas gravações são também muito superiores às versões do álbum, gravadas 11 meses depois com um guitarrista e um baterista diferentes, além de todas as trucagens de áudio que o dinheiro de uma gravadora *major* e um estúdio todo incrementado podiam dar a eles.

"Get Up and Jump" abre os trabalhos. Mais lenta do que provavelmente era tocada nos shows, talvez seja a performance mais fraca deles, na qual soam discretamente nervosos e um pouco autoconscientes demais. Passam bem pelas mudanças, mas, quando chega a hora de Anthony fazer o *scat* e conduzir o show, ele soa perdido, resultando numa bagunça irregular e indigesta. Talvez seja o único exemplo da sessão em que um segundo *take* teria rendido um desempenho melhor, mas tudo é perdoado quando começa a música seguinte.

---

* O Anthym já tinha gravado várias demos no final dos anos 1970, enquanto o What Is This realizou uma sessão em algum momento no início de 1983. Essas faixas apareceram na internet. Flea também havia gravado com o FEAR alguns meses antes. (N. do A.)

Em contrapartida, "Out in L.A." é talvez a melhor performance da carreira inteira da banda, de qualquer uma das formações, ao vivo ou no estúdio, considerando qualquer tipo de música. Em menos de dois minutos, o Chili Peppers se apresenta, excita irresistivelmente o ouvinte e amarra tudo. Outras bandas matariam para ter esse tipo de ás na manga. Se a primeira apresentação dela se pareceu minimamente com esta gravação, faz sentido que eles tenham causado tamanho impacto no Rhythm Lounge em dezembro de 1982. Cada um está em sua melhor forma e o todo é absolutamente coeso. Até mesmo Anthony, que, no futuro, teria dificuldades com as estrofes complexas e cheias de palavras ao cantar a música ao vivo, está com a dicção perfeita na gravação.

"Green Heaven" começa com um solo de *talk box* de Hillel, uma introdução especial, talvez exclusiva desta performance[*]. O efeito, também conhecido como "guitarra cantante", é obtido quando o músico modula o som da guitarra (ou de outro instrumento) com a combinação de um alto-falante e um tubo, operado com a boca. O sinal do que o guitarrista toca é modulado pelos movimentos da boca, uma espécie de pedal de wah bocal. Solos de *talk box* podem até ser divertidos, uma maneira de tirar palavras de verdade de uma guitarra, mas, em 1983, era basicamente uma brincadeira cafona, sinônima à indulgente faixa de 1976 de Peter Frampton, "Do You Feel Like We Do". Hillel, porém, acrescenta um pouco de visceralidade e atrevimento ao efeito, perguntando a uma pessoa desconhecida, ou talvez ao mundo todo: "*Why don't you fuck with me?*"

---

[*] Em sua autobiografia, Anthony afirma que o solo de *talk box* de Hillel seria a peça central de todos os shows iniciais da banda. Contudo, o *talk box* não aparece em gravações de "Green Heaven" de maio e julho, assim como fotos de apresentações da banda ao longo do ano não mostram o equipamento necessário no palco. Há uma possibilidade de ele ter feito este solo somente esta única vez, como uma performance especial de estúdio. É claro, houve muitos shows naquele ano e pouquíssimas gravações e fotos feitas. (N. do A.)

SESSÃO DE GRAVAÇÃO: INÍCIO DE MAIO DE 1983

["Por que você não vem foder comigo?"]*. Uma ótima introdução, ainda que um tanto amarga, para o resto da música, que a banda executa com perfeição; o destaque é a bateria de Jack.

"Police Helicopter" vem em seguida, numa performance afiada, com uma tensão palpável entre cada *break*. Hillel faz a contagem em cada compasso com uma palhetada frenética atrás do *nut* da guitarra**, truque que aprendeu com (entre outros) Robert Fripp durante a residência do King Crimson no Roxy, que ele assistiu com Alain Johannes.

"Nevermind" traz a introdução de rap de Anthony, performance que a banda elogiou tanto que usou na versão final da música, gravada com George Clinton em Detroit dois anos depois. É curioso que tenham feito isso; não havia motivo para Anthony não regravá-la, então talvez eles só quisessem fazer uma referência astuta a esta sessão. Quanto à canção em si, é um *take* totalmente aproveitável, com padrões de bateria interessantes e alternantes de Jack e uma guitarra seca de Hillel, que soa como um apito e acrescenta uma espécie de discordância tensa ao todo. Porém, a versão final, que traz espaço para um solo de guitarra e é complementada por um naipe de metais, talvez capture mais fielmente o espírito pretendido para a música.

As duas últimas músicas da sessão eram muito provavelmente as mais recentes no repertório da banda. "Sex Rap" é uma ode à forma feminina (e ao que a forma masculina é capaz de fazer com ela) que beira o pornográfico. Mais uma vez, a ironia de que ela tenha sido tocada no que outrora foi o epicentro conservador de Hollywood é palpável, e, embora a música seja sacolejante e destrutível, outra canção que gira em torno de um acorde de E7 de Hillel, talvez seja um pouco imatura demais para o seu próprio bem.

---

* Ou seria "*Why do you fuck with me*" ["Por que você insiste em foder comigo"]? Difícil dizer, mas Hillel pode ter feito uma imitação satírica de Frampton. (N. do A.)

** Ou seja, nas cordas no espaço entre as tarraxas e o início da escala do instrumento, produzindo um som seco e percussivo. (N. do T.)

Anthony não tinha vergonha de exibir seu (exuberante) amor pelo sexo e a sexualidade em geral. "Out in L.A." já trazia um juramento a dormir (em termos menos delicados) com uma multidão de mulheres; "Get Up and Jump" se centrava numa tentativa de conseguir uma transa para o amigo; e a introdução de "Nevermind" tem um verso sobre sua proeza sexual que não foi nem ele quem escreveu. O próprio ato sexual – num sentido público, no caso – o colocaria em encrencas nos meses seguintes, levando-o até aos noticiários locais. E aquilo que era uma distração imatura nesse período inicial se tornaria mais sério com o passar dos anos. Em 1990, Anthony foi condenado por agressão sexual e atentado ao pudor depois de um encontro com uma estudante universitária em um show na Virgínia em abril de 1989 – incidente que ele sempre negou ter acontecido. (Mais recentemente, a relação de Anthony com mulheres jovens, mulheres que quase sempre se mantinham jovens enquanto ele envelhecia, se tornou motivo de preocupação entre os fãs.)

Aqui, no entanto, é uma performance visceral e incrível. O vocal é impressionante, mesmo com a letra não sendo lá grandes coisas (ou o suficiente para Flea ligar para a família), enquanto o harmônico mergulhado em *feedback* de Hillel dá o pontapé inicial e mostra a banda com uma conexão telepática. Já a bateria de Jack, que encerra a música, é tão boa que chega a ser curioso não ter sido sampleada em alguma faixa de hip-hop. Comparada à sua versão final, é um pouco malpassada, sem um refrão de verdade e terminando em cerca de 90 segundos. O impacto, porém, é inegável.

A outra faixa nova era, tecnicamente, um *cover*, embora a banda viesse a tratá-la como original: "You Always Sing"[*] foi composta por Joel

---

[*] O nome dessa faixa difere à medida que ela é lançada; na demo de maio de 1983 e no álbum de estreia da banda, de um ano depois, é simplesmente "You Always Sing". No relançamento do álbum, em 2003, e em *Out in L.A.*, de 1994, ela recebe o título completo de "You Always Sing the Same". Para complicar ainda mais, em dois *setlists* manuscritos, feitos com três dias de diferença em junho de 2002, Anthony a nomeou das duas formas. (N. do A.)

SESSÃO DE GRAVAÇÃO: INÍCIO DE MAIO DE 1983

Virgel-Vierset e era cantada em francês nas primeiras ocasiões em que ele a apresentou no CASH, às vezes acompanhado por Flea. É uma canção sarcástica, de longe a mais curta e com uma gênese muito próxima a "Nevermind" – provocativa, apesar de a fonte da provocação não se sustentar muito bem. É tudo fanfarronice, mas enquanto "Nevermind" tem uma boa dose de ironia, aqui é uma alfinetada sutil. E nem dá para se entediar com a faixa, que mal é uma faixa: dez segundos de duração e cinco palavras no total. Fim.

Há uma boa chance de que a banda já tivesse tocado "Sex Rap" e/ou "You Always Sing" ao vivo, mas não há evidências concretas que sugiram que esse tenha sido o caso. Estas podem ter sido as primeiras performances dessas faixas fora de um ensaio, mas elas não soam *sub*ensaiadas.

Como a banda só gravou um *take* de cada música e foi muito produtiva, ao final do *set* principal e da gravação das faixas *a cappella* como bônus ainda sobrou cerca de uma hora de estúdio. Porém, o Chili Peppers gostava de ser direto e reto sem entediar o público, então tranquilamente abriu mão desse tempo extra, ciente de que havia capturado algo especial. Com as gravações concluídas, finalmente eles tinham uma versão permanente do que eram e não apenas uma empreitada maluca que existiu somente por um instante num palco mal iluminado. Aquele era seu repertório inteiro naquele momento e é uma representação perfeita do som inicial do Chili Peppers – o ataque funk rasgado de Hillel, linhas de solo disfarçadas de linhas de baixo de Flea, rimas pegajosas de Anthony (com alguns jogos de palavras geniais de vez em quando) e batidas constantes, porém interessantes, de Jack. Tudo empolgante, tudo único. Cada instrumento é representado igualmente e cada integrante tem sua vez sob os holofotes. Embora não haja muita estrutura no sentido de estrofe-refrão-estrofe, é possível ver onde a banda poderia chegar com um pouco de refinamento e um pouco de foco. Em essência, era tudo um talento bruto.

Foi, em certo sentido, um registro de *demonstração* perfeito, o verdadeiro motivo pelo qual se grava uma demo em primeiro lugar. Com uma gravação, eles poderiam se ouvir de fora e usar isso para ver o que funcionava e o que não funcionava. No palco, era só adrenalina, mas agora havia uma oportunidade de ouvir a si mesmos de maneira crítica.

Não fica claro se a sessão foi mixada naquele dia ou em algum momento posterior. Existem duas versões diferentes das faixas – as mixadas, que foram lançadas oficialmente em 1994 na compilação *Out in L.A.* e nas reedições de 2003 de *The Red Hot Chili Peppers* e *Freaky Styley*, e as não mixadas, que vazaram na internet em meados dos anos 2000, originadas de uma fita. Então é provável que as versões que a banda levou embora no dia tenham recebido apenas um tapa rápido e que o trabalho sério de mixagem tenha sido feito dias ou semanas mais tarde*.

Pouco depois da gravação, Flea, Anthony e Fabrice Drouet foram a Nova York num impulso para ajudar o amigo Pete Weiss a cruzar o país com a mudança de seu empregador – o diretor e roteirista Paul Schrader, que acabara de receber uma avalanche de aclamação da crítica pelos roteiros de *Taxi Driver* e *Touro Indomável***. Flea havia conhecido Weiss no set de *Suburbia*, onde ele trabalhou como operador de *boom*, e os dois logo entraram no mundo um do outro; Anthony também virou um amigo próximo em questão de meses. Weiss orbitaria o círculo do Chili Peppers pelos 30 anos seguintes, tocando bateria no Thelonious Monster e até berimbau de boca em "Give It Away", em 1991.

Segundo Weiss, o grupo pegou uma cópia da fita demo ao saírem da cidade. Se a van Ryder amarela tinha toca-fitas, ou se talvez houvesse uma *boombox* à mão, a curta gravação certamente foi a trilha sonora da

---

* Em *Fornication*, de Jeff Apter (p. 68), Spit Stix reconta uma história em que Flea esfrega seu corpo nu no vidro do estúdio durante uma sessão de mixagem tarde da noite. Porém, isso pode também ter acontecido durante a gravação de outra demo, no início do ano seguinte, com uma formação diferente da banda. (N. do A.)

** Em *Uma História Oral e Visual*, Flea diz que Hillel também foi na viagem, mas Anthony não o menciona em sua autobiografia – e o guitarrista não aparece em nenhuma foto. (N. do A.)

viagem rumo ao leste pelos desertos. Exceto por "alguns desentendimentos com caminhoneiros doidões", as lembranças de Anthony da viagem a Nova York não são muitas, talvez porque, logo no início, Drouet tenha lhe puxado de lado e lhe mostrado a *China White* que estava levando*. Desde então, várias fotos feitas por Drouet durante a viagem ressurgiram. Numa delas, Anthony está montado na estátua de nove metros de altura de Marco Aurélio, na frente do cassino Caesar's Palace, em Las Vegas (ele sempre gostou de escalar lugares altos e de estar onde não deveria). Outras o mostram fazendo careta para a câmera no chão do cassino, mas é improvável que aquele quarteto de desajustados fosse bem-vindo ali ou tivesse algum dinheiro para gastar, a menos que fosse uma diária bancada por Paul Schrader.

Após chegarem a Nova York e entregarem os pertences de Schrader em segurança, Anthony, Flea e Fabrice Drouet se abrigaram no apartamento de um amigo na Broome Street com a ideia de usar a nova fita demo para marcar shows na cidade para alguma turnê futura. "Não sabíamos muito bem como a indústria musical funcionava", recordou-se Anthony. "Só pensamos em passar nos clubes." Infelizmente, e talvez de modo compreensível, a única reação positiva foi do dono do Peppermint Lounge – então em seu terceiro endereço, na Quinta Avenida – e, de forma menos esperada, das crianças. Ao tocar sua fita demo no Central Park, a dupla recebeu "olhares de desdém de muita gente, mas surpreendentemente toda a garotada que se aproximava começava a dançar". Essa impressão ficaria gravada em suas mentes e, quando retornaram a Los Angeles cerca de uma semana depois**, fariam uma canção sobre isso. Po-

---

* Embora hoje o termo se refira a uma mistura potente de heroína e fentanil, na L.A. do início dos anos 1980, *China White* era o nome dado à heroína em pó inalterada vinda do Sudeste Asiático. (N. do A.)

** Não se sabe como eles voltaram para Los Angeles. Talvez tenham retornado na van em que foram para o leste. (N. do A.)

Anthony, sempre aventureiro, montado na estátua de Marco Aurélio na frente do Caesar's Palace, em Las Vegas, pouco depois de sua banda ter gravado a primeira e escaldante demo. Maio de 1983. (Acervo: fabulosfab)

rém, exceto por uma ideia de composição e um vislumbre esclarecedor do funcionamento da indústria da música ao vivo, a viagem a Nova York foi infrutífera. Eles só tocariam na cidade em agosto do ano seguinte.

Pouco depois de retornarem à Costa Oeste, Flea e Anthony se viram desabrigados. Com Hillel tendo ido morar com sua namorada, a musi-

SESSÃO DE GRAVAÇÃO: INÍCIO DE MAIO DE 1983

cista e atriz Addie Birk, nascida na Geórgia, os dois inquilinos restantes acabaram deixando atrasar o aluguel na casa no Leland Way (Flea também conseguiu a proeza de incendiar a cozinha quase que imediatamente após chegar, e alguns de seus gatinhos "fizeram cocô pelo lugar todo"). Andando pelo Hollywood Boulevard num dia de primavera sem nenhum bem material de verdade a não ser as roupas do corpo, eles se depararam com Bob Forrest*. Flea tinha encontrado Forrest brevemente no ano anterior ao invadir a cabine onde ele discotecava no Cathay de Grande e virar o lado de um disco do Defunkt no meio da música, enquanto Anthony o conhecia de vista dos shows por Los Angeles afora. Forrest tinha recentemente abandonado a Los Angeles City College e ganhara o trabalho do dono do Cathay, Michael Brennan, no início de 1982. Por 15 dólares a noite, ele discotecava entre uma banda e outra, mantendo o público entretido, ou virava a atração principal quando não havia bandas. A cerveja de graça também ajudava.

Depois de apresentações mais substanciais, Forrest – recém-divorciado e precisando de companhia e ajuda com o aluguel – convidou Flea e Anthony para ficarem em sua casa. Os dois rapidamente se mudaram para o apartamento 307 na North Whitley Avenue, 1737. Quase no Hollywood Boulevard, o prédio era uma obra-prima arquitetônica de seis andares construído em 1927. Conhecido como La Leyenda, o local, segundo Anthony, já tinha visto "dias melhores". Em 2005, foi oficializado como monumento cultural histórico pela prefeitura de Los Angeles e hoje está em condições muito superiores ao que se encontrava na primavera de 1983.

Bob Forrest, Anthony e Flea combinavam naturalmente uns com os outros, embora, como é comum em triângulos com personalidades dominantes, existissem discussões inevitáveis e disputas entre dois do trio

---

* O baixo e o amplificador de Flea muito provavelmente ficavam guardados no espaço de ensaios do FEAR. (N. do A.)

por alguma razão rapidamente esquecível. Em sua autobiografia, Forrest apresenta um vislumbre do interessante aspecto yin e yang entre Anthony e Flea, que provavelmente resultou na relação tão duradoura entre os dois, mas que também criaria problemas de dinâmicas de poder mais adiante. Quando Forrest e Flea se deram conta de que ambos reverenciavam o virtuoso baixista Jaco Pastorius, passaram um dia debruçados sobre os discos em que ele tocou, discutindo sua obra:

> Foi aí que percebi que Anthony tinha entrado na sala. Ele olhou para nós como se fôssemos idiotas, com os braços cruzados e um sorrisinho sarcástico no rosto. OK, isso pedia uma explicação.
> "O que foi?", perguntei, dando de ombros.
> "Por que vocês estão fazendo isso?", desdenhou ele.
> "Fazendo o quê?", perguntou Flea.
> "Esta porra desta idolatria, cara. É meio doente, saca?"
> "Peraí", falei. "Vai dizer que você nunca admirou ninguém nem nunca teve um ídolo na vida?"
> Anthony nem parou para pensar na resposta. "Não. Nunca." Deu uma bufada irônica e saiu para comprar cigarros.

Talvez seja um relato levemente romantizado dessa conversa, mas Anthony reafirma tal mentalidade no prefácio do livro de fotos da banda, *Fandemonium*. "Ao crescer, nunca fui 'fã' de ninguém de verdade, da forma como normalmente pensamos no que é ser um fã", escreveu. "Em alguns aspectos, ser um fã é abrir mão de parte de sua própria identidade."

Enquanto Anthony era distante e reservado, Flea e Bob Forrest (e Jack e Hillel) eram mais dispostos a se dedicar por completo à arte, mesmo que isso significasse abrir mão de um pouco dessa identidade. Anthony sempre foi um pouco indiferente, um pouco mais frio, o que alguns certamente entenderiam como arrogância. E esse Anthony permanece, mais ou menos, até hoje.

SESSÃO DE GRAVAÇÃO: INÍCIO DE MAIO DE 1983

No La Leyenda, três gostos musicais se alinhavam, as drogas fluíam e a vida era fácil, se não caótica. Bob Forrest chegou até a apresentar à dupla uma série de artistas de quem o Chili Peppers faria *covers* nos anos seguintes, como Hank Williams. Também foi a proximidade com eles que o inspirou a formar o Thelonious Monster com Pete Weiss, que conheceu por meio da banda no ano seguinte. De um modo meio vago, Forrest tornou-se o primeiro empresário do Chili Peppers, embora agente de shows talvez fosse mais apropriado. "Por seis meses, [Anthony] e eu marcamos os shows da banda", escreveu em sua autobiografia. "Eu ia aos shows, ficava no *backstage* e me sentia parte de algo. Estava conectado à música de um jeito que minha vida como DJ não propiciava."

E com Anthony e Flea de volta a Los Angeles com a moradia sob relativo controle e a fita demo queimando em seus bolsos, o Red Hot Chili Peppers estava prestes a engatar uma marcha mais forte.

SHOW Nº 10

20 DE MAIO DE 1983

Fiesta House, East Olympic Boulevard, 2353, Los Angeles, CA

EM MAIO, O WHAT IS THIS fez seu primeiro show no The Plant (o primeiro de muitos casos em que o Chili Peppers, o mais novo dos dois grupos, chegaria antes a algum lugar) e mais um no Club Lingerie. A apresentação seguinte do Chili Peppers foi organizada por Jack Marquette, do Anti Club, em seu novo projeto, o Fiesta House.

Marquette tinha um currículo significativo na cena dos clubes de L.A. Seu antigo empreendimento, o Brave Dog, fora fechado sem cerimônia em 1981, e, em seguida, ele foi preso por operar sem alvarás. Agora funcionando dentro da lei, o Fiesta House ficava a leste de Hollywood, num distrito artístico de depósitos a poucos quarteirões do rio Los Angeles. Era mais um lugar com um longo histórico como restaurante durante a semana – desta vez, mexicano (o Paul's Duck Press, de alta gastronomia, ocupou o espaço até os anos 1950) – e como clube para artistas *underground* por algumas horas ao final dela. E foi aqui, numa noite de sexta-feira em meados de maio, que o Chili Peppers retornou ao palco depois de quase um mês afastado.

SHOW Nº 10: 20 DE MAIO DE 1983

Desta vez, quem se juntou a eles foi o Outer Circle, uma banda interessante, caótica e abrasiva de um jeito próprio, mas muito diferente do Red Hot Chili Peppers. O Outer Circle encorpava sua sonoridade com clarinetes, *lap steel* e até um sintetizador, coisa que o Chili Peppers considerava um anátema à sua visão de mundo na época.

Peter Bastone foi o DJ do show, sob o nome Peter Wesley (seu nome do meio). Nascido em Connecticut, era primo do ex-colega de quarto de Anthony, Dondi Bastone, e amigo de Jack Marquette. Bastone vinha discotecando havia cerca de um ano em diversos clubes de L.A., incluindo o Anti Club, o Cathay de Grande e as festas do Brave Dog de Marquette. Ele também foi o responsável pela mesa de som no show, onde caiu de paraquedas, pois, no dia, o engenheiro de som da casa estava trabalhando no US Festival, em San Bernardino.

Aparentemente, o Chili Peppers só tocou por 15 minutos. "Duas músicas", recorda-se Bastone, "mas o público curtiu". Essa brevidade é um aspecto importante quando consideramos o início do grupo; eles não eram uma banda de clubes, feita para entreter convidados distraídos ou bêbados por uma noite inteira – aquele não era o Star-Club, de Hamburgo, e eles não eram os Beatles, que lançavam um repertório interminável de *covers* por horas a fio. O Red Hot Chili Peppers era uma faísca que você perderia caso se atrasasse alguns minutos. Em certa medida, isso se dava porque eles simplesmente não tinham músicas suficientes, mas também fazia parte da própria natureza da banda. Eram barulhentos, empolgantes, abrasivos e terminavam antes que alguém se entediasse e olhasse para o relógio.

Notas de jornal do dia indicam que o What Is This fez um show na mesma noite, no O.N. Klub, no Sunset Boulevard, onde abriu para o favorito dos bailes de rockabilly, Los Lobos. Formado em 1973, o Los Lobos era um grupo relativamente veterano e tinha acabado de lançar um EP que lhe renderia um Grammy. A banda também havia tocado no The Plant no dia seguinte à apresentação do Chili Peppers em abril.

É estranho que os integrantes da banda tenham se sobrecarregado tanto nessa ocasião, sobretudo se considerarmos que o normal seria o What Is This ter ficado com a precedência imediata, uma vez que era o grupo mais velho. Porém, não era inviável eles tocarem na mesma noite; com um trânsito bom, era possível se deslocar de uma casa para outra em apenas 15 minutos, fora o fato de que os shows podem ter acontecido com horas de diferença, com tempo de sobra entre a desmontagem e montagem dos palcos. Caso *tenha* sido apertado, é possível imaginar os primeiros reflexos de frustração em Alain Johannes; não só seu guitarrista e seu baterista estavam se apresentando e gravando demos com uma nova banda fanfarrona, como as performances cada vez mais frequentes dela começavam a interferir nas lucrativas oportunidades de a banda na qual eles deveriam estar focados fazer shows de abertura. Anos depois, Jack Irons corroborou com isso ao lembrar que, na época, houve algumas tensões superficiais entre os dois grupos, ainda que não tivesse se tornado um problema real entre os integrantes em si. "Definitivamente havia uns sentimentos bizarros começando a surgir entre as duas bandas, pois o Red Hot Chili Peppers estava decolando muito mais rápido. O apelo do What Is This era mais difícil de ser transmitido e isso, por si só, tornou-se um pequeno conflito." Eles não estavam totalmente imunes a rusgas interpessoais, como, por exemplo, quando Hillel se recusou a falar com Flea após ele trocar o What Is This pelo FEAR. Porém, quanto tempo duraria esse cabo de guerra até que a situação ficasse feia?

No final de maio, Anthony conseguiu se transformar num estorvo ao ser flagrado fazendo sexo com uma jovem chamada Germaine no terraço do clube Zero One, sucessor espiritual do Zero Zero, e, em função disso, ser banido da amada casa. O próprio Anthony afirmou ter sido tratado injustamente por um segurança vingativo e ciumento, que queria atrair as atenções de Germaine para si, e que em pouco tempo já estava de volta ao clube, por insistência do dono.

SHOW Nº 10: 20 DE MAIO DE 1983

Normalmente, esse tipo de acontecimento não ganharia espaço numa história como esta. Entretanto, foi um movimento que provou o quanto a banda estava causando algum rebuliço, uma vez que tal episódio e suas consequências chegaram à coluna do *LA Weekly*, L.A. Dee Da, na semana seguinte: "O mais recente cliente vetado do Zero é o gritador do Red Hot Chili Peppers, que foi pego afogando o ganso com uma fã pimentinha no terraço". Esse é o início de Anthony Kiedis enquanto celebridade, aquele que viria a se tornar o principal rosto da banda. Como aspirante a ator, nesse período ele sempre foi o mais confortável com a vida pública e, na maior parte dos casos, mais do que disposto a pular no palco, na frente de uma câmera ou – à medida que o grupo ganhava estatura – no microfone de um repórter. Apenas seis meses após seu primeiro show como músico, aqui estava sua vida pessoal publicada para os olhos de todos. O futuro de Anthony – que seria repleto de relacionamentos célebres com atrizes, modelos e musicistas, bate-bocas com paparazzi e aparições em colunas e mais colunas de fofoca – pode ser visto aqui em sua fase embrionária.

Contudo, não era só o *LA Weekly* quem dava espaço à banda e não era só Anthony quem era notado. Em algum momento no final de abril ou em maio, o *NOMAG*, um zine punk editado por Bruce Kalberg e publicado entre 1978 e 1985, trouxe aquela que é muito provavelmente a primeira entrevista de um membro do Red Hot Chili Peppers. Flea é quem faz as honras e, tecnicamente, foi seu envolvimento com o FEAR o que o colocou nas páginas do zine, como parte de um especial de perfis intitulado "Close-Ups '83" (Lee Ving e Penelope Spheeris, a diretora de *Suburbia*, também marcam presença e são fotografados). Depois de apresentá-lo como o novo baixista da banda punk e prestes a estrelar em *Suburbia*, Kalberg pergunta a Michael "Balcary" sobre sua nova banda:

O que eu gosto no Chili Peppers é que nós realmente não nos levamos a sério. Na maioria das outras bandas em que estive era... Ahhh, empresários... o que vamos fazer... quando isso vai acontecer... quando aquilo vai acontecer. No Chili Peppers, nós meio que só tocamos por diversão e não ensaiamos muito, nada disso. Só ensaiamos umas seis ou sete vezes em nossa existência. Só nos juntamos e ficamos o mais malucos possível. O conceito principal é simplesmente fazer as pessoas quicarem nas paredes. Ficamos completamente loucos quando tocamos. Fazemos muita coisa que não planejamos. Em todo show até agora quebramos equipamentos, nos machucamos e machucamos outras pessoas, e as coisas sempre dão errado e é sempre ótimo.

O escárnio de Flea nesses comentários sobre o – não diretamente mencionado – What Is This (e os esforços deles para conseguir mais atenção e estabilidade) fala imensamente sobre onde estava sua cabeça naquele momento da carreira. Em primeiro lugar, revirar os olhos para o desejo compreensível de Alain, Hillel e Jack de que a banda ficasse cada vez maior e melhor é irônico, sabendo-se o que o futuro traria para o Red Hot Chili Peppers. Na verdade, se eles já não tinham gravado a demo – feita para obter mais atenção e mais shows – na época da entrevista, estavam prestes a gravá-la. Se ele se dava conta disso ou não, o Chili Peppers pensava mais no futuro do que ele fazia parecer. Seus comentários também ignoram o fato de que a banda pela qual ele saíra do What Is This já tinha empresário, contrato e fama substancial por todo o país. É fácil lamentar e desrespeitar o trabalho quando o trabalho já foi feito por você.

Em segundo, poderia ser só o falatório de um jovem que conhecia seu público punk, ou talvez a realidade fosse que não se pensava muito no futuro do Chili Peppers naqueles primeiros meses. No entanto, esse tipo de pensamento se alinha com o modo como mais tarde Anthony descreveria: "Para nós, tocar nossas músicas era uma coisa divertida, não uma profissão". Na entrevista, Flea deixa claro que o FEAR é onde está seu foco predominante, não no Chili Peppers. "O FEAR é minha atividade principal agora. Sou o baixista do FEAR."

Ele também desabafa um pouco sobre suas preocupações a respeito da música ao vivo e sua capacidade de romper panelinhas internas na cena punk de Los Angeles. "Não importa onde tocamos e não importa o que fazemos, parece que a música fica em segundo plano em tudo", reclama. "As pessoas não querem saber da música, só querem saber da porra da cena e essa merda toda... Não se preocupam de verdade com a música, só se preocupam em saber o que é descolado. E o que não é."

Em outra passagem, Flea faz alguns comentários interessantes que representam uma visão de mundo muito diferente do músico de cabeça aberta que ele é hoje. Com palavras duras, ele critica as baterias eletrônicas: "A maioria das pessoas não entende a diferença entre alguém que dá duro para tocar, toca muito bem e improvisa, se entrega à performance, dá tudo de si, dá 100% ao instrumento... e algum babaca cretino idiota que programa um computador", sentimento reforçado pela banda na faixa de 1987, "Organic Anti-Beat Box Band". Do mesmo modo, ele menospreza o rap: "Eu detesto a maioria dessas merdas... essa baboseira de *scratch* nos discos. Foda-se isso, me deixa enjoado. Nunca vi um grupo de rap do qual gostei de verdade. O Grandmaster Flash é até bem maneiro". Porém, em meio às objeções, elogia um músico local com quem tocara no CASH de Janet Cunningham. "Cliff Martinez é um grande baterista."

SHOW Nº 11

30 DE MAIO DE 1983

China Club, West Third Street, 8338, Los Angeles, CA

O CHINA CLUB ERA OUTRO RESTAURANTE de Los Angeles que ocasionalmente fazia as vezes de casa de shows e galeria. De propriedade da megacorporação japonesa Nisshin, foi inaugurado no final de 1980 e alcançou um sucesso imediato graças a alguns artistas e visitantes de alto gabarito; David Bowie foi um dos primeiros a fazer um show nesse espaço. O Queen reservou o clube no final de 1983 para celebrar seu novo contrato fonográfico – e um deslumbrado Hillel Slovak esteve presente na festa.

Porém, enquanto o China Club era um restaurante sofisticado, de alta classe, com "influência oriental", um ótimo lugar para ser visto pelos colunistas do *LA Weekly*, a partir das segundas-feiras de maio, tarde da noite, uma transformação acontecia e o lugar se tornava o Chain Club.

Inspirada pelas noites "Rockin' Blues" de Gaz Mayall no famoso clube Gossip's, em Londres, não era muito diferente do que já ocorria na cena. Era só mais uma noite numa longa lista de "clubes" temáticos – como o Rhythm Lounge –, uma pequena compartimentalização digressiva que permitia à casa ter uma nova cara ou tocar um tipo específico

SHOW Nº 11: 30 DE MAIO DE 1983

de música por algumas horas de cada vez. De certo modo, as casas de shows se tornaram outro tipo de galeria: um espaço vazio para alguém transformar no que quisesse, pelo tempo que conseguisse.

O Chain Club tirava seu nome não só do anagrama óbvio de China, mas da banda do curador: Tupelo Chain Sex. Capitaneado pelo supostamente narcoléptico Dave "Limey Dave" Dahlson, o grupo de rockabilly punk tocava praticamente toda semana em Los Angeles, em clubes onde o Red Hot Chili Peppers (e o What Is This e todo mundo) também tocava. O Tupelo Chain Sex fez o primeiro show da história do Chain Club, em 23 de maio, e o Chili Peppers, o segundo, uma semana depois, por um cachê de 350 dólares*. A apresentação foi anunciada no *LA Weekly* em página dupla, com uma caricatura incrivelmente datada e racista (um homem de clara ascendência asiática mordendo uma pimenta) e aquela que é a provável primeira foto promocional da banda. Feita possivelmente para o anúncio, ela exibe os quatro sem camisa, fazendo palhaçadas num dia de sol com uma alegria evidente nos rostos. A foto sem edição, que apareceria mais tarde no ano, revela que eles estão numa área industrial bastante acabada; grafites adornam as paredes do beco e a casa de madeira dilapidada em frente à qual eles pulam tem canos à mostra.

Em ambos os lados da imagem, há algumas palavras escolhidas a dedo, que prometem "levar um calor daqueles a seus pés de chumbo" e informando aos leitores que a banda "botaria o *groove* no chão com um funk caótico de quebrar o esqueleto!". Esta expressão – "funk caótico" – já fora usada antes do show com o Minutemen, em março, mas aqui foram devidamente acrescentados os danos ósseos. Em pouco tempo, a expressão se tornaria corriqueira; Flea descreveria a música da banda

---

* Assim como aconteceu com muitos outros clubes por L.A., essa noite em particular seria encerrada antes do fim do ano – neste caso, apenas um mês depois – por não ter os alvarás corretos. O China Club seguiria em frente sem as contribuições semanais de Limey Dave. (N. do A.)

como "funk caótico de quebrar o esqueleto" numa entrevista à MTV em agosto de 1984. E Hillel usou a expressão "um caos de quebrar o esqueleto" pelo menos até abril de 1988.

Podemos tirar a prova com nossos próprios ouvidos se essa promessa de funk caótico foi cumprida, já que maio terminou com mais uma gravação. Desta vez, temos a oportunidade de ouvir o registro mais antigo da banda no palco, graças a uma fita gravada na mesa de som naquela noite, muito provavelmente por um dos próprios membros e inspirada pelo quão satisfeitos eles ficaram com a demo de estúdio. Num *fade in* quase no final do solo de Hillel em "Out in L.A.", a gravação capta aqui e ali os aplausos do público de porte médio (supostamente composto por amigos e namoradas, já que se tratava de uma segunda-feira às 22h30min, afinal). O registro destaca a presença de palco da banda tanto quanto a música; eles passam tanto tempo falando e fazendo piadas (e afinando) entre uma música e outra quanto de fato tocando. E é possível imaginar seus olhos examinando o público, cada integrante com

A primeira foto promocional do Red Hot Chili Peppers, feita por um fotógrafo desconhecido num local desconhecido, vista aqui no *LA Weekly* em julho, antes do show com o Bad Brains. *Circa* abril/maio de 1983.

um microfone, tirando sarro do espectador escolhido. Se não houvesse instrumentos por perto, seria possível imaginá-los como comediantes em algum clube noturno em um porão nova-iorquino.

"Sex Rap" – ou "um rap sexista", como Anthony a chama – vem depois, seguida de "Police Helicopter" e então mais afinação e mais tagarelice no palco: "Vamos colocar uns sorrisões nos rostos de vocês", sugere Flea. A falta de profissionalismo polido se estende até o silêncio entre as músicas; não fica claro se eles de fato têm um *setlist* ou se estão simplesmente tocando o que lhes dá na telha. Dito isso, quando "Stranded" surge entre "Sex Rap" e "Police Helicopter", o *timing* é perfeito, todos estão na mesma sintonia, o que indica uma telepatia musical a qual muita gente mataria para ter, ou algum tipo de plano.

"Green Heaven" vem em seguida, mas há um leve descarrilhamento quando Flea interrompe a música na metade da primeira estrofe porque "precisamos começar de novo, estamos muito desafinados, não queremos soar mal". Depois de afinarem – de novo –, retornam à música num *timing* perfeito e ensaiado. É notável a ausência do *talk box* de Hillel, o que torna mais evidente que o uso do efeito na gravação da demo pode ter sido algo isolado.

"Get Up and Jump" é a próxima, numa performance melhor do que a versão truncada e desajeitada do *take* capturado para a demo. Flea até brinca com a linha de baixo na segunda estrofe, fazendo uma pausa nos *slaps* intrincados para tocar algo mais lento e groovado, direção que ele evidentemente decidiu não seguir.

Depois de "Oom Chucka Willy", vem outra cantiga, conduzida mais por Flea e Anthony: *"2-4-6-8, who do we appreciate? China Club! China Club! Yay, China Club!"**. Eles certamente gostaram de tocar na casa, uma vez que decidiram que era o lugar certo para estrear seu primeiro *cover*,

---

* "2-4-6-8, de quem é que nós gostamos? China Club! China Club! Ae, China Club!" [Evidentemente, em inglês há uma rima na primeira frase.]

o primeiro de muitos que tocariam ao longo da carreira e em todas as formações*. É uma música de Jimi Hendrix, é claro – ele era a escolha óbvia, o herói de infância que nunca foi embora.

"Fire", gravada pelo Jimi Hendrix Experience no início de 1967, foi lançada no álbum de estreia da banda, *Are You Experienced*, naquele mesmo ano. No que se tratava de canções de Hendrix, era uma escolha um tanto quanto obscura; escondida no lado B do álbum, nunca foi lançada como *single* e, àquela altura, ainda não tinha entrado na consciência do público como "Foxey Lady" ou "Purple Haze" já tinham. Isso faz sentido ao considerarmos que o *cover* foi feito a pedido de Hillel. Ele era um obcecado por Hendrix, Hendrix era sua estrela-guia permanente, e ele muito certamente conhecia e adorava as canções que os outros talvez não conhecessem. Essa performance é um vislumbre inicial da versão mais polida e refinada que a banda gravaria em 1987. Curiosamente, Hillel parece não saber como tocar o refrão, mas toca o solo nota por nota.

Esta performance de "Fire" é histórica, considerando-se o que o futuro guardava para a banda. Nesta noite, ela foi a primeira de uma longa lista de *covers* que eles fariam e pelos quais ficariam conhecidos; os cinco primeiros álbuns são repletos de *covers*. Mais tarde, gravariam a faixa no famoso Capitol Studios durante as sessões para o terceiro álbum, a tocariam ao vivo como a música de encerramento do último show com Hillel, em junho de 1988, e então a lançariam no quarto álbum, que os fez estourarem, como tributo a ele. Em 2017, a banda chamaria Jack Irons – que então os acompanhava em turnê como artista de abertura – ao palco em diversos shows para tocá-la, dessa vez como um "clássico" dos anos 1980. "Fire" acompanhou o Red Hot Chili Peppers por tudo: pelos altos e baixos, pelos clubes, salões de universidades e estádios. Esta foi provavelmente a primeira vez que a tocaram, a primeira de centenas.

---

* Se não contarmos "Stranded" ou "Oom Chucka Willy" como *covers*. (N. do A.)

SHOW Nº 11: 30 DE MAIO DE 1983

A fita que contém essa gravação, surgida na internet em 2006 graças a James Slovak (irmão de Hillel), é um registro cru e direto do que passou pela mesa de som*. Porém, embora faltem a ela fidelidade e dinâmica, isso é compensado por sua essência como documento histórico notável. Ali estão eles, animais selvagens sem a menor ideia de para onde vão ou do que fariam de fato para além dos caóticos 20 minutos que passaram no palco. É fortuito que tenham decidido registrar a noite; é um milagre que essa gravação ainda exista.

Logo depois do show, foi feita uma foto de Flea, Anthony (com o que parece ser uma touca de natação) e Hillel fazendo careta para a revista *Scratch*. Diz a legenda: "Rápido. Preciso de um copo d'água. O Red Hot Chilli [sic] Peppers depois de comer muitas dessas pimentas". Com a exceção de *flyers*, essa foi uma das primeiras vezes em que a imagem da banda foi impressa, não sendo uma surpresa que isso tenha acontecido tão cedo. "Sempre que havia uma oportunidade de estar na frente de uma câmera, eu estava a postos, pode clicar!", disse Flea. E aqui temos um dos mais antigos exemplos disso.

"Aparecer em texto ou em foto na *Scratch* é meio que uma honra", diria o *LA Weekly* mais tarde naquele ano. "A revista se tornou o material de leitura mais descolado sobre os clubes porque, em parte, realmente dá aos artistas a chance de serem 'descobertos'." A *Scratch* era um "zine" fotocopiado criado por Ruben Lee Lopez, que assinava Ruben MacBlue. Oriundo de Michigan, MacBlue tinha bacharelado em Psicologia Comportamental na Western Michigan University, mas se mudou para Los Angeles em 1976. No início de 1983, lançou o zine, que se encaixou com perfeição na comunidade; trazia shows, fotos, fofocas, entrevistas e era uma representação perfeita da cena de L.A. na época, dando um passo à frente em relação à comparativamente estreita coluna L.A. Dee Da em

---

* No outro lado da fita há uma cópia da demo da banda, gravada algumas semanas antes. Os dois registros eram provavelmente considerados complementares. (N. do A.)

muitos aspectos. Começou, segundo MacBlue, como "uma reação contra o esnobismo dos antenados do *LA Weekly*. Eu achava que havia uma porção de outras pessoas e bandas interessantes fazendo coisas ótimas, mas que eram ignoradas pela coluna L.A. Dee Da, do *Weekly*, porque Craig Lee e seu círculo não as consideravam descoladas o bastante".

A sorte do Chili Peppers era que *tanto* MacBlue *quanto* o pessoal do *LA Weekly* consideravam a banda descolada o bastante, de modo que sua presença nas páginas de ambas as publicações ao longo do ano propicia uma visão clara de sua movimentação na cena. Mas havia os contras também. Essa rivalidade entre os dois veículos pode explicar os comentários sarcásticos do *LA Weekly* a respeito das travessuras sexuais de Anthony no Zero Club; sua companhia feminina, Germaine, supostamente era uma colunista da *Scratch*, nas páginas da qual vinha difamando o *Weekly*.

SHOW Nº 12

4 DE JUNHO DE 1983

Anti Club na Helen's Place, Melrose Avenue, 4658, Los Angeles, CA

COM A CHEGADA DO VERÃO A LOS ANGELES, a banda fez mais um show no Anti Club de Jessum, Marquette e Van Tyne, ao lado de Tex and the Horseheads, The BEAT-EE-O's (mais uma daquelas bandas que parecem ter existido por apenas um show) e Carmaig de Forest.

Considerado um dos principais nomes do subgênero desafortunadamente batizado de "cowpunk", o Tex and the Horseheads tinha como líder Linda Yacoubian, mais conhecida como Texacala Jones. A banda foi formada em 1980 e tocou em muitos dos mesmos lugares que o Chili Peppers ao longo de 1983. No ano seguinte, lançou o álbum de estreia por um selo local chamado Enigma. Enérgica e combinando os sons melodiosos e típicos do country com a intensidade do punk, tocaria com o Chili Peppers muitas vezes nos próximos anos.

Foi criado um *flyer* interessante para o show, trazendo (mais uma vez) o Chili Peppers na *pole position*, acima dos muito mais consagrados Tex and the Horseheads. Em cada canto da imagem amarela berrante, há uma espécie de símbolo que representa cada um dos integrantes: um cisne para Anthony, uma pulga para (é claro) Flea, um cowboy para Hillel (o cowboy israelense) e o personagem Jughead, da revista em quadrinhos *Archie*, para Jack*.

É de se questionar se essa teria sido uma tentativa calculada de forjar identidades vendáveis para cada um dos membros da banda. Ao invés de se perderem no mar de músicos que tocavam na Melrose Avenue de cima a baixo todas as noites, aqui estavam quatro sujeitos diferentes, cada um na pele de um personagem único. Não eram exatamente um monstro de quatro cabeças como os Beatles, nem uma imitação fabricada com quatro personalidades distintas – o bonitinho, o tímido, o debochado e o misterioso. Porém, uma vez que Flea e Anthony imediatamente ganharam nome – para si e para a banda – não só no boca a boca da cena, mas também na *Scratch*, no *LA Weekly* e até no *Los Angeles Reader*, surgiu uma sensação palpável logo de início de que aquela aventura era algo singular que não seria esquecida tão cedo quando outros planos cruzassem o caminho, de forma que essa definição de personalidades sugere um pensamento à frente.

Naquela noite tocou também Carmaig de Forest. A um mundo de distância do Chili Peppers e do Horseheads, de Forest era um cantor/compositor solo que tocava ukulele e tinha o repertório composto por canções folk curtas e raivosas. Já havia liderado bandas de garagem, mas saíra em carreira solo alguns anos antes. Seu álbum de 1987, *I Shall Be Released*, produzido por Alex Chilton, do Big Star, é um clássico cult.

Baseado em São Francisco, de Forest viajara a Los Angeles alguns meses antes para um show com o Minutemen (outra combinação estranha) depois que disseram a ele para entrar em contato com Russell Jessum, do Anti Club. Jessum era seu fã e, em seguida ao show do Minutemen, o convidou a voltar para dividir o palco com o Chili Peppers algum tempo depois.

---

* Afinal, Jughead era o baterista dos Archies, a banda do gibi. (N. do A.)

SHOW Nº 12: 4 DE JUNHO DE 1983

Contudo, de Forest não se lembra de muita coisa daquela noite. "Eu só estava molhando os pés naquela piscina", diz ele, ficando este show em particular borrado em meio ao restante de uma carreira plena e variada. "Estava começando a sentir qual era o clima em L.A.." Suas lembranças dominantes se resumem à lotação do clube – "Estava cheio e suado" – e a Flea puxando-o de canto. "Ele curtiu o que eu toquei... Me parabenizou no *backstage*. Isso é sempre legal quando você é jovem e está começando."

Na época, ninguém estranhou o fato de uma banda de "cowpunk", um grupo de funk-thrash e um cantor solo com um ukulele tocarem na mesma noite. "A cena era assim", de Forest se recorda. "Não era uma panela estabelecida por gêneros musicais. Era possível ver compositores sérios, jovens fanfarrões como os Chili Peppers e uma trupe de dança de travestis num mesmo show." A única coisa que todos os artistas tinham em comum, segundo de Forest, "é que éramos jovens e não nos encaixávamos na cultura *mainstream*".

SHOW Nº 13

5 DE JUNHO DE 1983

Sunday Club no Golden Village Supper Club, Hollywood Boulevard, 6541, Los Angeles, CA*

NO INÍCIO DO RED HOT CHILI PEPPERS, antes dos contratos de gravação e da presença de empresários, marcar shows por Los Angeles era algo que podia se manifestar de duas formas distintas. Ou era uma empreitada traiçoeira, quase sempre malfadada, que envolvia suplicar de joelhos a algum dono de clube todo-poderoso, ou um processo mais fácil, no qual os membros da banda contavam com a influência de amigos e amigos de amigos que cuidavam da agenda de clubes. Este show é um exemplo da segunda alternativa, pois quem organizava essa noite no Golden Village Supper Club era o colega de apartamento de Anthony e Flea, Bob Forrest. Houve também uma apresentação do Minutemen, que começava a se tornar um nome recorrente na órbita do Chili Peppers.

Além das noites de quarta-feira nas quais tocava como DJ no Cathay de Grande, Bob Forrest já tinha organizado o After Everything Else, show libertino na madrugada que acontecia numa galeria chamada On the Fringe, na Melrose Avenue, 4328. Quando essa noite foi encerrada,

---

* *Flyers* da época também indicam Hollywood Boulevard, 6547, como endereço. (N. do A.)

SHOW Nº 13: 5 DE JUNHO DE 1983

ele tentou algo um pouco diferente. Inaugurado no início de maio, o Sunday Club tinha como intuito ser uma cura de ressaca para a comunidade punk de Hollywood, propiciando uma desacelerada regada a cerveja a quem ainda estivesse um pouco frenético da noite anterior – ou, ao contrário, ajudando a quem precisasse de um ânimo para enfrentar uma semana difícil. O evento pretendia ser discreto e não atrair tanta atenção, de forma que acontecia das 16h às 20h, com menos risco de se tornar uma noite de libertinagem. O primeiro show contou com o Black Flag e uma nova e divertida banda formada apenas por mulheres, chamada The Bangles, que acabara de lançar seu EP de estreia.

Também havia partidas de *softball* no terreno baldio do outro lado da rua, que frequentemente ficavam tão animadas que os shows começavam tarde se algum membro das bandas se empolgasse demais. "Todo mundo chegava com a roupa que estava usando na noite anterior", recordou-se Pleasant Gehman, que, de vez em quando, ajudava no clube à tarde. "As garotas pisavam de botas de salto alto e cano longo, meia arrastão e minissaia na caixa de cerveja amassada que servia de *home plate*."*

A esta altura, talvez não surpreenda que o show tenha acontecido em mais um local de longa e curiosa história em Hollywood. Também conhecido como Janes House, o número 6541 do Hollywood Boulevard era, em 1983, a casa em estilo vitoriano mais antiga dos 6,5 km da alameda. Construída em 1903, quando "o boulevard era uma estrada de pedra e o Vale do Cahuenga [nome histórico da região que abrange a Hollywood contemporânea] era coberto de orquídeas", abrigou a célebre Misses Janes School of Hollywood, que teve como alunos os filhos de Charlie Chaplin e Cecil B. DeMille, entre outros. De administração familiar, a escola foi inaugurada em 1911 e fechou em 1926. Porém, a propriedade continuou a ser da família Janes, primeiramente tornando-se

---

* A base inicial de uma partida de *softball* ou de beisebol, também conhecida como *home base*. (N. do T.)

um posto de gasolina e depois uma floricultura. Ao longo das cinco décadas seguintes, o terreno caiu em ruínas, e, quando a última irmã Jane, Carrie, faleceu em janeiro de 1983, o futuro da casa ficou no ar. Ela seria vendida a empreiteiros em 1984, mas, no período de cerca de um ano no qual ficou vazia, um armênio trabalhador de nome Marty instalou nela o Golden Village Supper Club, de vida curta, onde incrementava a renda recebendo shows punks de vez em quando.

Embora o "Sunday Club" tenha definitivamente acontecido neste final de semana, existe também a possibilidade de nunca ter havido um show com este *lineup* em particular. Um anúncio de uma edição do clube com o Red Hot Chili Peppers e o Minutemen foi publicado no *LA Weekly* de 9 de junho. Como o Minutemen tinha feito um show no The Plant na noite anterior, definitivamente estava na área na época, disposto e pronto para tocar. Entretanto, também existem *flyers*, anúncios, resenhas e até lembranças de uma apresentação do Tex and the Horseheads no mesmo lugar, no mesmo dia, com abertura das bandas Big Boys, do Texas, e Redd Kross, formada em L.A. pelos irmãos Steven e Jeff McDonald quando eles ainda estavam no ensino fundamental e cujas afiliações incluem o Circle Jerks[*] e o Black Flag.

Segundo o baixista do Redd Kross, Steven McDonald, o show com o Horseheads certamente aconteceu, o que é corroborado por uma resenha publicada no *Los Angeles Times* pouco depois. Ela diz que o show foi "de última hora", então é provável que tenha sido providenciado no lugar da agenda original com o Minutemen e o Red Hot Chili Peppers, cancelada por alguma razão[**].

---

[*] Além disso, Steven McDonald viria a fundar o OFF! com Keith Morris. (N. do T.)

[**] Uma nota que acompanha a maioria dos anúncios de shows no *LA Weekly* ao longo de 1983 diz: "Devido à vida errática dos músicos de L.A. e às personalidades caprichosas dos agentes dos clubes, todos os anúncios a seguir estão sujeitos a alterações sem motivo aparente". (N. do A.)

SHOW Nº 13: 5 DE JUNHO DE 1983

Se o show do Chili Peppers *de fato* aconteceu, uma das partidas de *softball* teria acabado de terminar (ou talvez estivesse se estendendo além da conta) quando a banda subiu ao palco. Quem sabe o pôr do sol e a noite de domingo tenham dado a este show uma característica diferente, e as coisas tenham sido mais contidas no palco.

SHOW Nº 14

11 DE JUNHO DE 1983

The Vex, North Soto Street, 2580, Los Angeles, CA

O **VEX FOI MAIS UM DAQUELES** clubes de Los Angeles com pouca sorte para encontrar uma casa permanente nos primeiros anos da década. O proprietário, Joe Vex, era ainda mais azarado do que a maioria e teve diversos de seus empreendimentos fechados devido à violência dos punks, realizando eventos desastrosos, com pouco público, nos quais mais perdeu dinheiro do que ganhou.

Reinaugurado em 2 de abril de 1983, essa encarnação do Vex ficava tão a leste de Los Angeles que era praticamente na cidade vizinha, Alhambra, embora a localização mais silenciosa possivelmente combinasse melhor com a atmosfera da madrugada (a casa só abria às 23h) que os donos tentavam cultivar. Esse isolamento, porém, nem sempre garantia privacidade – um show do Odd Squad com o Blood on the Saddle foi interrompido pela polícia em maio antes mesmo de as bandas chegarem ao palco. Quando o Chili Peppers tocou, em junho, a gerência do Vex já tinha se acertado com as autoridades policiais locais. O Green on Red, o Meat Puppets e o The Damned também tinham feito shows na casa nas semanas anteriores, sem intercorrências.

Nesta noite, junto ao Chili Peppers tocou também uma banda art--punk de São Francisco chamada The Mutants. Formada em 1977, ela

SHOW Nº 14: 11 DE JUNHO DE 1983

já tinha lançado uma porção de *singles* e um LP, sendo mais conhecida pelos apetrechos de palco e pela imensa gama de integrantes (em dado momento, havia três vocalistas numa mesma formação).

O show chegou mais uma vez às páginas da L.A. Dee Da, onde um colunista volante não poupou elogios à presença de palco da banda. "Grupos bons vistos esta semana: o Red Hot Chili Peppers incendiou o palco do Vex. Sem camisa, *funky*, sexy e caóticos, esses adolescentes hiperativos malucos comandam os instrumentos num pique de James Brown envenenado enquanto pulam para todo lado feito feijões saltadores mexicanos. Chamá-los de 'intensos' é pouco!" A esta altura, parecia que tudo o que eles precisavam fazer para aparecer na coluna era tocar em algum lugar dentro das fronteiras da cidade, fazendo sua reputação começar a rapidamente chegar antes deles.

Eram um sucesso inegável. Porém, esse sucesso poderia ser mantido? Para onde iriam daqui?

SHOW Nº 15

17 DE JUNHO DE 1983

Anti Club na Helen's Place, Melrose Avenue, 4658, Los Angeles, CA

O CHILI PEPPERS SACUDIU O ANTI CLUB, na Melrose, mais uma vez, agora abrindo para o Alley Cats, um trio punk que contava com o casal Randy Stodola e Dianne Chai na guitarra e no baixo, respectivamente. Formada em 1977, a banda tinha dois álbuns lançados e até apareceu no filme britânico *Urgh! A Music War*, ao lado de nomes mais consagrados, como The Police e Echo & The Bunnymen.

Stodola só se lembra de ter convidado o Chili Peppers para abrir para o Alley Cats porque achou o grupo interessante. Outros, porém, se recordam mais claramente da noite, incluindo o pai de Anthony. Ao subir no palco por último, vestido de smoking e chapéu coco, o vocalista tropeçou na "medusa" de cabos elétricos e de instrumentos, mas acabou conseguindo evitar a gafe com uma cambalhota. "O chapéu coco saiu voando bem alto e, quando [Anthony] caiu perfeitamente em pé, ele pousou direto em sua cabeça." Não era sua primeira cambalhota no palco e não seria a última vez que cabos o deixariam de cabe-

SHOW Nº 15: 17 DE JUNHO DE 1983

ça para baixo*, mas foi uma clara representação da sorte e da energia fugaz que eles exalavam. "O garoto foi consagrado", nas palavras de Blackie Dammett.

Outra lembrança da noite, ainda que breve, veio do próprio Anthony, numa entrevista que ele e Flea deram ao zine punk *Scratch* no mesmo mês:

> P: Anthony, há quanto tempo a sua banda toca pela cidade?
> R: Tocamos pela cidade faz uns cinco meses e é absolutamente incrível o tanto de sucesso que tivemos. Temos conceitos fundamentais sólidos. É sobre isso.
> P: Você acha que esses conceitos fundamentais sólidos vão levar vocês a Nova York e torná-los bem-sucedidos por lá?
> R: Acho que podemos fazer sucesso no mundo todo.
> P: Esta banda é uma prioridade ou eu deveria fazer esta pergunta aos outros?
> R: Todo mundo vai na mesma onda.
> P: Até o momento, esta é a única banda na crista da onda?
> R: Temos tanto potencial quanto qualquer outra banda no mundo, então sim.
> P: Quem escreve as letras das músicas?
> R: Eu escrevo as letras e Michael e Hillel compõem as músicas.
> P: Qual foi o seu show favorito até agora?
> R: No Anticlub. *[sic]*

Para uma entrevista curta que não parece explicar muita coisa, ainda é um documento revelador. Em primeiro lugar, é histórico, já que pode muito bem ter sido apenas a segunda entrevista que Anthony Kiedis deu como

---

* Às vezes, com resultados catastróficos: em dois diferentes shows em 1996, Anthony tropeçou no palco, rasgando a panturrilha numa ocasião e deslocando o sacro na outra. (N. do A.)

membro do Chili Peppers*. Há ainda uma referência esperta ao antigo nome da banda, The Flow**. É interessante também Flea ser chamado de Michael – o apelido ainda não tinha se consolidado, mas estava quase lá. E, por fim, a afirmação de Anthony de que o show no Anti Club foi o melhor. Ele poderia estar falando da apresentação de 13 de abril, mas, uma vez que essa entrevista aconteceu no final de junho, há uma boa chance de que fosse o show que *acabara* de acontecer e estaria mais fresco na memória.

Flea, entrevistado ao lado de Anthony para a *Scratch*, deu respostas (por definição) bem menos iluminadoras:

P: Michael, você é o baixista do Red Hot Chili Peppers. É verdade?
R: Não.
P: Se você tocasse baixo no Red Hot Chili Peppers, o que, eu sei, seria um absurdo, há quanto tempo você diria que faz parte da banda?
R: Ah, bem, meio que por um tempo médio, mas algo entre um tempo imenso e um tempo pequeno, e nada menos do que um tempo grande.
P: Antes de tocar com o Chili Peppers, quem você diria que te influenciou a tocar baixo do jeito que toca?
R: Bem, meio que os caras de quem eu gosto muito, mas também alguns dos caras de quem eu gosto muito mesmo.
P: Você gostava deles?

---

* Aquela que é provavelmente a primeira entrevista dada pela banda completa é inclusive mencionada nesta da *Scratch*. No dia 21 de junho, o Chili Peppers participou do programa *Stray Pop*, da KXLU 88.9 FM, transmitido da Loyola Marymount University entre as 23h e as 2h da manhã, que tocava de tudo um pouco e trazia bandas locais para serem entrevistadas. Anthony, como lhe era típico, pareceu se portar como um incômodo desviante no programa: "P: Conversei com Stella, da KXLU, sobre a entrevista que vocês deram, e ela disse que Anthony tentou abrir o zíper do vestido dela com os dentes. É verdade?", perguntou Ruben MacBlue. Infelizmente, parece que nenhuma gravação do programa sobreviveu. Isso é especialmente frustrante já que a banda pode ter tocado ao vivo nos estúdios. (N. do A.)

** Na resposta de Anthony, "Todo mundo vai na mesma onda" (em inglês, "*Everybody will go with the flow*"). (N. do T.)

SHOW Nº 15: 17 DE JUNHO DE 1983

R: Bem, eu meio que gostava, mas não tanto quanto eu gostava antes de começar a gostar mesmo deles.

O resto da entrevista é mais do mesmo; a piada rapidamente perde a graça e o desdém do próprio Flea por esse exercício fica evidente.

Um retorno do Chili Peppers ao The Plant deveria ter acontecido na noite seguinte, com mais uma abertura para o Tex and the Horseheads. Eles também teriam dividido o palco com os Mentors, banda que tinha na bateria e vocais Eldon "El Duce" Hoke – talvez mais conhecido pela infame entrevista dada apenas dois dias antes de sua morte, na qual afirmava que Courtney Love lhe oferecera dinheiro para que matasse Kurt Cobain. Os Mentors eram uma banda de shock rock que fazia as estripulias do FEAR parecerem fichinha e cujos membros tinham nomes artísticos como Sickie Wifebeater[*] (Eric Carlson) e se apresentavam com capuzes de carrasco. Porém, enquanto o FEAR parecia pelo menos ter algum tipo de crítica cultural sarcástica por trás das ações, os Mentors eram firmemente do time do choque pelo choque.

No entanto, num sinal de que, embora estivesse abrindo caminhos, o Red Hot Chili Peppers ainda se encontrava abaixo do FEAR e do What Is This na hierarquia de comprometimento dos membros, a apresentação foi cancelada. Mais ou menos na mesma época em que o show de 18 de junho no The Plant foi marcado, o FEAR também agendou um em São Francisco, no On Broadway, mesmo lugar onde já havia tocado na cidade em abril. Quando uma das duas bandas precisou ceder, o FEAR ganhou, fazendo a apresentação do Chili Peppers no The Plant ser descartada.

Em São Francisco, o FEAR tocou com o Redd Kross e a banda local Pariah. Flea causou uma ótima impressão a Steven McDonald

---

[*] Em tradução livre, algo como "Espancador de Esposa Doentio". (N. do T.)

nesse show ao dizer a ele que o considerava um ótimo baixista. Flea nunca foi mesmo de se furtar de elogiar músicos com quem compartilhava palcos.

Pouco depois, o What Is This tocou pela primeira vez em um mês: um show no dia 30 de junho no Music Machine, com as bandas Choir Invisible, Grand Manner e Sound Delight. No dia seguinte, fez um show no The Plant com o Outer Circle e o Second Language. O FEAR também fez um show no dia 1º de julho, num festival com sete bandas em Santa Fe, que prometeu um caos ruidoso.

Dois acontecimentos no final de junho e início de julho sinalizaram que o Chili Peppers estava chegando a algum lugar. O primeiro ocorreu em 24 de junho na Los Angeles Memorial Sports Arena, quando Grandmaster Flash and the Furious Five foi o *headliner* do Master Slam Jam Dunk!, que contou também com artistas como Chi-Lites e Jonzun Crew. Depois da extensa performance, o Chili Peppers de algum modo conseguiu chegar ao *backstage*: eles conheceram Grandmaster Flash em pessoa e até apresentaram algumas de suas músicas *a cappella* para ele. Para a banda – e para Anthony em especial, apesar de sua convicção antifanática –, estar tão perto de Flash, que inspirara o vocalista a subir num palco, deve ter sido eletrizante. E se aproximar do Jonzun Crew também: tinha sido a trilha sonora do primeiro show e era um nome lendário numa cena que desabrochava em paralelo ao Chili Peppers. Para melhorar, Flash gostou do que ouviu e correu o boato de que ele convidaria a banda para abrir uma turnê sua no futuro. Infelizmente, não aconteceu, mas pode ser que, quando o convite veio, o Chili Peppers já estivesse ocupado demais para aceitar. É curioso que a banda nunca tenha mencionado esse encontro posteriormente, mas compreensível que algumas lembranças tenham se perdido no intenso redemoinho dos anos seguintes.

Um pouco depois, no início de julho, Flea e Anthony percorriam os clubes da cidade para tocar a fita demo para os proprietários e agentes,

SHOW Nº 15: 17 DE JUNHO DE 1983

ou para quem quisesse ouvir, numa tentativa de conseguir ainda mais shows para a banda. Uma dessas pessoas foi Brendan Mullen, agente do Club Lingerie.

Mullen, que começaria a criar *Uma História Oral e Visual* do Chili Peppers antes de sua morte prematura, em 2010, relembrou com carinho esse contato inicial com Anthony e Flea nas páginas de abertura do livro: "Meu primeiro encontro com Flea e Anthony foi numa tarde no início do verão de 1983, quando eles apareceram sem avisar no meu escritório no Club Lingerie, em Hollywood, e botaram uma fita K7 na minha cara, insistindo para que eu ouvisse imediatamente", escreveu ele. "Que *promoter* otário ouve fitas não solicitadas na frente de uma banda coitada?"

Brendan Mullen estava cético, mas "aqueles dois moleques pilhados, que terminavam as frases um do outro" não aceitavam um "não" como resposta e suplicaram para que ele ouvisse apenas duas músicas[*]. Aproveitando-se do notório amor do *promoter* pelo FEAR e pelo funk, eles conseguiram um toca-fitas com o faxineiro no andar de baixo e apertaram *play*. A música, disse Mullen, o "cativou de imediato".

Reconsiderando sua apreensão inicial de que "fedelhos branquelos tocando funk" não daria certo, Mullen ofereceu a eles no ato um show de abertura no Lingerie, em 18 de julho, para a lenda do punk Bad Brains. "Saíram dançando do clube até a rua, como se eu tivesse acabado de lhes dizer que haviam ganhado na loteria" – e, em certo sentido, eles haviam ganhado mesmo.

Originalmente um grupo de jazz fusion chamado Mind Power – que descobriu o punk e mudou de nome inspirado por uma música dos Ramones –, o Bad Brains saiu de Washington D.C. no final dos anos 1970, viajou extensivamente pelo país e lançou o lendário *single* de estreia "Pay to Cum" em junho de 1980. O início da década foi cheio de

---

[*] Provavelmente "Out in L.A." e "Green Heaven", mas a fita é tão curta que eles poderiam facilmente ter ouvido tudo. (N. do A.)

conflitos; depois de serem banidos da maioria dos clubes de D.C., eles foram forçados a se mudar para Nova York e gravaram um álbum inteiro que só sairia em 1996. Porém, em 1982, a banda já estava relativamente estabelecida e lançou seu clássico disco de estreia autointitulado. Editado apenas em cassete, soa como se tivesse sido gravado com um único microfone, numa sala sem tratamento acústico e com os volumes estourando*. No início de 1983, eles gravaram e lançaram *Rock for Light*, um álbum mais polido, produzido por Ric Ocasek, do monstro do powerpop The Cars, fizeram alguns de seus primeiros shows fora dos Estados Unidos e chegaram a abrir para os lendários punks UK Subs numa série de apresentações em São Francisco apenas seis meses depois de o FEAR ter tocado na cidade.

Para o Chili Peppers, abrir para o Bad Brains era um pouco como ganhar na loteria. O Bad Brains já era um grupo renomado na cena, alguns anos mais velho e com dois discos no currículo, um deles produzido por uma legítima lenda do rock, Ric Ocasek. Eles eram maiores do que as bandas mais consolidadas para as quais o Chili Peppers já tinha aberto, maiores que o FEAR em alguns aspectos, embora não tivessem participado do *Saturday Night Live*. Os próprios membros do Chili Peppers estavam cientes da enormidade comparativa deste show: "Caramba, é melhor a gente se ajeitar bem pra este show!", recordou-se Anthony. "O maior palco, maior P.A. até agora. Uma casa de shows de verdade!"

É claro, o Chili Peppers já tinha *tocado* no Club Lingerie em 31 de março – apenas alguns meses antes. Mas, se a primeira lembrança que Mullen tem de Anthony e Flea é da dupla sacudindo a fita demo no princípio do verão, então há duas possibilidades: ou Mullen se esqueceu de que já os conhecia, o que é compreensível, já que a versão de março da

---

* Isso não é necessariamente algo ruim. (N. do A.)

banda era um pouco mais contida, ou talvez o show de março tenha acontecido sem o envolvimento direto dele*.

Porém, antes que pudessem abrir para o Bad Brains, ainda havia alguns compromissos fortuitos a cumprir, à medida que o verão florescia e um novo mês se descortinava pelas avenidas e boulevards de Los Angeles.

---

* Tristemente, Mullen faleceu em outubro de 2010 e inspirou a faixa do Red Hot Chili Peppers "Brendan's Death Song", de 2011, depois lançada como *single*. (N. do A.)

SHOW Nº 16

3 DE JULHO DE 1983

Kit Kat Club, Santa Monica Boulevard, 6550, Hollywood, CA

SE A BANDA PRECISASSE ESCOLHER um único show para resumir seu ano inaugural – aquele que causou a maior e mais duradoura impressão, que seria mencionado repetidas vezes em entrevistas e lembranças com o passar dos anos, que solidificou seus ideais –, provavelmente seria este da noite de domingo, 3 de julho, no Kit Kat Club, no Santa Monica Boulevard.

Aberto como um restaurante e clube social de nome Davy Jones em meados dos anos 1970, a sordidez tradicional de Los Angeles já tinha se instalado no lugar, de modo que as garçonetes que procurassem emprego no rebatizado Kit Kat Club tinham preferência se também soubessem dançar. A essa altura, o espaço já era uma casa de strip que fazia concursos de dançarinas nuas nas noites de segunda-feira, com cartazes escritos à mão que avisavam: "Os clientes escolhem a vencedora!".

Um clube de strip podia parecer um local estranho para receber um show de punk rock, mas, por volta de maio de 1982, a casa passou a fazer noites regulares de new wave e punk, mais ou menos a cada quatro semanas, aos domingos, com espetáculos burlescos e de strip para divertir o público entre um *set* e outro. "Os shows não eram para uns velhos tarados que iam ver as strippers", relembrou Flea. "Eram para quem queria ouvir música boa. O pessoal que marcava os shows lá era muito inteirado sobre a cena artística de L.A." De fato, de meados de 1982 em diante, o clube já era bem frequentado por muita gente na órbita do Chili Peppers.

Foram feitos dois *flyers* para este show, com o primeiro recebendo uma página inteira na *Scratch**. Mais uma vez desenhado à mão, esse *flyer* é adornado de ambos os lados por fotos de Flea e Anthony de moicano, tiradas numa cabine instantânea de beira de estrada na viagem a São Francisco em 1982. Será que era apenas um conjunto interessante de imagens a se usar ou um sinal de que Anthony e Flea estavam se tornando reconhecíveis o bastante que só seus rostos já eram suficientes para divulgar a banda? Acima, um recorte da primeira sessão de fotos do grupo, feita em abril ou maio. O quarteto salta no ar em vários estágios de nudez, alguns integrantes com chapéus coco inexplicáveis, outros sem; fantasias e trajes nunca saíam de seu radar.

O segundo *flyer*, publicado no *LA Weekly*, era um pouco diferente e apresenta o que parece ser a banda usando fantasias diversas (Jack está de peruca loira) e fazendo par com quatro garotas de identidade desconhecida, debruçadas provocativamente à frente deles. Não fica claro qual é a fonte da foto ou onde foi tirada; pode ter sido feita especificamente para o Kit Kat Club.

"O Kit Kat Club está se tornando rapidamente um dos espaços mais populares da cidade", escreveu o *LA Weekly* em julho de 1982, pouco menos de um ano antes deste show. "Longe de ser uma casa de strip 'sórdida', a equipe e as garotas que trabalham lá são muito legais, o lugar é limpo (na verdade, tão limpo que as garçonetes *distribuem* cinzeiros!)." O *Weekly* prosseguia falando de um show daquele final de semana, que

---

* Muito provavelmente na mesma edição, a de junho, que trazia a entrevista conjunta de Anthony e Flea. (N. do A.)

contou com os Brainiacs, de Wayzata de Camerone, ocasionalmente com Tequila Mockingbird como vocalista, que logo seria a *backing vocal* de Gary Allen no primeiro show da história do Chili Peppers, em dezembro daquele ano. Em pouco tempo, o Kit Kat Club se tornou uma parada frequente para as bandas locais, com performances de Top Jimmy & The Rhythm Pigs solidificando o lugar da casa na cena. Em breve, um grupo com o provocativo nome de Roid Rogers and the Whirling Butt Cherries subiria ao palco em meio a óleo e glitter numa das noites de "bandas e seios" do Kit Kat.

Além das apresentações de amigos, esta também não foi a primeira vez em que as histórias do Kit Kat Club e do Red Hot Chili Peppers, Flea em particular, se cruzaram: o bar serviu de locação para uma das cenas finais de *Suburbia*, na qual Jim e Bob, os dois membros dos "Cidadãos Contra o Crime" – a principal representação do Estado no filme –, se encontram para discutir o plano de vingança contra os punks fugitivos. Na cena anterior, Mike B the Flea, com cara de bebê, detalha seu plano na moradia dos punks de roubar gasolina de um carro e atear fogo na casa, numa tentativa desolada de revidar contra os opressores. É possível ter uma noção real do local por meio dessa cena, não sendo difícil imaginar uma banda de rock no palco no lugar de (ou talvez além de) uma ou duas jovens em trajes mínimos.

Neste show, o já mencionado Roid Rogers e Whirling Butt Cherries voltou ao palco do Kit Kat ao lado do Chili Peppers. Banda experimental resultante de "muito café", o Whirling Butt Cherries era meio que um supergrupo que incluía a vocalista Marci Malibu; o guitarrista Bobby Mann; a vocalista e colunista do *LA Weekly* Shari Famous, cujo nome aparecia na maioria das colunas L.A. Dee Da que contaram com a banda ao longo do ano; o saxofonista Bruce "Spyder" Mittleman, conhecido por integrar o grupo punk The Resistors; e Cliff Martinez, que tocava sintetizador, mas era um baterista veterano que já trabalhara com artistas tão diversos quanto Captain Beefheart, Lydia Lunch e The Weirdos. Ele

SHOW Nº 16: 3 DE JULHO DE 1983

também fazia parte de um grupo casual chamado Two Balls and a Bat, que, em diferentes momentos, contou com Joel Virgel-Vierset, Nickey Beat, dos Weirdos, Bobby Mann, do Butt Cherries, e Richard Snyder, que Martinez conheceu quando ambos tocaram com o Captain Beefheart.

O Two Balls and a Bat era uma banda calcada em bateria e sintetizador que tocara em muitos dos mesmos lugares que o Chili Peppers, como o Rhythm Lounge, e tinha um carrossel de membros. Num show em fevereiro de 1983, foi acompanhada por poesia *beatnik* erótica. Era pura arte performática ou, em alguns casos, "rock de roupa íntima". Ao refletir 25 anos depois, Martinez teve bastante certeza de que tocou com Flea no grupo em algum momento, mais provavelmente numa apresentação no CASH. E as conexões não param por aí: o Whirling Butt Cherries tocou pela primeira vez no CASH em junho de 1982 a pedido da própria Janet Cunningham. O intrincado mundo da comunidade punk de L.A. continuava a prosperar e a se fortalecer internamente.

De forma semelhante ao Chili Peppers, o Butt Cherries era resultado de um grupo de amigos que morava junto e compartilhava interesses, embora a música fosse um pouco menos convencional do que o funk punk já pouco comum do Chili Peppers. Era uma turma maluca, que frequentemente usava fantasias elaboradas com fraldas e turbantes, tendo aparecido no programa de arte local *New Wave Theater* poucas semanas depois de a banda ter se formado. Eles nunca lançaram registros das músicas, mas fizeram um videoclipe bastante elaborado para "Who Put Timmy in the Trash?" no início de 1983 nas Bronson Caves, no Griffith Park. O clipe foi dirigido por May Zone, artista que acabara de trabalhar em vídeos para o Fleetwood Mac, Eric Clapton e, mais notavelmente, "Billie Jean", de Michael Jackson, uma das maiores canções do ano.

O clipe e a própria música representam bem o tipo de humor com base no qual a banda foi fundada; inspirada por um caso real em que um pai abandonou o filho numa lata de lixo, é esparsa, eletrônica, repetitiva e muito pegajosa. Lembra os aspectos de humor sombrio presentes na obra de David Lynch – comparação adequada, já que o grupo foi a atração de abertura de exibições semanais de *Eraserhead*, de Lynch, no Nuart Theatre, no Santa Monica Boulevard, ao longo do ano. Mais tarde em 1983, o clipe passaria no programa *Basement Tapes*, da MTV, que mostrava artistas sem gravadora e independentes, se tornando um dos favoritos dos telespectadores.

Ao chegar ao Kit Kat, o Chili Peppers foi conduzido a um camarim que normalmente era reservado às dançarinas, onde alguém acendeu um baseado. Com os pegas, veio a paranoia e, com ela, a preocupação de que a maconha interferisse na performance. "Dei uma corrida em volta do quarteirão para limpar a cabeça", recordou-se Anthony. Para sorte dele, "funcionou". A banda não era exatamente reconhecida por recusar uma ou duas substâncias alteradoras de consciência, mas a clareza que precisaram para este show implica que o estavam levando um pouquinho mais a sério que de costume.

O Butt Cherries se apresentou primeiro e foi fantástico como sempre. Cliff Martinez tocou com um absorvente saindo do traseiro e o resto da banda vestiu tangas imitando pelos de gorila com vibradores pendurados. No público, logo se estabeleceu a sensação de que se tratava de um show especial – mas o Chili Peppers não estava disposto a ser superado.

Quando eles voltaram para o bis, que muito provavelmente se resumia a "Fire", o público ficou embasbacado ao vê-los completamente nus, apenas com meias envolvendo confortavelmente suas partes íntimas*. No *backstage*, no intervalo entre o *set* principal e o bis, a banda estava tensa, incerta se realmente deveria levar o plano adiante e "levitando de nervosismo". Quando apareceram, todo mundo claramente "congelou. Não

---

* No futuro, essa artimanha se tornaria parte da rotina da banda, geralmente com pares de meias de cano longo reservados especialmente para isso. Nesta noite, quando foi algo mais de impulso, não se pode dizer da onde elas saíram. Talvez os próprios pares que estavam usando nos pés suados. (N. do A.)

SHOW Nº 16: 3 DE JULHO DE 1983

nos abalamos em nenhum momento com o choque coletivo da plateia", recordou-se Anthony. É óbvio que aquelas pessoas já tinham visto gente nua – afinal, estavam num clube de strip – e o próprio Chili Peppers já havia tocado em níveis diversos de nudez nos meses anteriores a esta performance, mas foi algo que se tornou lendário de imediato. Um truque maluco, exagerado e (o mais importante) simplesmente engraçado. O público até se envolveu na brincadeira, com uma amiga em particular tentando puxar a meia de Anthony enquanto ele se esforçava ao máximo para se concentrar no vocal.

Nos anos e décadas seguintes, a banda pode ter passado a rejeitar essa imagem, mas, naquela noite, foi uma sacada de gênio que chocou as pessoas, que muito provavelmente nem prestaram atenção nas dançarinas no palco, menos ainda na música. "Foi ótimo estar nu no palco", recordou-se Anthony em 1999. "Com aquele falo exagerado pendurado no meio das nossas pernas."

Nascia o icônico e indiscutivelmente notório costume das "meias no pau", embora a gênese da ideia seja algo incerto. Numa entrevista do início de 1988, Anthony deu a entender que foi uma decisão *tomada* naquela noite, como uma maneira de desviar a atenção do público das dançarinas, cuja presença eles não esperavam. Essa teoria foi repetida na biografia *Fornication*, de 2004, que cita o amigo da banda Keith Barry, provavelmente presente naquela noite, que disse ter sido uma "coisa espontânea a se fazer". Mas, em *Scar Tissue*, Anthony afirma que o plano de usar as meias já estava em andamento nos preparativos para o show: "Como estávamos tocando num clube de striptease com as garotas dançando no palco junto conosco, decidimos que um final apropriado seria aparecermos nus". De fato, anúncios de shows ao longo do ano (inclusive na semana anterior a esta performance) chegavam a destacar as "Kit Kat Kittens", quase como se fossem uma atração de abertura para os nomes principais.

Nesse caso, a ideia de que as meias foram uma sacada repentina é menos cativante do que a de que houve um planejamento de antemão para superar não só as dançarinas da casa, como também Roid Rogers and the Whirling Butt Cherries, que quase sempre se apresentavam praticamente nus. Mais adiante, Flea não se lembraria de quem foi a ideia. "Pode ter sido de Hillel", ele pensaria alto, evidentemente entediado com a pergunta banal depois de 23 anos, seis desde a última vez em que fizeram o truque.

Independentemente de quando foram feitos os planos para esta performance em particular, a ideia da meia na genitália como piada já circulava havia anos. Anthony a teve em 1979 ou 1980 enquanto tentava desviar das investidas de uma jovem cliente de Dondi Bastone, com quem morava e que, na época, traficava maconha em casa. Anthony já tinha namorada e percebeu que recusar as investidas da garota com educação não estava adiantando. "Então, um dia em que ela apareceu em casa, eu, como provocação, fui para o quarto e coloquei uma meia sobre o pau e o saco e saí para cumprimentá-la como se nada tivesse acontecido – casualmente, como se num episódio do Monty Python. Deu um baita visual fálico." Não fica claro como essa demonstração descarada de sexualidade a afastaria; em outro relato da história, em 2000, para a revista *Juice*, ele admitiu que, na verdade, estava tentando impressioná-la. Flea e Hillel frequentemente se juntavam às encenações da brincadeira depois que os três passaram a morar juntos: "Recebíamos visitas e ficávamos bebendo cerveja, colocávamos meias nos paus e corríamos pela casa". Outro exemplo de situação em que a amizade transbordou para os palcos. Não há registro escrito de Jack Irons ter feito a brincadeira antes desta noite de julho, mas ele se empolgou com a ideia e deu uma gargalhada nervosa pouco antes de entrar no palco: "Era tão engraçado que eu comecei a mijar na meia", disse. "Estávamos rindo demais!"

No início dos anos 1990, Anthony se recordou de forma tentadora que o show havia sido gravado e que ele tinha visto até trechos em vídeo. Por se tratar de um momento tão crucial na carreira da banda que ainda não apareceu num documentário nem em lugar algum na internet, é improvável que essas imagens tenham sobrevivido. Se tivessem, seria o vídeo mais antigo da banda, superando o material recordista atual em uns bons oito meses.

Representantes do *LA Weekly* estavam presentes, é claro, e na edição da semana seguinte recontaram como foi testemunhar a banda em pleno voo no palco, "dando às dançarinas de topless uma boa competição ao mostrar a carne nova *au naturel*. Bem, na verdade, eles usavam meias sobre as partes íntimas, exceto pelo baixista Flea, que não conseguia ficar com a sua".

Terminada a proeza, conquistada a atenção do público e definido um elemento permanente da carreira, a banda teve de lidar com a fúria do gerente do clube. Ele os emboscou no trajeto até o camarim: "Nada de pelos pubianos!", gritou, morrendo de medo de que o lugar fosse fechado pela polícia. "Eu falei para vocês, nada de pelos pubianos!" Como o *LA Weekly* já tinha notado, Flea teve dificuldade em ficar "de meia"[*], e a exibição pública de pelos pubianos era (e ainda é) ilegal em estabelecimentos com licença para vender bebida alcoólica na Califórnia. O Kit Kat Club, que havia pertencido ao notório figurão do submundo Eddie Nash[**], já recebera atenção da polícia o bastante para uma vida inteira. O gerente não precisava de mais. Porém, depois de se vestirem, os Chili Peppers estavam livres.

E esse não foi o único problema que o dono do clube teve com o show – na verdade, ele quase não aconteceu. Suzanne Schott, agente/ *promoter* do Kit Kat e responsável por essas noites musicais mensais (e que fez o papel de uma dançarina na cena de strip em *Suburbia*, filmada

---

[*] O que deve ter sido duplamente constrangedor, já que sua mãe estava na plateia. (N. do A.)

[**] Nash, cujo nome verdadeiro era Adel Nasrallah, foi foco de investigações policiais por algum tempo, mais notavelmente pelos assassinatos da avenida Wonderland, em 1981, tema de muitos relatos de *true crime* desde então. Nash também foi dono do Starwood, entre muitos outros clubes por Los Angeles, tendo criado um império de música ao vivo considerável. (N. do A.)

no clube), tinha recentemente saído da casa após um desentendimento com o dono em relação a seu pagamento e à porcentagem das bandas, deixando no ar os shows já marcados. Ela foi solicitada a ficar para a noite de 3 de julho, depois novamente demitida, e este show em particular só aconteceu devido aos protestos do Chili Peppers e do Butt Cherries. O envolvimento de Schott na performance é, na verdade, incerto, e logo depois os shows semanais passaram a ocorrer sob nova gerência.

Após a apresentação, a banda saiu noite afora com os bolsos cheios de dinheiro e ainda mais *hype* do que antes na cena de Los Angeles. Porém, talvez a maior impressão que causaram naquela noite foi em alguém que ainda não conheciam.

Na plateia estava Lindy Goetz. Nascido em Nova York em dezembro de 1947, Goetz era da indústria fonográfica havia décadas, sob diversas funções. Sua primeira grande oportunidade se dera graças à amizade de infância de seu irmão Stuart, ator de teatro, com Davy Jones (que ainda não era dos Monkees). Stuart e Davy fizeram juntos o musical *Oliver* na Broadway, mas foi com Lindy que Davy acabou dividindo um apartamento. Quando Jones foi para Los Angeles, Lindy, que era baterista, o acompanhou.

Em seguida, veio uma série de shows para as Forças Armadas dos EUA no Japão e na Europa, bem como um período num grupo: Max Frost and the Troopers, banda fictícia na linha dos Monkees, criada para o filme *Wild in the Streets*, de 1968. Depois do sucesso do longa, versões da "banda" foram mandadas em turnê, com Goetz tocando em pelo menos uma delas ao lado de muitos outros músicos de estúdio anônimos recrutados para os shows.

Houve até algumas participações à bateria com os próprios Monkees no final da década de 1960, quando a banda já rumava para um final anticlimático. Após nunca ter chegado ao sucesso de fato e de tocar praticamente só músicas dos outros, não surpreende que, na década seguinte, Goetz tenha passado da bateria para os bastidores ao aceitar um cargo

SHOW Nº 16: 3 DE JULHO DE 1983

num departamento de divulgação em Los Angeles, onde trabalhou de perto com o pioneiro do rockabilly e do country rock Rick Nelson, tendo ido depois para a Mercury Records em 1974.

Goetz foi subindo rapidamente na carreira: tornou-se gerente de divulgação da MCA Records em Los Angeles e, na sequência, executivo do departamento de divulgação. Em julho de 1978, ele foi para a EMI como diretor nacional de divulgação das divisões Screen Gems e Colgems. Além do trabalho dedicado à sua produtora, a Ziponki Enterprises, Goetz foi indicado no início de 1980 para cuidar da START, companhia independente cujo intuito era ajudar artistas negros a chegar às rádios. Ao longo de todo esse período, ele ajudou a promover uma extensa lista de artistas diferentes, como Nicky Hopkins, The Bar-Kays e Bachman-Turner Overdrive em diversos selos e gravadoras. O Ohio Players, na Mercury, era seu favorito, tanto que, ao final da década de 1970, à medida que a fama do grupo minguava, Goetz tentou levá-lo para outro selo, mais apreciativo, simplesmente por gostar demais da música que eles faziam.

Enquanto o Chili Peppers se formava e desenvolvia seu repertório, no final de 1982 e início de 1983, Goetz estava concentrado numa banda de pop rock chamada Automatix, de Detroit, Michigan. Criada em 1979, era composta por Bruce Nazarian, músico, engenheiro, desenvolvedor de software e polímata[*], e o baterista de estúdio Jerome Jones, além de outros músicos. A banda assinou primeiro com a Ziponki Enterprises, depois com a MCA Records sob a gestão e orientação de Goetz, que, ainda mantendo uma relação amigável com o presidente da MCA, conseguiu o contrato. Em 1983, o Automatix gravou e lançou seu disco de estreia, *Night Rider*, alcançando o primeiro lampejo de esperança de conquistar uma base de fãs nas rádios voltadas para álbuns. Porém, após

---

[*] Nazarian, falecido em 2015, foi mais tarde trazido para a órbita do Chili Peppers ao mixar "Yertle the Turtle", do álbum *Freaky Styley*, de 1985. (N. do A.)

uma reestruturação corporativa na metade do ano, a banda foi dispensada pela gravadora quando estava à beira do sucesso real, o que foi uma decepção arrasadora tanto para os artistas quanto para o empresário.

Isso quer dizer que, quando viu o Chili Peppers naquela noite de julho, Goetz acabara de ter suas esperanças com o Automatix frustradas e estava à procura de uma nova banda para promover. Ficou eletrizado com o que viu naquele palco minúsculo de um clube de strip, recordando-se de que eles estavam "pintados de verde" (algo nunca mencionado em nenhum outro lugar) e "completamente doidos".

Goetz foi apresentado à banda por Mark Richardson, que já tentara marcar uma reunião com o Chili Peppers, o pai de Anthony e o amigo em comum que tinha com ele, Jay Brown, em abril – compromisso para o qual a banda não apareceu. Porém, nos meses seguintes, Richardson se manteve firme, rondando o Kiedis sênior para mais oportunidades e até distribuindo cópias da fita demo pela cidade, uma das quais chegou às mãos de Goetz. "Achei que eles fossem negros" foi sua primeira impressão. Talvez Mark Richardson o tenha corrigido de antemão ou talvez ele tenha descoberto a verdade ao vê-los em pessoa – ainda que com a pele pintada de verde. De um jeito ou de outro, o show impressionou Goetz tanto quanto a fita demo. Ao ir embora naquela noite, ele rapidamente fez planos de ver a banda de novo.

SHOW Nº 17

4 DE JULHO DE 1983

Music Machine, West Pico Boulevard, 12220, Los Angeles, CA

PROVAVELMENTE COM UMA RESSACA daquelas, se não de bebida ou de drogas, ao menos de adrenalina, a banda tocou na noite seguinte no Music Machine, clube a sudoeste de Hollywood onde o What Is This já havia feito shows várias vezes. A casa era nova na cena, inaugurada em 1981 como The Cowboy, lugar voltado para o country que só durou cerca de um ano até ser repaginado para melhor se adequar à comunidade punk em ascensão. O recém-renovado Music Machine era um ostensivo clube punk, com serpentinas prateadas instantaneamente reconhecíveis decorando as paredes atrás do palco, mas mantinha as opções abertas num ambiente difícil e ainda recebeu alguns shows country aqui e ali por mais alguns anos.

Esta noite foi movimentada, com muitas bandas na programação, de modo que o Chili Peppers provavelmente tocou mais no início do evento, para metade da capacidade do clube. Antes veio o Electric Peace (erroneamente chamado de Electric Teeth no *flyer*), grupo punk psicodélico de Reseda, liderado pelo cantor Brian Kild, que só teve comentários depreciativos sobre o nome da banda e as letras de Anthony quando perguntado sobre suas lembranças da noite.

A escalação incluía ainda o Blood on the Saddle, mais uma banda genuína que infelizmente foi colocada no balaio demasiado abrangente do cowpunk. Já a atração principal era o gótico pesado do Flesh Eaters, em turnê com seu mais recente álbum, *A Hard Road to Follow*.

Ressurgiram várias fotos deste show, em cores e com definição máxima, feitas por Fernando Mallory, que chegou tão perto da ação que se pode ver as pupilas dilatadas de Anthony, bem como a alegria evidente em seu rosto. É difícil afirmar com certeza, mas graças às estripulias da noite anterior, a banda parece ter dispensado as roupas com mais rapidez neste show; todos estão sem camisa e de calças jeans pretas quase iguais. Em pouco tempo, estariam subindo ao palco praticamente nus, o que indica que o nível de liberdade e conforto pelo qual a banda se tornou famosa (ou infame) parece estar emergindo aqui, à medida que o início do verão de 1983 esquentava e eles se davam conta de que chamariam tanta atenção tirando a roupa quanto com figurinos elaborados.

Uma das fotógrafas da cena, Lynda Burdick, fez mais algumas imagens da banda, muito provavelmente mais tarde nesta noite, para a seção Nite Life da revista para homens gays *In Touch*. As fotos mostram os quatro na rua em frente ao Music Machine, com o letreiro neon de uma loja de bebidas brilhando como um farol atrás deles. Sem camisa, abrem sorrisos largos e fazem careta para a câmera, ainda pilhados por mais um show bem-sucedido. Numa das fotos, Flea está segurando um ornamento natalino da paz diante da câmera enquanto os demais fazem o sinal da paz (ou seriam chifrinhos?) atrás dele. Em outra, Hillel está sussurrando alguma coisa certamente sarcástica ao ouvido de Anthony. Quando as fotos saíram na edição de novembro da revista, ficou aparente que "a banda de rock de *bad boys* mais braba do Sul da Califórnia" conhecia o público alvo. "Quando nossa amiga Lynda Burdick disse a eles que era para a IN TOUCH, lá se foram as camisas e os cintos", diz a legenda. "Obrigado, caras. Vocês são os melhores."*

Um dia depois da estreia das "meias no pau", o Red Hot Chili Peppers toca no Music Machine, no Pico Boulevard. 4 de julho de 1983. (Foto: Fernando Mallory)

---

* Burdick pode ter feito mais uma foto de Flea e Anthony no palco nesta noite, que ressurgiu na internet em baixa resolução. (N. do A.)

SHOW Nº 18

18 DE JULHO DE 1983

Club Lingerie, Sunset Boulevard, 6507, Hollywood, CA

NUMA TURNÊ RELÂMPAGO pelos Estados Unidos para promover seu novo álbum, o Bad Brains tocou em Detroit, New Orleans e Chicago antes de chegar a Los Angeles para este show em 18 de julho, uma segunda-feira. A banda de D.C. não levou uma atração de abertura para acompanhá-la, como a maioria dos artistas faziam em turnê, preferindo contar com nomes locais a cada parada*. E foi em Los Angeles que o Chili Peppers teve essa oportunidade, graças à fita demo e a Brendan Mullen.

Mesmo numa comunidade musical bem unida, geralmente a primeira vez que uma atração de abertura vê a banda principal, seja ela lendária ou não, é no show. Talvez esse primeiro encontro se dê em um ou outro momento breve, num camarim qualquer no *backstage*. Mas não foi assim para Flea. Na manhã de 18 de julho, ele se recordaria posteriormente, "eu estava surtado lá no meu canto, praticando baixo em casa, esperando,

---

* O Beastie Boys, ainda na fase inicial punk, abriu para eles em Nova York, no dia 13 de julho. (N. do A.)

SHOW Nº 18: 18 DE JULHO DE 1983

pensando e repensando como uma criança, meudeusdocéu, a gente vai tocar com o Bad Brains hoje à noite". Porém, esse canto ficava no Leland Way (ou Beco da Maconha, como chamavam os locais), logo na esquina do Club Lingerie, e, pela janela, ele avistou o vocalista do Bad Brains, H.R., "vindo pela rua para comprar erva. Caralho, como foi que ele adivinhou tão rápido onde ficava o movimento?". Mas ao invés de ficar tímido em se apresentar, Flea lhe ofereceu maconha de seu próprio suprimento: "Chapamos juntos e então tocamos à noite, e foi muito incrível".

Foi muito incrível, de fato, como mostra a gravação da noite. A segunda existente da banda no palco, foi feita por um desconhecido em meio ao público e disponibilizada online em algum momento de meados dos anos 2000. A gravação começa quando o Chili Peppers já está tocando "Green Heaven", a provável terceira música da noite*. Com a faixa já iniciada, não há registro do *talk box* de Hillel, se é que houve, mas seu solo de guitarra convencional (e fantástico) ao final parece implicar que o equipamento não foi usado.

Depois de um improviso de Anthony, incluindo alguns versos da introdução de "Nevermind" (que apareceria na íntegra mais tarde), "Baby Appeal" é a próxima, no primeiro registro dessa canção e possivelmente sua estreia ao vivo. Em termos de estrutura, é basicamente a mesma registrada em *The Red Hot Chili Peppers* no ano seguinte, embora as passagens instrumentais durem alguns compassos a mais.

Após um trocadilho charmoso de Flea ("Esta música é muito diligente!"), vêm os 11 segundos de "You Always Sing the Same". Em seguida, enquanto a banda afina os instrumentos, o público se diverte por conta própria, pedindo "Fire". Talvez não fosse a coisa mais sábia a se gritar num salão lotado (ainda que só pela metade, como parecia ser o caso).

---

* "Out in L.A." e "Sex Rap", muito provavelmente a primeira e a segunda, não constam na gravação. Porém, há uma pequena possibilidade de a banda ter feito um *set* mais curto, sem essas duas. (N. do A.)

A próxima é "Get Up and Jump", e, mais uma vez, Anthony parece se perder na cacofonia lá pela metade, mas, fora isso, a música soa praticamente igual à gravação demo de dois meses antes. Por algum motivo, uma versão do tema de *A Família Buscapé*, da CBS, acompanhado de beatbox, vem na sequência. Como já fazia 12 anos que o seriado saíra do ar, não fica totalmente claro por que a banda o tocou; se havia uma razão, não está óbvia na gravação. Porém, não seria a única vez que o Chili Peppers tiraria algo assim do nada; ao longo do ano de 1986, o grupo frequentemente abria os shows com o tema de *Rocky*. Assim como a maioria das piadas internas, para quem está de fora não é tão engraçado, mas o objetivo é exatamente esse.

Depois do *cover* televisivo, vem "Nevermind" de fato, e, ao final, a banda sai do palco e retorna para o bis com "Fire". Por se tratar de uma abertura, compreensivelmente as meias não entram em cena.

O show do Chili Peppers tinha terminado, mas não o seu tempo no palco. Num sinal de boa vontade, talvez oriundo da maconha compartilhada por Flea mais cedo, ou talvez apenas uma demonstração da natureza benevolente da banda principal, o "Red Chili Peppers" é convidado de volta ao palco para uma *jam* ao final do *set* do Bad Brains[*].

O que vem a seguir são algumas *jams* soltas – guitarras de reggae, um *lick* aqui e ali e uma batida consistente sobre o baixo *slap* de Flea – que não impressionam muito nem inspiram o ouvinte tanto quanto poderiam, ou deveriam, considerando-se o calibre dos músicos no palco. O público parece prestar atenção por educação; porém, em dado momento, a fita captura alguém que murmura para um amigo: "Você ainda quer ficar muito aqui?".

No palco, entretanto, há alguns momentos interessantes. Enquanto Anthony faz raps e *scats*, à procura de algo para improvisar, fica evi-

---

[*] Também há a possibilidade de que, depois de dois *sets* curtos, eles tenham precisado preencher um pouco mais de tempo no palco para fazer valer o dinheiro do público. (N. do A.)

dente que ele recorre a alguns escritos que estavam frescos na cabeça. Um deles é o verso dos golfinhos de "Green Heaven", provavelmente familiar para o público – ou pelo menos para quem estava ouvindo –, já que a banda tinha tocado a música apenas uma hora antes. Há também alguns trechos de uma canção que Anthony e Flea tinham feito recentemente para Nina Hagen.

Depois de se conhecerem em março num dos primeiros shows do Chili Peppers, no Cathay de Grande, Hagen e Anthony tiveram um relacionamento físico por cerca de um mês, que esfriou após o namorado mais sério dela voltar de uma viagem. No entanto, uma relação platônica se manteve, e, em algum momento ao longo da primavera, ela pediu a Anthony que escrevesse uma canção para incluir no seu próximo álbum, que seria gravado naquele outono.

Sete anos mais velha do que ele, Hagen era uma experiente "alma sábia" e foi uma espécie de mentora para Anthony; a exposição dele ao seu estilo de vida e a uma visão de mundo imensamente diferente o levou a muitas mudanças. O mantra dela de doar itens valiosos, caros ou até estimados no intuito de tornar o mundo um lugar melhor ressurgiria mais tarde como a gênese para a faixa "Give It Away", de *Blood Sugar Sex Magik*, de 1991[*].

A música de Hagen, escrita por Flea e Anthony no início do verão, foi intitulada "What It Is"[**]. Alguns dos temas presentes na letra de Anthony para "Green Heaven" ressurgem aqui, um tanto quanto refinados pela in-

---

[*] Hagen provavelmente estava na cabeça de Anthony naquele ano por causa da faixa "Nina 4 President", do álbum de 1991 da alemã, *Street*, que incorporava versos de "What It Is", o que lhe rendeu crédito como compositor. (N. do A.)

[**] A julgar pela presença da música na reedição de 2003 do álbum de estreia da banda, a composição também recebeu o título provisório de "Nina's Song". (N. do A.)

fluência da cantora[*]: "*People have to know that it's not about Money, cash is not the way to make your life sunny.*"[**]

Uma demo, gravada numa *boombox* na noite em que a música foi composta, só com o baixo *slap* de Flea como acompanhamento, foi lançada em 1994 na compilação *Out in L.A.* "Anthony e eu passamos a noite acordados, compusemos e gravamos em plena madrugada com o toca-fitas para mostrar a Jackie e Hillel naquele dia", recordou-se Flea nas notas do encarte. Eles provavelmente gravaram muitas demos desse jeito que, infelizmente, ainda não viram a luz do dia, se é que ainda existem.

Não se sabe ao certo qual era o plano imediato para a música: se o restante da banda chegou a trabalhá-la como uma composição completa do Red Hot Chili Peppers, ou – a alternativa mais provável – se foi exclusivamente feita para a cantora e dada direto para ela. A banda chegou a gravar uma versão com Hagen no vocal em meados do verão, bem na época deste show. Infelizmente, o instrumental do Chili Peppers foi removido de última hora pelo produtor Keith Forsey, que "queria algo bem limpo". Karl Rucker substituiu Flea no baixo, Steve Schiff refez a guitarra de Hillel, e a bateria de Jack foi trocada – para o horror deles – por uma bateria eletrônica. Embora a demo da banda seja anterior a essa gravação e Anthony não esteja presente, ainda é um registro antigo da formação original do Red Hot Chili Peppers que até hoje segue inédito e procurado[***]. A música, obviamente ainda fresca na cabeça de Anthony, é apresentada no palco nesta noite e reapareceria pelo menos mais duas vezes nos meses seguintes.

---

[*] Não só os temas de "Green Heaven" ressurgem, como parte da letra também. O que Anthony planejava fazer se ambas as músicas se tornassem clássicos do Chili Peppers não está claro. Parece que ele não pensava tão adiante assim. (N. do A.)

[**] "As pessoas têm de saber que não se trata de dinheiro, grana não é o jeito de tornar a vida ensolarada."

[***] O álbum de Hagen, *Fearless*, foi lançado em novembro de 1983 e chegou à 151ª posição na Billboard 200. O Chili Peppers é citado várias vezes nos agradecimentos do disco. (N. do A.)

O entretenimento da noite ganhou uma resenha de Richard Cromelin no *Los Angeles Times*, na qual o Chili Peppers é mencionado pela primeira vez no jornal da cidade sem ser num anúncio de show. A banda, disse Cromelin, "foi ótima ao tocar seus *riffs* quentes e tensos à la James Brown, não tão ótima nas brincadeiras. As macaquices adolescentes entre uma música e outra pareciam divertir a eles e alguns dos presentes, mas é melhor entrarem na linha se esperam impressionar públicos ainda não convertidos". Para o crédito da banda, a gravação mostra que as macaquices foram razoavelmente contidas, exceto pelo tema de *A Família Buscapé*, e parece que Cromelin estava apenas enchendo linguiça ao repetir o que outros já tinham escrito: a referência a James Brown foi tirada diretamente do anúncio de um show anterior da banda*.

Em outro momento do texto, Cromelin nota a relativa timidez do público (detalhe que fica evidente na gravação) e se pergunta se isso seria o resultado da passagem do Bad Brains para um estilo mais próximo do reggae ou do fato de o limite de idade de 21 anos estabelecido pelo Club Lingerie ter reduzido o número de punks presentes**. A segunda hipótese teria sido um problema para metade da banda, uma vez que Jack Irons celebrou seu 21º aniversário exatamente na data, deixando só Anthony e Flea na faixa dos menores de idade. Mas essa restrição não pareceu afetá-los negativamente. Eles já tinham tocado em clubes em várias ocasiões, e, na pior das circunstâncias, os donos das casas só lhes faziam esperar do lado de fora até chegar a hora de subir ao palco.

Depois que as duas bandas acabaram o show e guardaram os instrumentos, o DJ e músico japonês Hisao Shinagawa voltava a tocar dis-

---

* Nas notas, a fonte que o autor cita para este anúncio é datada de um dia depois da publicação da matéria de Cromelin. Agora, não sabemos exatamente o motivo dessa afirmação. (N. do T.)

** Talvez tenha algo a ver com o show ter acontecido numa noite de segunda-feira, mas não se tratava exatamente de um pessoal com empregos fixos diários. (N. do A.)

cos de reggae para encerrar a noite. O Chili Peppers, por sua vez, foi beber no salão amplo e de tijolos à vista que servia como pista de dança. Mark Richardson, amigo de Blackie Dammett, abordou Anthony ao perceber que sua oportunidade chegara. "No Lingerie, conheci um cara de Atlanta. Um baixista alto, com pinta de roqueiro, que me abordou e perguntou quem era meu empresário", recordou-se Anthony. "'Você está olhando pra ele', respondi." Depois de evidentemente ter desistido de empresariar a banda, Richardson estava lá para apresentá-los a Lindy Goetz, que vinha esperando para ver o grupo de novo desde aquela noite no Kit Kat Club. Os relatos divergem: ou Goetz esteve lá sozinho e sugeriu que a banda o visitasse em seu escritório no Ventura Boulevard no dia seguinte, ou foi Richardson quem fez a sugestão, na ausência de Goetz. Qualquer que tenha sido o caso, Anthony, extasiado por essa chance ter caído em seu colo, concordou com a reunião e saiu pela noite.

No dia seguinte ou pouco depois, Flea e Anthony percorreram 24 km ao norte até o Vale de San Fernando, onde ficavam os escritórios da Ziponki Enterprises, de Goetz. Os dois podem ter ficado surpresos (ou considerado algo fortuito) ao descobrir que a empresa ficava a apenas alguns números do The Plant, no Ventura Boulevard, 12400; a essa altura, o show de 4 de agosto na casa já poderia estar marcado. Nem Hillel nem Jack aparentemente foram a essa reunião formal. Dito isso, dos quatro membros da banda, o baixista e o vocalista eram os dois que, pelo menos em retrospecto, pareciam conduzir as coisas. Hillel (que, como Anthony apontou, sumia sempre que arrumava namorada) e Jack já tinham sua outra banda, que tocaria no Music Machine pela primeira vez em 21 de julho, ao lado do "avant-ska" Skanksters*. Para

---

* Este show foi filmado pela emissora de TV Channel 7, sendo transmitido na semana seguinte no programa *Goodnight L.A.*, dedicado a artistas locais. Infelizmente, a gravação parece não ter sobrevivido. (N. do A.)

SHOW Nº 18: 18 DE JULHO DE 1983

Flea, sua posição no FEAR, que voltaria a tocar no início de agosto, não a tornava *sua* banda, pois ele simplesmente era o baixista que tocava as partes de outra pessoa. Some-se a isso o fato de Flea e Anthony morarem juntos, sendo compreensível que eles – e apenas eles – tenham ido ao encontro de Goetz naquele dia quente de verão.

"Naquela tarde fumamos um baseado, cheiramos uma ou duas carreiras de pó e contamos histórias", lembrou Anthony. Os artistas e seu possível empresário já estavam no mesmo nível. Embora Goetz fosse 15 anos mais velho do que o restante do grupo, não havia ali uma relação exageradamente paternal, apesar do papel de figura paterna que Goetz acabaria assumindo na vida deles – na de Anthony em especial, quando seu uso de drogas saiu do controle. Neste momento, eram apenas três homens jogando conversa fora e compartilhando do seu amor pelo Ohio Players, cujos discos decoravam a parede do escritório de Goetz. (A banda valorizou essa conexão, afinal, eles citavam o Ohio Players a cada performance de "Out in L.A.".)

Em retrospecto, Flea e Anthony não pareceram se dar conta, na época, de que os planos de Goetz tinham saído dos trilhos, de que talvez ele precisasse da banda mais do que a banda precisava dele. Porém, apesar de suas "piadas bem ruins", ele foi amigável e parecia alguém com quem eles poderiam trabalhar de bom grado. Se Goetz fosse mais careta – se a cocaína não tivesse saído da gaveta –, as coisas poderiam ter sido bem diferentes. Caso não tivessem "de fato gostado muito de Lindy", teriam dispensado sua oferta. Da forma como aconteceu, viram potencial e oportunidade de forma mútua e, talvez o mais importante, a possibilidade de uma amizade verdadeira.

Goetz perguntou a eles se estariam dispostos a chegar a um acordo empresarial, prometendo que lhes conseguiria um contrato de gravação em seis meses. Flea e Anthony pediram um momento a sós. Seria a primeira vez que uma decisão tomada por eles em relação à banda teria uma consequência real e duradoura. Um show discreto aqui e ali, marcado com um aperto de mão, era fácil, bem como uma gravação demo da qual eles tinham todos os direitos. Agora Goetz estava sugerindo que assinassem e oficializassem um contrato de vínculo.

Flea pensou numa espécie de teste decisivo. Se Goetz concordasse em levá-los para almoçar, o deixariam gerenciar a banda.

"Ganhamos porco agridoce e um novo empresário."

SHOW Nº 19

25 DE JULHO DE 1983

Music Machine, West Pico Boulevard, 12220,
Los Angeles, CA

O RED HOT CHILI PEPPERS retornou ao Music Machine, no West Pico Boulevard, poucos dias depois de o What Is This ter agraciado o palco da casa. Eles haviam tocado com o Psychobud, grupo de new wave e synthpop de Orange County, liderado por Joseph Marx, que lançaria um EP de estreia autointitulado no ano seguinte, e o Citizen Smith, mais uma banda que parece ter existido por apenas um show; não há registro dela em nenhum outro lugar.

O Chili Peppers (e o Blood on the Saddle, que se apresentava com eles pela segunda vez no mês) foi possivelmente uma substituição de última hora de uma banda parecida em nome, mas não em som: a pós--punk Chill Factor. Junto ao grupo surf Ten Foot Faces, o Chill Factor não é mencionado no *flyer*, mas apareceu em anúncios de jornal dos dias que antecederam o show[*]. Um exemplo da natureza casual da cena, essas

---

[*] Pode ter sido o contrário, com o Chill Factor e o Ten Foot Faces substituindo o Red Hot Chili Peppers e o Blood on the Saddle. É claro, há também a possibilidade de não ter havido nenhuma substituição e de que todas as bandas tenham tocado. Era frequente grupos serem deixados de fora de anúncios por falta de espaço ou de renome. (N. do A.)

trocas de último minuto não eram incomuns, porém, por sorte, raras ao longo do ano. Infelizmente, nenhuma outra lembrança do show ressurgiu. Entretanto, há uma pequena possibilidade de que as fotos feitas por Fernando Mallory e Lynda Burdick na apresentação de 5 de julho no Music Machine tenham sido tiradas, na verdade, nesta noite, com algumas semanas de distância.

SHOW Nº 20

31 DE JULHO DE 1983

Al's Bar, Traction Street, 712, Los Angeles, CA

SE HOUVESSE UMA LISTA DAS CASAS de Los Angeles onde uma banda novata precisasse tocar para ganhar reconhecimento, o Chili Peppers teria atingido a meta em poucos meses. Eles conseguiram tocar na maioria delas com uma considerável facilidade. Provavelmente não era intencional, não havia um plano de verdade. Tem mais a ver com a banda ser simplesmente empolgante, barata e bem relacionada, fatores que ficaram evidentes ao terem chegado a diversas casas da cidade sem grandes esforços. Este show foi o primeiro e único que fizeram no Al's Bar.

Já lendário em 1983[*], o Al's Bar se encontrava no térreo do American Hotel, no centro de Los Angeles. Originalmente chamado The Canadian, o hotel, construído em 1905, foi o primeiro da cidade a receber hóspedes afro-americanos. No ano seguinte, um dos únicos policiais negros de L.A. da época, Berry Randolph, se aposentou da polícia para ser gerente do estabelecimento. Porém, apesar dos maiores esforços de Randolph,

---

[*] Em seu livro de memórias, Anthony admite ter sido exposto ao uso de heroína de verdade no Al's Bar em 1981. (N. do A.)

ao longo da década seguinte o hotel e o café do térreo, o Golden West, caíram na infâmia e fecharam depois de uma série de artigos devassos (e falsos) ser publicada no *Los Angeles Record,* alegando que orgias "velozes e furiosas" aconteciam no *"rendezvous* dos negros". A relação infeliz com o racismo institucional não parou por aí; na década seguinte, após reações impulsivas à imigração culminarem numa lei que proibiu a imigração asiática em 1924[*], um empreendedor japonês chamado Kintaro Asano assumiu o hotel – bem no meio do que hoje se conhece como Little Tokyo – e promoveu hospedagem para outros imigrantes japoneses[**].

O prédio – seu uso e seus ocupantes – mudou frequentemente com o passar dos anos, mas se manteve ligado intimamente à população japonesa de Los Angeles e aos residentes negros. Depois do ataque a Pearl Harbor em 1941, essa população japonesa acabou em campos de confinamento, sendo substituída no hotel pelas famílias negras. Vários restaurantes se instalaram no espaço do térreo até Alfonso Vasquez abrir o Al's Bar, em 1973. No final dos anos 1970, o multitalentoso artista Marc Kreisel assumiu o hotel *e* o bar, mantendo o nome Al's Bar até seu fechamento, em 2001.

A nova fase do prédio foi pensada como uma fonte de renda não apenas para Kreisel, mas para a população artística como um todo. Foi desenvolvida especificamente para conduzir dinheiro de volta à comunidade, um lugar "criado por artistas para ser frequentado por artistas", como disse Jack Marquette – e o espírito de comunhão artística se refletia na festa conhecida como Theoretical.

A Theoretical surgiu das cinzas da Brave Dog, encerrada de vez em 1982 e palco de vários shows do Anthym antes da mudança de nome

---

[*] E restringiu a imigração do Leste Europeu e da Europa Meridional. (N. do T.)

[**] Nem toda a história do prédio é infeliz; no início dos anos 1910, o Golden West foi local de alguns dos primeiros shows de jazz em Los Angeles. (N. do A.)

SHOW Nº 20: 31 DE JULHO DE 1983

para What Is This. Foi também onde os membros do Chili Peppers conheceram Gary Allen e Joel Virgel-Vierset, entre muitos outros novos amigos. Depois do fechamento, na esperança de que um evento similar pudesse surgir, Jack Marquette deu a lista de contatos exclusiva de membros da Brave Dog para Jim Van Tyne para que ele pudesse começar uma nova festa – os dois ainda viriam a colaborar juntos no Anti Club. A Brave Dog era, em teoria, uma festa privada cujo único acesso era por convite, enviado pelo correio num cartão postal pouco tempo antes. Isso nem sempre funcionava para manter as coisas no privado; também não ajudava o fato de eles divulgarem os shows com antecedência em jornais.

Junto ao diretor de arte John Barr, Marquette e Van Tyne tiraram o nome do grupo de drag queens de São Francisco Theoretical Girls e deram a primeira festa em 25 de julho de 1982, num bar gay BDSM em Silverlake chamado One Way. O primeiro show contou com o Age of Consent, cujos membros David Hughes e John Callahan foram DJs no primeiro show do Red Hot Chili Peppers com este nome, em março. As festas continuaram até o ano seguinte, chegando à comemoração do primeiro aniversário da Theoretical, realizada no Al's Bar em 31 de julho. Pelo menos uma dessas festas já tinha acontecido no Al's, chocando a gerência, que pensava que um evento "para caras gays" seria "simpático e calmo", mas evidentemente não foi o caso.

Neste dia, tocou também o Necropolis of Love, banda de synthpop formada em Berkeley em 1981 que se descrevia como "disco music hostil". Ela foi convidada a vir de São Francisco especificamente para a Theoretical. Depois de fazer um show no Lhasa Club na noite anterior, o grupo seguiu à tarde para o Al's e se perdeu no caminho, cruzando infinitamente o rio Los Angeles, cujos famosos viadutos eles já tinham visto em inúmeros seriados de TV e filmes de Hollywood. "Não parávamos de cruzar os viadutos na tentativa de encontrar onde precisávamos chegar", recorda-se o tecladista e vocalista David Velasquez. "Fitamos um amontoado de edifícios... de repente, olhamos para cima e vimos um daqueles aviõezinhos Cessna que parecia ter sido pregado na lateral de um dos prédios. Logo concluímos que era para lá que deveríamos ir."

Estavam certos. Numa das paredes laterais do American Hotel havia um Cessna 150 todo pintado, instalado ali pelo escultor e artista Dustin Shuler, que intitulou a obra *Pinned Butterfly* ["Borboleta Pregada"][*]. Com o Chili Peppers já na casa, as duas bandas passaram o som – de forma rudimentar, já que se tratava de um clube com o mais simples sistema de som e um palco minúsculo. Velasquez se recordou dos Chili Peppers como "caras muito amigáveis" e que um deles, talvez Jack, estava usando uma "peruca loira engraçada" ao chegar.

O terceiro grupo a tocar era o Jes Grew, dupla formada por William "Skip" King e seu namorado, Jet Compton, numa apresentação de estreia após o desafio feito por Jim Van Tyne. King e Compton já tinham ido a várias noites Theoretical, e, em todas as vezes, Van Tyne lhes pedia que formassem uma banda para a festa. "Sempre deixávamos para depois, até que um dia ele perguntou: 'Como seria o nome da banda de vocês?'" Após pensar um pouco, Compton respondeu "Jes Grew", termo usado pela primeira vez em *Mumbo Jumbo*, romance de Ishmael Reed de 1972, para dar um nome consolidante à influência negra na cultura norte-americana dos anos 1920.

Absolutamente nada musicais, King e Compton não conseguiram evitar o desafio por muito mais tempo e, "de repente, mais ou menos uma semana depois, lá estávamos nós para abrir o show". Não foram muito bem recebidos – "Esvaziamos o salão, só ficaram duas pessoas"[**] –, mas essa primeira performance foi divertida o suficiente para que a dupla se apresentasse mais seis vezes até jogar a toalha em 1985.

---

[*] Instalado em 1982, o avião se manteve ali até 1986. (N. do A.)

[**] Uma delas era Alex Gibson, que participou da trilha sonora de *Suburbia* e mais tarde seria muito consagrado em Hollywood, vindo a ganhar, em 2018, um Oscar de Melhor Edição de Som por seu trabalho em *Dunkirk*, de 2017. (N. do A.)

SHOW Nº 20: 31 DE JULHO DE 1983

Flea, Anthony e Jack em pleno voo no Al's Bar, na Traction Street, para uma festa Theoretical. 31 de julho de 1983. (Foto: Rob Allen)

Depois da apresentação do Jes Grew e do Necropolis of Love, o Chili Peppers pulou para o palco e fez o que sabia fazer. Segundo todos os relatos, foi um ótimo show, com o astral nas alturas. Teve até uma certa cenografia: Skip King lembra-se de Anthony sacar um baralho com cartas decoradas com homens nus (sabia bem quem era seu público) e as arremessar para a plateia, que foi à loucura. O outro objeto cenográfico era o rosto de Rod Serling.

Serling, apresentador e roteirista de *Além da Imaginação*, era o tema visual desta edição da Theoretical. Sem hoje poder se especificar qual era o motivo, se é que havia um, o fato é que o rosto de Serling aparecia num dos lados do convite da festa e havia bonecos de papelão gigantes seus espalhados por todo o Al's Bar. Em dado momento, Flea e Anthony fizeram uma máscara assustadora com a cabeça de um desses bonecos e a usaram no palco.

Sabemos disso graças a Rob Allen, figura carimbada da cena que esteve na maioria dos eventos da Theoretical e capturou a banda em alta fidelidade em várias fotografias. Ficam evidentes nas imagens de Allen as escolhas interessantes de figurino: o boné de Anthony com uma única palavra estampada, de algum modo relacionada ao pai – Dammett –, e sua velha camisa regata do Steely Dan da época de *Aja*. A indumentária, porém, não dura muito. Flea está sem camisa desde a primeira nota, enquanto Anthony, o Adônis musculoso, deixa o público ainda mais animado ao tirá-la depois de poucas músicas.

No ombro esquerdo de Flea, vemos sua recente tatuagem, a primeira de muitas feitas pelos membros da banda que se tornariam notórias – de forma justa ou não. A primeira tatuagem do baixista tinha sido um pequeno sorriso no ombro direito, que lembrava seu próprio semblante com diastema. Não se sabe ao certo quando esta foi feita, mas se pode vê-la em fotos tiradas no Anti Club em abril, então provavelmente foi no final de 1982 ou início de 1983, talvez mais ou menos na época em que ele entrou para o FEAR.

A tatuagem nova era um retrato de Jimi Hendrix executado por Bob Roberts, dono do renomado estúdio Spotlight Tattoo, na Melrose Avenue. Roberts, que tatuou muita gente da cena ao longo de vários anos, mais tarde faria a famosa tatuagem do asterisco (futuro logotipo da banda) no pulso de Anthony. Não se pode afirmar ao certo quando Flea fez a tatuagem do rosto de Jimi, mas ele ainda não a exibia numa foto tirada em 4 de julho, então deve ter sido em algum momento desse mês[*]. Rick

---

[*] Será que há, talvez, uma conexão entre o ano em que Flea fez essa tatuagem e a música do Jimi Hendrix Experience que se passa nesse mesmo ano, "1983... (A Merman I Should Turn to Be)"? (N. do A.)

SHOW Nº 20: 31 DE JULHO DE 1983

Cox, que, na época, morava no American Hotel, acima do Al's Bar, esteve no show e se lembra de Flea exibir a tatuagem na rua em frente ao lugar, então provavelmente era bem recente.

Embora as fotos maravilhosas de Rob Allen tenham sobrevivido, infelizmente não há nenhuma gravação em áudio, nem pistas sobre algum *setlist* em potencial, então só podemos chutar o que a banda tocou naquela noite. Todos os sinais apontam para uma seleção idêntica, ainda que talvez numa ordem diferente, do *set* de 18 de julho.

SHOW Nº 21

4 DE AGOSTO DE 1983

The Plant, Ventura Boulevard, 12446, Studio City, CA

AGOSTO TROUXE À BANDA MAIS UM SHOW no The Plant, o segundo de três naquele ano, desta vez como *headliners*. As bandas de abertura foram Tex and the Horseheads e Tupelo Chain Sex. Craig Lee, que escrevia regularmente para o *LA Weekly* e fazia resenhas de música para o *Los Angeles Times*, discotecou entre os shows.

No dia seguinte, Hillel e Jack tiveram um *déjà vu*, já que o What Is This tocou no mesmo lugar, abrindo para o Choir Invisible, grupo que durou pouco e sairia de cena antes do final de 1984. O FEAR também andava ocupado, com dois shows em São Francisco, em 5 e 6 de agosto, ao lado do Circle Jerks, além de mais um em Los Angeles, no dia 7, para um Sunday Club de Bob Forrest em seu novo endereço, o Cathay de Grande. Esta performance do FEAR foi um show secreto não-tão-secreto – secreto no sentido de que a banda se apresentou sob o nome The Fighting Cocks, e não tão secreto pois os rostos dos integrantes estavam estampados em todos os *flyers* e dicas tão sutis quanto as letras de Lee Ving foram publicadas em jornais locais nas semanas anteriores. Essa sequência de apresentações foi talvez a mais movimentada que os quatro membros do Chili Peppers

SHOW Nº 21: 4 DE AGOSTO DE 1983

fizeram no ano inteiro: seis shows em sete dias, entre três bandas e duas cidades diferentes. Se havia qualquer necessidade de provar ao mundo que esses quatro encaravam a sério uma carreira na música, embora fosse improvável que houvesse, os acontecimentos dessa semana serviriam.

E não foi só isso. Na sexta-feira, 12 de agosto, Anthony e Flea acompanharam Nina Hagen ao clube FM Station, em North Hollywood, onde ela foi a atração principal de uma noite de *break dance* e rap organizada pela revista *Funk*. Segundo uma reportagem sobre o evento no *LA Weekly*, Hagen dublou duas músicas e bateu em retirada depois que alguém jogou uma bebida nas pick-ups. Não se sabe se a dupla a acompanhou no palco, mas a reportagem menciona "What It Is", gravada recentemente pela cantora. "What It Is" seria em breve apresentada ao vivo novamente, então há uma chance de o trio tê-la mostrado ao público nesta noite, caso tenha havido oportunidade de ensaiá-la.

Como se a agenda atual já não estivesse cheia o suficiente, o *LA Weekly* deu a notícia de que Flea planejava colaborar com os irmãos John e Dix Denney, da seminal banda punk The Weirdos. O grupo (cujo baterista não temos ideia de quem seria) nunca se manifestou para além dessa breve menção, mas uma conexão com os Weirdos, Dix em específico, se provaria útil em poucos meses.

O Red Hot Chili Peppers pode ter feito outro show dentro desse período, mas não há confirmação. Em seu livro de memórias, Blackie Dammett escreve que, em julho ou agosto, ele viajou "para o norte com a banda para abrir para o Bad Brains no Warwick Theater, em São Francisco". O Bad Brains de fato tocou em São Francisco no dia 21 de julho – três dias após o show no Club Lingerie, em Los Angeles, com o Chili Peppers – com três bandas locais de nomes bem "alegres": Personality Crisis, Executioners e Firing Squad*. Porém, a apresentação ocorreu

---

* Em traduções literais, "Crise de Personalidade", "Carrascos" e "Esquadrão de Fuzilamento". (N. do T.)

num clube punk clássico chamado On Broadway, não no Warwick Theater que, aliás, não existe. Dammett provavelmente se referia ao *Warfield Theatre*, clube de rock localizado a uns 2,5 km do On Broadway.

Não surgiram mais evidências para confirmar que o Chili Peppers teria feito um show em São Francisco nessa época; se fez, foi convidado de última hora e o nome da banda não chegou aos *flyers* ou anúncios de jornal. Flea talvez tenha mencionado isso num post de 2019 no Instagram: "Me lembro da primeira vez que os red hots tocaram fora de la em 1983, fiquei pra lá de empolgado. Dirigimos até São Francisco e tocamos no clube I-Beam". *[sic]* O I-Beam era outro local frequentado por bandas punk. O erro é compreensível, mais ou menos como confundir um show no Cathay de Grande com um no Club Lingerie após décadas e com milhares de outros shows nublando a memória.

Entretanto, não há nenhuma outra menção em nenhum outro lugar – como a autobiografia de Anthony ou qualquer outro livro sobre a banda – ao show a que Flea se refere, tampouco existem *clippings* ou *flyers* que confirmem sua ocorrência. E, como teria sido o primeiro show da banda fora de Los Angeles, é possível imaginar que valeria a pena escrever a respeito dele, ou que pelo menos fosse lembrado com especificidade nos anos seguintes. A primeira apresentação da banda em São Francisco a ser gravada aconteceu em outubro *de 1984* – no I-Beam, que pode ser a performance mencionada por Flea, apenas um ano depois do que ele se lembrava. Do mesmo modo, o grupo realmente fez vários shows no Warfield Theatre nos anos seguintes – tendo aberto para o Run DMC lá em 1985 –, o que pode ter sido a origem da citação de Dammett.

Se o Chili Peppers *de fato* abriu para o Bad Brains em São Francisco na turnê de 1983, não há confirmação existente hoje de que houve esse show. Dammett pode estar equivocado em suas lembranças, ou talvez tenha errado o local ou a data de uma apresentação que realmente

SHOW Nº 21: 4 DE AGOSTO DE 1983

aconteceu. Da mesma forma, é possível que Flea esteja enganado ao se recordar de um show de 1983 que, na verdade, foi realizado em outubro de 1984.

Também é possível que a apresentação tenha existido e todos os seus rastros escaparam às fontes contemporâneas. Por ora, trata-se de uma performance da qual não há confirmação.

SHOW Nº 22

13 DE AGOSTO DE 1983

Pomona Valley Auditorium, West Third Street, 235, Pomona, CA

DE GARY ALLEN AO MINUTEMEN, passando pelo Bad Brains e o Oingo Boingo, o Chili Peppers dos primórdios conseguiu abrir para uma admirável variedade de artistas. Esses dois shows com o Oingo Boingo – um no Pomona Valley Auditorium e outro quatro dias depois, no Universal Amphitheater – talvez fossem os mais notáveis até então, sendo certamente aqueles com maior público.

Seria de se presumir que essas oportunidades de abertura foram resultado do acordo recém-firmado por eles com Lindy Goetz. Afinal, o Oingo Boingo era uma banda famosa e consagrada, ainda que num selo independente, cujos shows eram de um prestígio que poucos recusariam. Por que outro motivo uma turma de zé ninguéns alucinados conseguiria esse posto se não pela intervenção de um profissional experiente como Lindy Goetz? Entretanto, elas na verdade resultaram da relação de Flea com o trompetista do Oingo Boingo, Dale Turner, e o tecladista, Richard Gibbs, que convidaram o grupo para a abertura. Flea frequentava os ensaios do Oingo Boingo, deixando Turner e Gibbs impressionados

SHOW Nº 22: 13 DE AGOSTO DE 1983

com sua energia e talento. O Chili Peppers recebeu o convite apenas algumas semanas antes dos shows e somente para duas datas, de quatro que o Oingo Boingo cumpriria na cidade naquela semana – as Bangles abriram no dia 18 de agosto, e o X no dia 20, no Pacific Amphitheater, em Costa Mesa.

Em agosto de 1983, o Chili Peppers já tinha cruzado caminhos com o Oingo Boingo diversas vezes. O Anthym tocou antes deles na Orange County Fair em 1980, e, um ano depois, o novíssimo What Is This abriu para o grupo no Reseda Country Club, na turnê do álbum de estreia. O FEAR também foi a atração de abertura para o Oingo Boingo em dezembro de 1982, uma semana antes do primeiro show do Red Hot Chili Peppers, naquela noite caótica em Long Beach. Os Neighbors Voices, amigos do Chili Peppers, também abriram para o Oingo pelo menos uma vez, em 1981. E a lista não para por aí.

A história do Oingo Boingo é longa e complicada, caindo como uma luva para seu som singular. Originalmente uma trupe de teatro de rua chamada The Mystic Knights of the Oingo Boingo, o grupo já formado recebeu, em 1974, o músico Danny Elfman, que rapidamente se tornou seu líder. Depois de várias mudanças de formação e estilo, a banda foi reformada como Oingo Boingo em 1979 e lançou uma série de EPs bem recebidos e o álbum de estreia, *Only a Lad*, em 1982. Uma mistura de ska, punk e comédia, o Oingo Boingo tinha oito integrantes e não parecia exatamente o tipo de grupo que incendiaria a cena de Los Angeles. Porém, foi o que aconteceu, ainda que eles não tenham causado muito furor do ponto de vista comercial.

Infelizmente, embora abrir para o Oingo Boingo pudesse parecer uma bênção, a realidade era outra coisa – e Flea sabia disso por experiência própria. Já abrira para eles em três ocasiões em anos consecutivos (com duas bandas diferentes), e, em todas elas, o grupo com que ele tocou foi tratado com desdém e, às vezes, de modo plenamente abusivo pelo público, que parecia não ter interesse em nada que não fosse a atração principal. Ainda que o Oingo Boingo não pudesse de forma alguma ser considerado uma banda supremacista branca e não tivesse qualquer relação com essa cena, o Anthym foi açoitado com garrafas de cerveja por um grupo de neonazis na Orange County Fair em 1980, enquanto o FEAR causou meio que um tumulto quando tocou diante de outro público inquieto dois anos depois. E embora o FEAR possa ter se deleitado com o caos, o What Is This, menos intenso, provavelmente não gostou, ainda mais depois que Alain Johannes foi atingido na cabeça por uma garrafa de cerveja.

Será que a quarta vez seria a boa? ("Deverá ser um julgamento de fogo para o Chili Peppers", previu o *LA Weekly*, talvez antecipando avidamente o que estava por vir.)

Porém, se Flea tinha alguma esperança de que os fãs do Oingo Boingo tivessem mudado ao longo dos nove meses desde a última vez em que abrira para eles, isso foi rapidamente dissipado. Ele rememorou, vários meses depois, ter sido "um público new wave cruel". O Oingo Boingo raramente contava com atrações de abertura, então, quando *havia* uma de fato, a plateia ansiosa não aceitava muito bem sua banda favorita ser "atrasada" por algum grupo punk tosco do qual nunca tinham ouvido falar. E o Chili Peppers, com sua habitual apresentação exagerada, pode ter causado ainda mais fricção. Enquanto "vaias e objetos arremessados pelo público choviam sobre os músicos ao longo de todo o *set*", a banda tocava o melhor que podia. Entretanto, Flea, claramente farto desse tipo de tratamento depois de, agora, quatro shows lamentáveis de abertura para o Oingo Boingo, despediu-se do público baixando as calças.

Só podemos imaginar como essa estripulia foi recebida.

Este show foi o primeiro realizado no recém-batizado Pomona Valley Auditorium, que fora um cinema desde sua construção em 1923. Ou seja, o Chili Peppers teve a honra de ser a primeiríssima banda a tocar no novo lugar, já que fez a abertura. Infelizmente, como é o caso da maioria dessas performances da segunda metade do ano, não há fotos ou gravações existentes.

SHOW Nº 23

17 DE AGOSTO DE 1983

Universal Amphitheater, Universal City Plaza,
100, Los Angeles, CA

O RIGINALMENTE CONSTRUÍDO para que grupos de turistas pudessem assistir a um tiroteio de faroeste durante o tour da Universal Studios, o Universal Amphitheater foi, em pouco tempo, reaproveitado para receber shows de rock à noite, quando já não havia duelos de caubóis no palco. O local, logo ao norte de Hollywood, se provou altamente rentável para a Universal, mas a falta de um teto propriamente dito causava problemas sempre que havia um tempo inclemente. Uma reforma extensa foi iniciada em 1980 e concluída dois anos depois, aumentando a capacidade e trazendo proteção contra a chuva*.

Embora Anthony, em seu livro de memórias, tenha se esquecido ou simplesmente deixado de mencionar o show em Pomona Valley, alguns dias antes, mesmo assim parecia compreender a seriedade desta segunda noite e apreciar o bizarro presente concedido à banda: "Ali estávamos nós, sem contrato de gravação, com um repertório de dez músicas, e ía-

---

* O Universal Amphitheater é um lugar intimamente ligado ao Oingo Boingo; a banda tocaria lá dezenas de vezes ao longo da carreira, incluindo seu último show, em 1995. (N. do A.)

mos tocar para um público de quatro mil pessoas". Entretanto, isso não o impediu de quase arruinar o show antes mesmo de ele acontecer.

Como Blackie Dammett descreve em sua biografia, seu filho escalou o teto do anfiteatro e começou a "causar" antes do show. Anthony foi abordado pela polícia e talvez até detido ao enfim retornar ao chão, fazendo com que a segurança e a gerência do local cancelassem a participação do Chili Peppers. O líder do Oingo Boingo, Danny Elfman, e o *promoter* do show, Larry Vallon, tiveram de intervir para que a apresentação prosseguisse, sob a promessa de que Anthony se comportaria e seria mantido longe do bar do *backstage*.

Esse resgate de última hora não melhorou a recepção da banda quando entrou no palco com perucas de arco-íris e as "roupas mais malucas", lhe rendendo a mesma tempestade de vaias do show de Pomona. Houve mais situações de estresse; Flea estourou uma corda do baixo logo no início, e, na interrupção que se seguiu para que fosse trocada, Anthony e o restante da banda tiveram de improvisar o melhor que puderam. Porém, por nervosismo ou excesso de tensão, Flea estourou outra corda pouco depois, e o público não perdoou nas vaias enquanto grilos imaginários cantavam no silêncio entre elas. Nem tudo foi ruim. Blackie Dammett disse que "as lanchonetes terceirizadas aplaudiram o RHCP por fazer as pessoas saírem do auditório para irem comer".

Mesmo que o público não estivesse contente, a banda tinha pelo menos um fã no recinto – e um fã importante –, Danny Elfman. Ele já havia salvado o Chili Peppers antes e estava disposto a fazê-lo de novo, mesmo que isso significasse dar uma bronca em seus próprios fãs. Enquanto os punks uivavam e vaiavam, ele entrou no palco de "roupão de banho e com o rosto cheio de espuma de barbear" e escorraçou o público por ser tão desrespeitoso. Anthony acreditou que a tentativa de Elfman foi útil, mesmo que apenas moderadamente, mas, "quando terminamos, acho que mostramos para eles que éramos de verdade e que foram atingidos por algo que não iam esquecer tão cedo".

SHOW Nº 23: 17 DE AGOSTO DE 1983

Ele estava certo. O Chili Peppers causou, *sim*, uma boa impressão em muitos fãs do Oingo Boingo naquela noite. Um deles, Emilio Loza, se recorda de que a banda "explodiu no palco pulando sem camisa feito boxeadores. Eu não sabia o que pensar, assim como a maior parte da plateia, e comecei a vaiar junto com todo mundo... Eles mandaram ver no *set* e, pelo que percebi, conseguiram conquistar a maior parte do público. No final, eu certamente estava impressionado". Num tom um tanto quanto divertido, Loza também se lembrou de que algumas pessoas gritavam "voltem para Nova York", por uma crença equivocada de que, como Anthony fazia rap, a banda devia ser da Costa Leste.

O *set* teve Nina Hagen como convidada especial, que se juntou à banda para cantar "What It Is", recentemente gravada para seu próprio álbum. Como não há registro dessa performance, infelizmente não podemos ouvir como a canção soaria com a banda completa. Se foi de fato tocada por todos, com Hillel e Jack acrescentando suas próprias partes à linha de baixo de Flea, esta poderia ser considerada uma canção perdida dos primórdios do Chili Peppers. Porém, se foi uma performance apenas em trio, com Flea no baixo e Hagen e Anthony se alternando nos vocais, não surpreende que não tenha sido recebida com entusiasmo pela plateia já à flor da pele.

Um ponto que merece consideração é o *motivo* de Hagen ter se juntado à banda no palco. Anthony escrever uma música para a cantora com quem saía casualmente é uma coisa – e não surpreende que ele e Flea a tenham acompanhado em noites diversas, pois não perdiam a oportunidade de serem vistos em algum lugar e levar seus nomes às bocas e mentes dos outros[*]. Entretanto, recebê-la no palco era outra história.

---

[*] A essa altura, o relacionamento de Anthony e Hagen muito provavelmente já tinha acabado; em agosto, ele conhecera a estilista Jennifer Bruce, com quem começou a namorar oficialmente em outubro ou novembro. Anthony e Jennifer teriam uma relação de idas e vindas até 1987. (N. do A.)

Por um lado, ela acrescentava estrelato e autenticidade punk à presença relativamente humilde da banda: Hagen era *legítima*, uma estrela genuína que escapara da intimidadora e rígida Alemanha Ocidental para florescer artisticamente nos Estados Unidos como se isso não fosse grande coisa. Embora 1983 possa ter representado o futuro de muitas maneiras para os envolvidos na cena, ali estava uma mulher à frente de seu tempo, alguém verdadeiramente alienígena para a molecada de Hollywood, por mais avançado que fosse seu pensamento. O Chili Peppers pegou carona com muitos artistas ao longo do ano: Gary Allen, Minutemen, Bad Brains – até com o FEAR, em alguns aspectos –, porém Hagen foi com quem eles mais se associaram. Muito disso veio do próprio Anthony, que começou "a agir feito famosão e tal", mas a banda com certeza se beneficiou da presença dela, ainda que brevemente.

Essa associação poderia ter ido longe *demais*, já que Hagen também tinha a capacidade de ofuscar o restante da banda. Era uma cantora bem conhecida – não ainda uma celebridade, mas também não alguém de quinta categoria, e "What It Is" teria sido a peça central do show, não importava seu lugar no *set list*. Muitos dos presentes, no caminho de volta para casa naquela noite, podem ter simplesmente se lembrado da banda como um borrão estranho e caótico que contou com ninguém menos que Nina Hagen. Boa performance ou não, o mais provável é que o *set* do Chili Peppers só seja lembrado porque eles vieram a se tornar um fenômeno cultural dez vezes maior que o Oingo Boingo.

E, para complicar, a canção teria soado familiar se já tivessem tocado "Green Heaven", o que é altamente provável, uma vez que a consideravam uma das melhores daquele repertório inicial. E se por algum acaso um fã do Oingo Boingo foi para casa assobiando "What It Is" na esperança de ouvi-la de novo, não teria sorte. O álbum de Hagen, que trazia uma versão bastante diferente da música, só sairia dali a três meses, enquanto a banda (muito provavelmente) nunca mais voltaria a tocá-la.

SHOW Nº 23: 17 DE AGOSTO DE 1983

Embora o *LA Weekly* tenha dito que a aparição de Hagen no palco levou o público ao deleite, não se sabe realmente como a convidada surpresa foi recebida. Não se sabe também sequer *por que* ela estava lá: será que a banda estava preenchendo um *set* curto, ainda com cerca de apenas dez músicas e 20 minutos de duração? Será que estavam tentando exercitar os músculos punk ao exibir sua conexão com uma lenda da cena? Ou estariam simplesmente tocando uma música que curtiam com uma pessoa de quem todos gostavam? Há todas essas possibilidades.

No *backstage* depois do show, Blackie Dammett presenteou o filho com duas passagens de ida e volta para Londres como "presente por tudo o que ele havia conseguido em apenas seis incríveis meses". Após uma série de tensões que resultou na saída de Anthony da casa de seu pai para as ruas bem jovem, entre o final de 1982 e o início de 1983, a relação dos dois se recuperou o suficiente para que Dammett fosse a muitos dos primeiros shows do Chili Peppers para incentivar o filho e garantir que ele próprio fosse visto à noite em algum lugar da moda. "Depois de toda a comoção negativa pela minha forma de ser pai", escreveu ele, "fui enfim inocentado."

Dammett disse ao filho que levasse na viagem seu melhor amigo, Flea, que aceitou a passagem extasiado. Os dois só embarcariam dali a um tempo, provavelmente no final de setembro ou início de outubro. Mas, antes disso, muita coisa aconteceria e faria o mundo deles girar, dando início ao próximo capítulo de sua história. Por ora, podiam esperar a viagem com empolgação.

Quase dez anos após a data do show, Flea e Anthony – então já *rock stars* mundialmente famosos e vencedores do Grammy, a dupla que capitaneava o Red Hot Chili Peppers – apresentaram o videoclipe do ano no MTV Video Music Awards neste mesmo local. Enquanto eles subiam ao palco naquela noite para anunciar o prêmio ao lado de ninguém menos que Tony Bennett, é de se perguntar se eles se deram conta do quanto tudo havia mudado naquele meio tempo, e o quanto não havia mudado.

SHOW Nº 24

9 DE SETEMBRO DE 1983

Radio City, South Knott Avenue, 945, Anaheim, CA

A PÓS UM PERÍODO DE TRÊS SEMANAS de relativa tranquilidade em que só houve uma única apresentação do What Is This (no dia 6 de setembro no Club Lingerie), o Chili Peppers foi para Anaheim, a sudeste de L.A., para este show no Radio City em 9 de setembro. Localizado num pequeno centro comercial que abrigava uma variedade de casas noturnas, incluindo a mais *mainstream* Woodstock, o Radio City era heavy metal. Em março do ano anterior, o Metallica fez ali um dos primeiros shows de sua história. Seria a primeira e única vez do Chili Peppers na casa, que fechou em 1986.

A banda de abertura da noite era o Cathedral of Tears, de electropop gótico, o que demonstra mais uma vez o talento surreal do Chili Peppers em conseguir tocar com grupos que, na superfície, não pareciam uma boa combinação. O Cathedral of Tears era a menina dos olhos de Jack Grisham, que recentemente saíra do T.S.O.L. (True Sounds of Liberty), de Long Beach, com vários outros parceiros de banda. O T.S.O.L. repaginado permaneceria próximo ao Chili Peppers nos anos seguintes e compartilharia shows com eles até 1988.

SHOW Nº 24: 9 DE SETEMBRO DE 1983

Outra atração anunciada para a noite foi o pouco conhecido Cause for Concern, que passaria por diversas mudanças de formação nos anos seguintes, incluindo um recomeço apenas com garotas, sob o mesmo nome, mais tarde na década de 1980.

SHOW Nº 25

10 DE SETEMBRO DE 1983

Kit Kat Club, Santa Monica Boulevard, 6550, Hollywood, CA

DESCRITO COMO UMA "VOLTA TRIUNFAL" ao Kit Kat, este show foi um repeteco direto da performance do dia 3 de julho, com direito até a mais uma abertura de Roid Rogers and the Whirling Butt Cherries. Além da ocorrência do show em si, não ressurgiram outras lembranças da noite – por exemplo, se eles se apresentaram com as meias de novo, desta vez diante de um público que aguardava por elas. Provavelmente sim, a julgar pela "aclamação popular" mencionada nos anúncios; o sucesso do primeiro show se espalhou rapidamente no boca a boca e os *promoters* estariam ávidos para replicá-lo.

Havia mais ação rolando longe dos palcos. O *LA Weekly* publicou que executivos das gravadoras Chrysalis e EMI/Enigma estavam presentes naquele show de setembro no Kit Kat Club. Goetz dissera a Flea e Anthony que seu principal objetivo como empresário era conseguir um contrato de gravação para o grupo. Como era típico de Anthony, isso não era algo com o qual ele se preocupava. Para ele, um contrato era só uma coisa "empolgante e bacana", mas, para as bandas de Los

SHOW Nº 25: 10 DE SETEMBRO DE 1983

Angeles, era um símbolo de status, de dinheiro, sinal de que estavam um degrau acima de todas as outras bandas sem contrato que tocavam quase sempre para lugares vazios. Goetz viera das profundezas da indústria e sabia que havia um limite até onde um artista poderia chegar sem contrato. Hillel e Jack, em particular, tinham plena consciência de que o What Is This ralava na obscuridade sem um contrato, perpetuamente incapaz de dar o próximo passo na carreira – isto é, até ser cortejado pela MCA no outono de 1983.

O Chili Peppers podia ser a banda piadista de festa com poucas composições dignas de serem consideradas "canções" legítimas, mas ganhava atenção e já estava um passo adiante de seus contemporâneos num aspecto importante: tinha uma fita demo. A gravação incendiária, curta e deliciosa de maio era a demonstração perfeita do tipo de grupo que eram e, com isso pronto, Goetz poderia se concentrar nos próximos passos. Ao longo de agosto e setembro, ele trabalhou incansavelmente para colocar a banda na mira de agentes de artista & repertório das gravadoras, mandando fitas pelo correio e percorrendo todos os contatos de sua agenda lotada. Anthony escreveu sobre as reuniões que ele e Flea faziam com o empresário e sua esposa, Paulette "Patty" Durham Goetz, no apartamento deles em West Hollywood: frango frito, uma carreira aqui e ali e grandes planos para o futuro.

A EMI/Enigma era uma parceria recém-criada entre duas companhias com histórias longas e complicadas. A Enigma surgiu originalmente como uma distribuidora chamada Greenworld, em Torrance, Califórnia, em 1978. Os donos – os irmãos William e Wesley Hein e Steve Boudreau – criaram o selo Leathür Records em 1981 após serem abordados pelo então desconhecido Mötley Crüe, que buscava uma distribuidora para seu autoproduzido álbum de estreia. Em poucos meses, esse disco e o trabalho de distribuição do Leathür renderam à banda um contrato com a Elektra Records, muito maior, e a fama mundial não tardou a chegar.

Ao se darem conta de que havia mais diversão e mais sucesso a serem desfrutados numa gravadora de fato do que numa distribuidora comum, os irmãos Hein e Boudreau mudaram o nome de Leathür para Enigma e começaram a buscar mais artistas com quem trabalhar. Seu terceiro lançamento, *Pleasure Victim*, do Berlin, também rendeu um êxito maior à banda depois que ela abandonou o barco e assinou com outra gravadora, a Geffen.

A Enigma cresceu exponencialmente ao longo de 1982 e início de 1983, quando contratou mais funcionários e expandiu sua produção, quase sempre por meio de contratos únicos com outros selos independentes (inclusive para relançar álbuns já existentes em outros países) para parcerias de lançamento. Em 1983, com e sem a ajuda de selos externos, lançaram álbuns do Green on Red, que tocou com o Chili Peppers em abril, um disco solo do *frontman* dos Stooges, Iggy Pop, e *Show No Mercy*, do Slayer.

Esse crescimento foi alavancado em julho de 1983, quando a Enigma assinou um acordo com a EMI Records. Parecido com os contratos únicos tradicionais, mas com termos mais permanentes, ele deixava as duas gravadoras quase em pé de igualdade. Anos mais tarde, esse acordo seria descrito como uma situação "em que as duas gravadoras selecionavam mutuamente artistas os quais sentiam que poderiam se beneficiar de um mercado alternativo". Em essência, ambas tiveram a oportunidade de tentar algo novo. A EMI poderia se aproximar de uma cena *underground* febril, sabendo que havia um bom dinheiro a ser feito ali, enquanto a Enigma poderia utilizar o enorme alcance corporativo da EMI para impulsionar artistas dos quais gostava, mas para quem não tinha os fundos desejados. Uma vez nascida a EMI/Enigma, seu primeiro lançamento foi *Playback*, da banda de synthpop SSQ.

Quando esse acordo foi elaborado em salas de reunião por Los Angeles, a EMI já tinha passado por suas próprias e extensas manobras ao longo de uma história de 50 anos. Um dos principais tótens da indústria fonográfica,

SHOW Nº 25: 10 DE SETEMBRO DE 1983

a EMI (Electric and Musical Industries) foi criada na Inglaterra em 1931, quando duas fabricantes de fonógrafos de nome parecido – Columbia Gramophone Company e The Gramophone Company – se fundiram para obter uma parcela mais sólida do mercado. Não contentes em produzir apenas o equipamento de reprodução, elas também queriam fazer a música, aprofundando o sucesso que a The Gramophone Company já obtivera com seus lançamentos ocasionais sob a marca His Master's Voice (HMV).

Esses contratos iniciais entre as primeiras titãs da nova indústria causariam agitações confusas mais adiante. Logo de cara, a Radio Corporation of America (RCA), por ter ações da Victor Talking Machine Company – outra fabricante de gramofones –, automaticamente passou a ter ações da recém-criada EMI, tudo porque a Victor *já fora* dona de metade da agora obsoleta Columbia Gramophone Company. Quando um processo antitruste levou a EMI a vender sua parte da Columbia, a gravadora perdeu a presença nos Estados Unidos graças a esse histórico complicado. A questão foi resolvida quando o magnata da farinha Sir Joseph Lockwood assumiu a companhia em meados dos anos 1950: a EMI comprou 96% da Capitol Records, casa de Frank Sinatra, Judy Garland e inúmeras outras estrelas estadunidenses, e supervisionava o mercado americano do outro lado do Atlântico[*]. Em 1978, ganhou uma segunda presença nos EUA com a EMI America, que funcionava, de forma confusa, como subsidiária de ambas, Capitol *e* EMI[**].

Em 1983, a indústria fonográfica era feita de fusões, compras, repaginações e abalos corporativos que nem sempre eram óbvios. Para o fã médio, essas conexões não significavam nada; muitos nem pensariam em

---

[*] Pouco depois, construíram o mundialmente famoso prédio da Capitol Records, cujo estúdio no porão seria o local das gravações de *Uplift Mofo Party Plan,* em 1987. (N. do A.)

[**] As sortes relativas de cada companhia se inverteriam nos anos seguintes. Quando o catálogo do Red Hot Chili Peppers na EMI foi relançado em 2003, os quatro álbuns traziam o selo da Capitol de forma mais predominante, com a EMI mal sendo mencionada. (N. do A.)

olhar para além da capa do disco e prestar atenção nos logotipos sempre diferentes no selo e as informações de *copyright* nas letras minúsculas na contracapa. Porém, tais conexões e acordos – alguns firmados 50 anos antes – criaram as circunstâncias precisas que colocaram a EMI/Enigma no recinto naquela noite.

Fazia sentido que a EMI fosse uma das concorrentes finais, dada a relação prévia de Goetz com a gravadora, sendo muito provavelmente ele o responsável pela presença de Jamie Cohen no Kit Kat Club*. Porém, essa pode não ter sido a primeira vez que um representante de gravadora viu a banda ou expressou interesse. No mês anterior, o *LA Weekly* publicou que o grupo estava "gravando demos para uma gravadora interessada" – certamente referindo-se de forma errônea às gravações de maio, já terminadas. No entanto, disse o *Weekly*, "Flea, pelo menos desta vez, está de bico fechado", então a informação pode ter se baseado puramente na especulação, sem ter sido bem apurada.

Nascido em 1º de junho de 1953, Jamie Cohen era de Chagrin Falls, Ohio, filho de um empreendedor da indústria musical e da dona de uma loja de discos, sendo um fã ávido de música desde a infância. Entrou para a A&M Records no final dos anos 1970, depois foi para a Slash Records (casa do FEAR) como representante de artista & repertório em 1981, até ser fisgado pela EMI America em meados de 1983 para representá-la na Costa Oeste. Novo na companhia e disposto a impressionar, ele saía à procura de novos talentos. O que quer que tenha visto naquela noite, gostou. Na memória de Anthony, Cohen foi "especialmente agressivo" ao abordar a banda, e foi, muito provavelmente, nas semanas seguintes ao show que a EMI/Enigma começou o processo de negociação que precedeu o contrato do Chili Peppers com a nova gravadora.

---

* Não se pode confirmar que Cohen esteve de fato no público naquela noite, mas todos os sinais parecem apontar que sim. Infelizmente, Cohen morreu jovem demais, em 2008, aos 55 anos. (N. do A.)

SHOW Nº 25: 10 DE SETEMBRO DE 1983

Auxiliando o Chili Peppers, estava seu novo advogado, com quem a banda somou forças logo após conhecer Lindy Goetz. Anthony descreve o processo modestamente em sua autobiografia: "Se íamos tentar um contrato de gravação, precisaríamos de um advogado. Alguém nos recomendou um sujeito chamado Eric Greenspan". Eis aqui mais uma parceria que começou com o pé direito puramente por interesses compartilhados; na parede de seu escritório, Greenspan tinha obras de arte de seu cliente Gary Panter, pintor e cartunista intimamente ligado à comunidade punk e que viria a criar a arte das capas do álbum de estreia do Red Hot Chili Peppers, em 1984, e de *The Uplift Mofo Party Plan*, de 1987. Evidentemente, isso era tudo o que a dupla precisava. Assim como os discos do Ohio Players na parede de Lindy Goetz, para Anthony e Flea aquele era um sinal de que Greespan estava no mesmo nível deles, de que ele não era *mais* um sujeito corporativo qualquer ou um paspalho. Era descolado; tinha até produzido um show do Grateful Dead quando estava na universidade.

O próprio Greenspan pareceu gostar bastante da dupla. Em seu escritório na firma Shagin & Myman, no Wilshire Boulevard, os três chegaram a um acordo: Greenspan seria advogado da banda, mas só receberia uma porcentagem depois que ela começasse a ganhar dinheiro de verdade. Aí passaria a receber os 5% de costume*. Talvez tenha visto algo neles, ou talvez só assumiu o risco, pensando que, se a banda implodisse, não seria uma grande perda de tempo para ele. Greenspan, atualmente chefe do departamento de música de sua firma Myman Greenspan Fineman Fox Rosenberg & Light, é advogado do Chili Peppers até hoje. Em 1997, chegou a ser empresário deles por um breve período.

---

* Em seu relato, Anthony implica que somente ele e Flea iam a essas reuniões – assim como aquela primeira com Lindy Goetz. Hillel e Jack parecem nunca se envolver; ou, caso tenham se envolvido, Anthony os apagou de sua perspectiva dos acontecimentos. Técnica de narrativa ou um sinal do que estava por vir? (N. do A.)

SHOW Nº 26

18 DE SETEMBRO DE 1983

Sunday Club no Cathay de Grande, Argyle Avenue, 1600, Los Angeles, CA

NO DIA 11 DE SETEMBRO, o What Is This tocou no FM Station, após Flea, Anthony e Nina Hagen terem se apresentado lá. Uma semana depois, o Chili Peppers participou de mais um show do Sunday Club de Bob Forrest. O evento semanal tinha passado do Golden Village Supper Club, no Hollywood Boulevard, para o Cathay de Grande, a cerca de 1,5 km de distância, no Sunset Boulevard, o local da primeira performance da banda sob o nome Red Hot Chili Peppers.

A diversão da noite era a festa de aniversário de 28 anos do vocalista do Circle Jerks, Keith Morris, que recentemente retornara de uma turnê por todo o país para divulgar o terceiro álbum de sua banda, *Golden Shower of Hits*. Morris fez parte da formação original do Black Flag por três anos, mas saiu do grupo em 1979 por diferenças criativas e pelos problemas com drogas terem saído demais do controle. Pouco tempo depois, formou o Circle Jerks, cujo primeiro álbum, *Group Sex*, é provavelmente o grande disco punk de Los Angeles – 14 canções irreverentes em 15 minutos alucinados. O Chili Peppers criaria laços com a banda nos anos e décadas seguintes.

SHOW Nº 26: 18 DE SETEMBRO DE 1983

Derf Scratch, colega de Flea no FEAR, foi o mestre de cerimônias da noite, que também contou com um "convidado especial" de identidade revelada pelos anúncios de jornal: The Stains, outra banda punk local.

Mais uma vez, Fabrice Drouet levou sua câmera e documentou a banda de perto e numa fidelidade impressionante. Assim como a cabeça totalmente raspada de Flea, o traje de Anthony é notável: um conjunto de camisa e calça xadrez – embora, é claro, as roupas de todo mundo tenham sido rapidamente dispensadas. O público está de ambos os lados do palco, de braços cruzados, ouvindo com um desprendimento *cool*. Não se perceberia só de olhar, mas a banda está à beira de uma transformação muito importante. Certamente foi por sorte que Drouet esteve presente para fazer essas fotos, porque elas podem muito bem ser as últimas da formação original do Chili Peppers até setembro de 1986; não circularam mais imagens da banda pelo resto do ano de 1983[*].

Esta performance seria também uma festa de despedida para Anthony e Flea, que provavelmente embarcaram para a Europa com as passagens pagas pelo pai do vocalista poucos dias depois do show[**]. Em seu futuro imediato havia lugares exóticos, paisagens novas e estranhas e gente interessante, de modo que a empolgação deles era palpável. Porém, mais um evento decisivo tinha de acontecer antes disso.

Não se pode precisar a data exata em que o Red Hot Chili Peppers foi contratado, e o processo – a oferta da EMI/Enigma, as negociações

---

[*] Flea publicou uma foto desse *set* em sua autobiografia, em 2019 *[lançada no Brasil em 2020]*, afirmando incorretamente que é das sessões da demo de maio de 1983 no Studio 9 Sound Labs. Porém, o teto decrépito do Cathay de Grande é inconfundível, e o restante das fotos do *set*, não publicado no livro, é obviamente de um show no Cathay de Grande. (N. do A.)

[**] Eles podem ter viajado no final de agosto, logo depois de ganharem as passagens do pai de Anthony no *backstage* do show com o Oingo Boingo em 17 de agosto. A banda de fato teve um período de calmaria nas últimas semanas daquele mês, o que poderia ser explicado pela viagem da dupla ao exterior. Porém, isso não se encaixa com o relato que Anthony faria mais tarde sobre o ano de 1983 e implicaria que os dois viajaram sem praticamente nenhum preparo. (N. do A.)

contratuais e todas as maquinações internas envolvidas – teria levado vários meses de ajustes até ser finalizado por ambas as partes e suas equipes legais. Os primeiros lampejos de novidades relacionadas ao contrato circularam na imprensa de Los Angeles em agosto e pareceram engatar em setembro.

Como Anthony relata em sua autobiografia, a oferta, um contrato de oito álbuns, chegou até ele filtrada por Eric Greenspan e Lindy Goetz das salas de reunião da EMI pouco antes de a dupla partir para a Europa. "Certa noite, Flea e eu estávamos no La Leyenda quando recebemos uma ligação de Lindy. Ele disse que tínhamos um contrato com a EMI/Enigma", escreveu ele.

Embora essa fosse uma conquista incrível e improvável para uma banda tão nova, havia um problema. O What Is This finalmente também

O Red Hot Chili Peppers toca no Cathay de Grande, na Argyle Avenue. 18 de setembro de 1983. (Acervo: fabulosfab)

SHOW Nº 26: 18 DE SETEMBRO DE 1983

tinha atraído a atenção das gravadoras naquele mesmo período de verão e início de outono e, de um modo quase inacreditável, recebeu uma boa notícia exatamente no mesmo dia. Anthony, ao escrever sobre o momento em que ele e Flea ficaram sabendo que o Red Hot Chili Peppers estava contratado, recordou-se que ainda estava empolgado com o acordo quando o telefone tocou. "Flea atendeu, e eu o ouvi dizer: 'Tem certeza? Nossa, nossa... É mesmo uma má notícia.'"

Ao desligar, Flea se voltou para o amigo, de súbito o único companheiro de banda que lhe restava, e disse a ele que Jack Irons e Hillel Slovak haviam acabado de sair do Red Hot Chili Peppers. Optaram por ficar com o What Is This, que recebera sua própria oferta da gravadora MCA. Desanimados, quando finalmente tinham chegado onde queriam estar, ficaram de repente sem metade do grupo. Anthony e Flea eram um monstro de duas cabeças, não se pode negar, mas como poderiam seguir em frente sem a guitarra incendiária de Hillel e a percussão propulsiva de Jack? Mesmo da perspectiva de décadas depois, com o conhecimento de onde a banda chegaria, as performances de Hillel e Jack ao longo de 1983 são inegavelmente mágicas. O RHCP foi formado em torno dos raps de Anthony e do baixo de Flea, mas, naquele período inicial, os dois eram muito menos eficazes sem Hillel e Jack os acompanhando.

"Não era como se eles fossem incidentais", escreveu Anthony generosamente. "Eles faziam o nosso pique. Éramos amigos de colégio, éramos um time, aquilo não podia acontecer."

O Chili Peppers perderia integrantes no futuro, é claro. Na verdade, perderia exatamente esses dois mesmos integrantes de novo quase cinco anos depois, em circunstâncias muito mais trágicas. Porém, nessa segunda ocasião, tais perdas aconteceram numa banda bem mais estabelecida, com contratos em vigor a serem cumpridos, uma base de fãs de escala quase mundial e três discos lançados por uma grande gravadora. Aqui, com menos de um ano de existência, era um grupo frágil e novo, que poderia ter acabado prematuramente com essa cisão. Atordoado com a

Só sorriso, Anthony está finalmente em seu habitat natural. Cathay de Grande, na Argyle Avenue. 18 de setembro de 1983. (Acervo: fabulosfab)

jornada parabólica que a sorte tomara no decorrer de dois telefonemas, Anthony, "emocionalmente devastado", desabou chorando no sofá, enquanto Flea, incrédulo, não parava de balbuciar consigo mesmo.

Será que estava tudo acabado? É claro que não, mas certamente essa devia ser a sensação naquele momento.

Esse relato é de como Anthony se lembra desses acontecimentos e é assim que eles foram recontados em biografias da banda e entrevistas ao longo dos anos – os dois grupos inacreditavelmente conseguiram um contrato no mesmo exato momento, fazendo o baterista e o guitarrista compartilhado por eles terem de tomar uma decisão rápida e de bate-pronto, o que foi um choque para todos os envolvidos.

No entanto, o cenário mais provável é que o What Is This tenha recebido uma oferta de contrato algumas semanas, se não um mês inteiro, antes do Red Hot Chili Peppers, e é difícil imaginar que Anthony e Flea não soubessem disso. Segundo o *LA Weekly*, a banda de Jack e Hillel já era considerada pela MCA no início de setembro, pouco antes ou mais ou menos na mesma época em que os representantes da EMI/Enigma foram ao show do Chili Peppers em 10 de setembro no Kit Kat Club – e certamente antes de a EMI/Enigma fazer sua oferta. O jornal já fora impreciso no passado, é claro, mas a MCA contratar o What Is This foi exatamente o que ocorreu, então essa reportagem tinha alguma base na realidade. Em essência, isso tudo implica que Hillel e Jack já estavam a par do contrato iminente com a MCA enquanto faziam shows com o Chili Peppers e, muito provavelmente, andavam contando aos amigos (e a pessoas o bastante para a notícia cair numa coluna de fofocas) sobre esse novo e empolgante capítulo prestes a ser iniciado em suas vidas. Porém, só foram postos mesmo à prova quando o Red Hot Chili Peppers também recebeu uma oferta e então tiveram de considerar seriamente que direção seus futuros tomariam. O Chili Peppers poderia muito bem ter ficado naquele nível de fazer shows em clubes de semana em semana sem nunca ter progredido. Mas não era bem o que estava acontecendo. Tinham um empresário; tinham uma demo; tinham planos. Será que Hillel e Jack pensavam mesmo que isso não seria um problema?

Se Anthony e Flea ficaram chocados com a decisão do baterista e do guitarrista, Lindy Goetz ficou duas vezes mais. O empresário, segundo ele mesmo, sequer sabia que Hillel e Jack tocavam em *outro* grupo, menos ainda com um contrato de gravação em vista. Quando deu a eles a notícia da oferta da EMI/Enigma, "Hillel e Jack me disseram que não poderiam aceitar porque estavam numa outra banda... 'Do que vocês estão

RED HOT CHILI PEPPERS: OUT IN L.A.

Hillel e Jack, os membros que logo deixariam a banda, no Cathay de Grande, na Argyle Avenue. Estas são as últimas imagens da formação original (antes de seu retorno em 1986) de que se tem conhecimento. 18 de setembro de 1983. (Acervo: fabulosfab)

falando? Que caralho de outra banda? Uau... E vocês só me dizem isso agora?'". Deve ser um equívoco da memória dele. É bastante improvável que ele não tivesse ideia de que os dois faziam parte de outro grupo, uma vez que tocavam ativamente na mesma cena gerando possíveis conflitos de agenda que teriam de ser acordados mutuamente, sem contar que Goetz já trabalhara para a gravadora que iria assinar com o What Is This, a MCA. Se Hillel e Jack de fato tivessem ocultado dele seu envolvimento com o What Is This, o teriam feito por algum motivo, ou apenas teriam sido negligentes. Além do mais, estava claro que estar em outra banda não era um problema; Flea tocava com o FEAR sem preocupações evidentes de nenhuma das partes envolvidas (por enquanto).

SHOW Nº 26: 18 DE SETEMBRO DE 1983

Embora sair da banda deva ter sido uma dura decisão para Hillel e Jack, não é difícil entender sua escolha. O Chili Peppers havia superado o What Is This em muitos aspectos – o tanto de atenção que recebia, a base de fãs e até o número de shows feitos no ano –, mas a banda mais antiga nunca deixou de ser o foco principal dos dois. O Chili Peppers era diversão; o What Is This era *trabalho*, aquilo que iria satisfazê-los por anos no futuro, o veículo para seus sonhos de *rock star* nutridos desde a adolescência, quando começaram imitando o KISS e depois passaram a fazer *covers* até chegar a tocar a própria música.

Ninguém poderia prever o destino dessa nova e estranha banda-piada de funk-punk com suas canções de 90 segundos e brincadeiras safadas no palco. Será que o público se cansaria? Será que os shows parariam de aparecer? Será que acabaria em um mês por causa das drogas? Ninguém teria imaginado as alturas insanas que eles alcançariam cerca de dez anos depois.

A princípio, se pensava que Jack e Hillel poderiam ficar em ambos os grupos, mas Alain Johannes descartou essa ideia com a sábia pílula de realidade que dizia: "nunca teria dado certo". Como afirmou Jack, ficar no What Is This foi, em parte, uma decisão pragmática, mas também sentimental. "Estávamos no grupo, como Anthym e What Is this, desde o ensino fundamental", recordou-se. "Então, concluímos que, quando tivéssemos a chance de gravar um disco de fato, depois de tantos anos juntos, deveria ser com eles."

Gravar um disco era essencial e, no início, talvez não importasse com que banda eles o fariam. Viajar pelos EUA, pelo resto do mundo, construir uma base de fãs e toda glória que acompanhava um contrato de gravação viriam na sequência. Porém, que disco eles queriam gravar – o da banda à qual dedicaram seis meses em meio período, ou a de seis anos, quase sempre em tempo integral? O da banda que tinha apenas um punhado de músicas de verdade, que se apoiava mais em piadas e esquetes para preencher o repertório, ou o da banda cultivada e refinada, que evoluíra com o passar dos anos, descartando músicas velhas já não consideradas tão boas e até mudando de nome?

Não havia dúvida. E embora Anthony e Flea tenham ficado decepcionados, eles pareceram entender o porquê e os perdoaram rapidamente – se é que perdão era mesmo necessário. Flea, que já tinha saído do What Is This para se juntar ao FEAR, mal tinha o que falar e sugeriu imediatamente que contratassem novos músicos para substituir os amigos que partiram.

O humor de Anthony rapidamente virou quando ele se deu conta de que perder o guitarrista e o baterista não significava o fim da banda. "Quando comecei a pensar, percebi que nós tínhamos as canções, tínhamos um contrato, tínhamos Flea e eu, e ainda amávamos o que fazíamos", escreveu ele. "Apenas ainda precisávamos encontrar uma maneira de fazer acontecer." Foi a primeira vez – a primeira de muitas – que o grupo se safara de acabar graças à paixão por tocar junto e à praticidade hábil dos dois. Flea era o mais experiente da dupla e, nos últimos anos, tinha vivido em primeira mão as realidades da vida de uma banda; alguns membros iam embora, mas isso nem sempre era negativo. O contrato de gravação certamente ajudava. Se ele não existisse assomando sobre eles como uma responsabilidade, talvez achassem mais fácil desistir e pôr um ponto final naquela empreitada nova e divertida. Porém, o que realmente os manteve juntos foi a diversão que acontecia no palco e a conexão musical que compartilhavam. Boa parte da farra que tiveram ao longo do ano e do vínculo mais próximo que estabeleceram veio da banda. De jeito nenhum iam parar agora.

A suposta experiência torturante de encontrar dois novos integrantes em tão pouco tempo acabou facilitada pela forte união da comunidade punk de Los Angeles. Flea "imediatamente sugeriu" Cliff Martinez, de quem ele se aproximara no ano anterior. Flea e Martinez já tinham tocado juntos em várias ocasiões no Two Balls and a Bat e chegaram a gravar juntos uma vez, além de todos já terem visto o baterista de perto em dois

SHOW Nº 26: 18 DE SETEMBRO DE 1983

shows no Kit Kat Club naquele ano, quando Cliff tocou com Roid Rogers and the Whirling Butt Cherries. Isso sem falar de que compartilhavam um espaço de ensaios e do currículo já incrível dele: Captain Beefheart, Lydia Lunch e The Weirdos. Era o candidato perfeito*.

Cliff Martinez nasceu em Nova York em 5 de fevereiro de 1954 – oito anos mais velho do que os outros membros da banda, praticamente um ancião** – e se mudou para Ohio com a família pouco depois, onde desenvolveu um interesse pela percussão ao tocar caixa na orquestra da escola. Sua carreira na música seguiu um padrão típico. Os Beatles no programa de Ed Sullivan despertaram uma paixão pelo rock e uma exposição do MoMA com esculturas sonoras dos irmãos Baschet confirmou seu destino: "Não só eu queria ser músico, como queria ser um músico esquisito". Em poucos anos, ele já estava numa banda de rock, tocando *covers* das paradas de sucesso diante de quem pudesse ouvir. Em 1976, se mudou para Los Angeles e se matriculou na Dick Grove School of Music, em San Fernando Valley, para afiar as habilidades e entrar numa banda de verdade. Era um ano seminal para o punk, mas só em 1980, quatro anos depois, é que Cliff seria exposto ao estilo.

Um dia, enquanto ensaiava com um grupo hoje esquecido, Cliff ouviu outro artista extraordinariamente barulhento tocando na sala ao lado. Essa banda tinha o adequado nome The Screamers, cujo vocalista David "Tomata du Plenty" Harrigan viria a se tornar um grande amigo

---

* Em algum momento na segunda metade de 1982, Flea e Cliff tocaram juntos numa demo de Ivy Ney, musicista que também era uma fotógrafa de moda e de retratos incrivelmente talentosa. A faixa "Kill You Tonight" conta também com o guitarrista Randy Burns e o saxofonista Steve Berlin, de Top Jimmy & The Rhythm Pigs. Um videoclipe minimalista e climático foi gravado alguns meses depois (embora nem Flea nem Cliff apareçam) e exibido no *Friday Night Videos* da NBC. (N. do A.)

** Bem-humorado, Cliff se recorda de ter sido tratado como um idoso por Anthony, então com 20 anos, no livro *Uma História Oral e Visual* (p. 29). (N. do A.)

do Chili Peppers*. A princípio, Cliff fez cara feia para aquela "bagunça desgraçada", mas, ao sentir a intensidade estranha da banda, mudou de ideia. "Simplesmente virei a chave", lembraria. "Passei do ódio ao amor. E foi aí que comecei a conferir o punk rock."

Dentro de um ano, Cliff estaria no Weirdos com os irmãos Dix e John Denney, abandonando as bandas *covers* para sempre**. Em 1982, tocou no projeto *13.13*, de Lydia Lunch, e com o Captain Beefheart no álbum *Ice Cream for Crow*. Ele havia conseguido o trabalho com o Beefheart porque, depois de 72 horas seguidas de prática, foi capaz de tocar cada ritmo do polarizador, influente e complicadíssimo álbum *Trout Mask Replica*, truque que demonstrou no teste. Porém, apesar de ser uma *gig* respeitada e de alto gabarito no meio, foi uma experiência difícil, com um chefe impiedoso e sem nenhum show depois da gravação do álbum. Isso o deixou livre para buscar outros interesses musicais, tais como o Two Balls and a Bat, que só tocava ocasionalmente, e Roid Rogers and the Whirling Butt Cherries, que tinha uma base mais sólida, tocava com mais frequência e até gravava umas músicas de vez em quando, com videoclipes para acompanhar, mas dificilmente seria um trabalho em tempo integral. (Ele pelo menos atraía bandas com nomes incomuns.)

Flea e Anthony fizeram a Cliff o convite para entrar no Chili Peppers na casa dele, um "apartamento destruído de um quarto ao qual se chegava por uma garagem subterrânea", e, segundo Anthony, ele ficou "bobo de alegria" com a notícia. Apesar da sua agenda cheia, Cliff não precisou consultar nenhuma outra banda, aceitando o trabalho no ato, sem teste. "[Eu] já tinha visto o Chili Peppers várias vezes, então tinha noção

---

* "Grand Pappy du Plenty", a última faixa do álbum de estreia da banda, foi batizada em homenagem a ele, que também era um pintor talentoso. (N. do A.)

** Infelizmente, as contribuições gravadas de Cliff para os Weirdos só seriam lançadas quase uma década mais tarde. (N. do A.)

do que seria esperado", recordou-se. Os primeiros ensaios provaram que ele era mais do que capaz, deixando os outros dois maravilhados com o novo companheiro de banda*.

Cliff tinha outros motivos para querer entrar para o Chili Peppers. Por um lado, ficou empolgado pela banda ter um contrato de gravação, mas também estava interessado em aprimorar suas habilidades no funk. "Era um estilo no qual eu queria ser bom, mas não acho que era o meu forte na época." Ele até já se arriscara no funk no início do ano, tocando com o companheiro de Flea no FEAR, Derf Scratch, e com Wayzata de Camerone, responsável por marcar diversos dos primeiros shows do Chili Peppers, num projeto de vida curta chamado Funk-A-Holics, que tocou no Cathay de Grande. No entanto, ao entrar para o RHCP, ele logo teria a oportunidade de ficar realmente afiado.

Encontrar um novo baterista se mostrou fácil; se Flea e Anthony testaram (ou sequer consideraram) mais alguém, nunca o mencionaram. E no que dizia respeito a achar novos membros, mantinham uma taxa de aproveitamento de 100%. Num primeiro olhar, encontrar um novo guitarrista parecia igualmente tranquilo, e, mais uma vez, não precisaram ir muito longe. Pouco depois de entrar para a banda, Cliff sugeriu Dix Denney, seu ex-parceiro nos Weirdos e no projeto *13.13*, de Lydia Lunch, como um possível substituto para Hillel Slovak.

Dix Newell Denney** nasceu em Kansas City, Missouri, em 1957, irmão mais novo de John. A família se mudou primeiro para Nova York e, depois, para Los Angeles, para que Nora Denney – nascida Dolores Teachenor – pudesse seguir seu sonho de se tornar atriz. A mudança valeu a pena; depois de vários papéis em séries de TV proeminentes, como *Agente 86* e *A Feiticeira*, em 1971 "Dodo" Denney interpretou a mãe do

---

* Aparentemente, aconteceram várias *jams* em trio antes da escolha do guitarrista. (N. do A.)

** Dix é realmente o primeiro nome dele. (N. do A.)

obcecado por televisão Mike Teevee na adaptação cult de *A Fantástica Fábrica de Chocolate* para os cinemas.

Os dois irmãos Denney se interessaram pela música – *Raw Power*, dos Stooges, foi uma inspiração importante – e, em fevereiro de 1977, formaram uma banda juntos. Era algo sem pretensão, apenas para se divertirem. Pouco antes da sua apresentação de estreia, abrindo para o The Nerves, que alguns consideram o primeiro show punk realizado em Los Angeles, perderam o baterista. Numa atitude bastante punk, decidiram tocar mesmo assim.

Como isso foi bem no início daquele negócio moderno chamado punk, eles não foram tão inspirados pelo movimento em si – estavam à frente dele. No começo, os Weirdos (cujos primeiros nomes incluíram The Barbies e The Luxurious Adults) lembravam algo mais próximo do hard rock ou do rockabilly, com amplificadores saturados e tudo na velocidade máxima. Entretanto, a banda rapidamente se emaranhou nos primórdios do movimento punk e se tornou uma das primeiras a serem associadas ao clube Masque, de Brendan Mullen. Décadas mais tarde, em retrospecto, pode-se considerá-los uma das primeiras bandas punk de verdade surgidas em Los Angeles no final dos anos 1970. Quando o Chili Peppers começou a tocar no início da década seguinte, o Weirdos já era um porta-voz mais experiente, e Denney, cinco anos mais velho do que Flea ou Anthony, tinha uma diferença de idade similar à de Cliff Martinez com eles. De algum modo, aqueles dois rapazes – nenhum deles ainda com 21 anos e, comparativamente, com pouca experiência de palco – tinham fisgado *adultos* de fato, que tinham construído uma reputação de verdade e haviam tocado com *lendas* de verdade.

Contudo, apesar de toda a credibilidade dos shows e das gravações dos Weirdos (os primeiros *singles*, "Destroy All Music!" e "We Got the Neutron Bomb", estão entre o seleto grupo dos seminais primeiros discos punk), a banda nunca decolou de fato. E, de algum modo, foi capaz de desperdiçar toda oportunidade que teve de gravar um álbum de estreia, embora tenham sido feitas muitas demos, algumas com Cliff Martinez na bateria. Ao invés disso, os fãs tinham de subsistir à base de uma variedade de *singles* esporádicos e alguns EPs, e, em 1981, a banda acabou sem nunca ter saído em turnê ou assinado um contrato de gravação. Os irmãos Denney, no entanto, permaneceram ativos e formaram o grupo If-Then-Else, que gravou um álbum mais tarde naquele ano[*].

Além da conexão com Martinez, Flea tinha tocado com Dix em vários momentos do ano, incluindo uma vez com Keith Barry no CASH, e até brincou com a ideia de formar uma banda com ele e seu irmão em agosto, o que nunca se concretizou. Anthony ainda não tinha tocado com ele, mas o considerava um "sujeito legal", e todos – pelo menos à primeira vista – pareciam estar na mesma sintonia no que dizia respeito ao espírito da banda e ao que o futuro guardava.

E, em suma, foi isso. Com os novos integrantes recrutados, Anthony e Flea podiam embarcar tranquilos para a Europa seguros de que, ao voltarem, conseguiriam continuar com essa nova versão da banda. Embora dois membros tivessem sido arrancados de supetão, os substitutos eram para lá de competentes, e talvez, com um pouco de sorte e alguns shows na bagagem, tudo ficaria bem. Vai saber se esses dois não seriam até mais Chili Peppers do que os próprios Hillel ou Jack.

Anthony e Flea tinham outros motivos para se considerarem sortudos por substituírem os integrantes tão facilmente. Segundo Lindy Goetz, o plano era que a troca se desse sem que a EMI ou a Enigma percebessem: "As coisas já estavam estremecidas o bastante com o contrato que havíamos conseguido, então eu instruí os caras para não falarem nada para ninguém", recordou-se ele. É claro, isso não impediu que os espiões do *LA Weekly* descobrissem e publicassem na edição de 13 de

---

[*] Os Weirdos viriam a se reunir em 1986 e seguem razoavelmente ativos desde então. Só em 1990 é que gravariam um álbum debute. (N. do A.)

outubro que Cliff e Dix seriam os "novos Chili Peppers" e estreariam depois que "Flea e Anthony [retornassem] da Inglaterra".

Ou não era um problema que essa banda novíssima substituísse alguns membros na maciota, ou os executivos da EMI/Enigma não estavam de olho nas páginas de fofoca da cena punk local. Anteriormente, o *LA Weekly* também publicara que o grupo inteiro sairia de viagem, não apenas Anthony e Flea, e faria shows no estrangeiro. Na verdade, o plano parecia ser que Anthony e Flea, mais uma vez sozinhos juntos, simplesmente curtissem e vivenciassem a longínqua e exótica Europa – umas férias da banda e das vidas cotidianas (não que de fato precisassem) –, numa espécie de viagem de formação, já que ambos completariam 21 anos num futuro muito próximo (Flea em 16 de outubro e Anthony em 1º de novembro). Seria a primeira viagem deles para a Europa – e a primeira de Anthony para fora dos Estados Unidos*. A Inglaterra em particular era a fonte de boa parte da música e da cultura que eles haviam consumido e regurgitado ao longo dos cinco anos anteriores; das bandas punk e new wave que causaram tamanho impacto neles nesse período aos discos que o Jimi Hendrix Experience gravou no final dos anos 1960, a Inglaterra era um local chave para tudo o que o Chili Peppers fazia em 1983.

As lembranças dessa viagem foram escassas ao longo dos anos; a dupla visitou Londres, Paris e Amsterdã, mas pode ter feito outras paradas. Em Londres, os dois aparentemente passaram a maior parte do tempo no distrito de Catford, no sudeste da cidade, e em algum momento conseguiram arrumar ácido, que consumiram no cemitério. Também "escalaram as janelas de albergues", como sugere a letra de "Deep Kick", escrita uma década depois.

Enquanto em Londres (presumivelmente), a dupla ainda conheceu Gavin Bowden, britânico de 20 anos que estudava produção cinemato-

---

* Flea, é claro, nasceu na Austrália, e retornou a sua terra natal muitas vezes na juventude. Se Anthony já tinha ido para o exterior antes desta viagem, nunca mencionou. (N. do A.)

SHOW Nº 26: 18 DE SETEMBRO DE 1983

gráfica na London International Film School. Os três se aproximaram o suficiente para que, quando Bowden mais tarde emigrou para os Estados Unidos, retomou o contato com a banda e acabou se casando com a irmã mais velha de Flea, Karyn*.

Ao chegarem a Paris, Anthony e Flea se separaram. Foi uma soma de dois fatores: eles brigaram e Anthony "abandonou" Flea por uma garota dinamarquesa que conheceu na Cidade Luz.

Com o fim desse *affair*, Anthony, numa tentativa de acabar com o tratamento de silêncio que Flea lhe dispensava, comprou com alguns trocados dois conjuntos de xícaras de lata de um homem na rua; talvez um dos muitos *bouquinistes* que vendem esses utensílios às margens do Sena. Numa absoluta tacada de mestre, ele amarrou as xícaras nas linguetas dos ombros de suas jaquetas iguais de couro, que os dois haviam comprado no final de maio em Los Angeles e provavelmente usaram ao longo de toda a viagem pela Europa, então envolta pelo friozinho do outono. As xícaras se assemelhavam a dragonas militares, como se os dois tivessem enfrentado batalhas juntos numa terra estranha e receberam aquelas medalhas esquisitas por seus esforços. Melhor ainda, quando eles corriam, as xícaras colidiam umas contra as outras e "faziam um barulho tipo um gongo", algo que lhes renderia horas de diversão no futuro.

A rabugice de Flea melhorou e os "Brothers Cup" – "Irmãos Xícara" – nasceram**. Esse pequeno momento de humor fraternal indicava que os laços entre Anthony e Flea se estreitavam e talvez tenha ajudado a cimentar

---

* Em 1991, Bowden foi o diretor de *Funky Monks*, documentário que detalha a gravação de *Blood Sugar Sex Magik*. Ele também dirigiu diversos videoclipes para a banda nos anos 1990. Ainda é casado com Karyn Balzary. (N. do A.)

** Os acessórios foram imortalizados numa faixa de *Freaky Styley*, de 1985, que incorporou parte da letra que sobrara de "What It Is (Nina's Song)". Em Amsterdã, Flea também presenteou Anthony com uma camisa decorada com desenhos soviéticos, que viria a inspirar a letra de "Buckle Down", sendo depois vista (usada por Flea) na capa de *The Uplift Mofo Party Plan*. (N. do A.)

muito do que os anos seguintes das vidas deles trariam. Os dois já eram próximos; eram companheiros de banda, moravam na mesma casa e estavam viajando pela Europa juntos. Agora havia algo que só eles compartilhavam. Hillel e Jack não tinham as xícaras, nem as jaquetas, nem a relação de yin e yang. Tampouco (como o resto do ano irá mostrar) tinham a cama dividida ou as jornadas juntos pela escuridão de Los Angeles. Flea e Anthony – e *só* Flea e Anthony – tinham. Havia uma série de círculos que diminuíam cada vez mais de diâmetro; dos quatro (agora seis) membros da banda, depois Los Faces e, enfim, os Brothers Cup, só esses dois amigos restaram.

Anthony e Flea seriam em breve os únicos membros originais remanescentes do Chili Peppers – título que carregam até hoje. A relação deles definia e continua a definir a forma como a banda funciona. Eles terem viajado para fora do país e voltado com essa nova piada interna pode não ter parecido muita coisa na época, mas sem essa consolidação de sua relação perto do final do primeiro ano do grupo, que somava às viagens, planos e aventuras já vividos por eles, os mais de 35 anos seguintes talvez não tivessem acontecido.

O paradeiro atual das xícaras é desconhecido e é improvável que elas ainda estejam com seus donos originais. Nas primeiras páginas de sua autobiografia, Anthony afirma erroneamente que perdeu a jaqueta e as xícaras no início de 1985, mas os dois podem ser vistos usando as jaquetas (com as xícaras) no clipe de "Fight Like a Brave", de 1987. As xícaras em si mudaram ao longo dos anos (isso se ainda eram de fato do mesmo conjunto comprado em Paris); inicialmente, eram todas da mesma cor – um azul claro ou branco –, mas, nos anos seguintes, Anthony pintou vários desenhos nas suas, e, em 1987 – talvez a mais recente aparição delas –, estavam pretas, e as de Flea, vermelhas.

Não se sabe as datas exatas da viagem à Europa, embora haja algumas pistas. Não há evidências de shows do Red Hot Chili Peppers entre 18 de setembro e a segunda semana de outubro, como especulado adiante, então muito provavelmente a viagem aconteceu entre essas duas datas. A

SHOW Nº 26: 18 DE SETEMBRO DE 1983

menção da viagem na L.A. Dee Da, que então ainda não havia acontecido, é do final de setembro. A segunda menção, que implicava que Flea e Anthony ainda estavam fora na época, é de meados de outubro.

Enquanto os dois estavam no exterior, o What Is This se manteve ocupado e fez pelo menos dois shows, um no The Plant, em 30 de setembro, e outro no Club Lingerie, o quinto da banda lá naquele ano, no dia seguinte*. Este seria provavelmente o último que o What Is This faria por dois meses, já que – em outro paralelo com os irmãos do Red Hot Chili Peppers – eles se despediram de um membro na véspera de assinar um contrato de gravação. Neste caso, foi o baixista Hans Reumschüssel. Em menos de uma semana depois do show no Club Lingerie, Hillel estava colocando anúncios nos classificados do *LA Weekly* à procura de "baixista *funky* com interesses musicais diversificados e que detone". Encontrar esse novo integrante levaria algum tempo e eles só voltariam a tocar ao vivo em dezembro.

Isso complicou a situação consideravelmente. Hillel e Jack tinham acabado de sair (ou tinham anunciado suas intenções de sair) do Chili Peppers com o intuito de focar na outra banda, mas ela foi imediatamente truncada por seu próprio desfalque de integrante. Isso os deixou num limbo e atrasou sua saída do Chili Peppers. No fim, o saldo pode ter sido positivo. Como o What Is This fez uma pausa, Hillel e Jack ficaram livres para fazer os outros shows que o Chili Peppers tinha marcado para 1983, dando a Flea e Anthony mais tempo para ensaiar e se preparar para os substitutos. Talvez eles preferissem uma transição mais limpa, mas pouca coisa nessa banda já foi limpa**.

---

* O baterista do Jimi Hendrix Experience, Mitch Mitchell, esteve presente nesse show, o que deve ter sido uma emoção e tanto para os membros da banda obcecados por Hendrix. (N. do A.)

** É como se nos últimos meses de 1983, enquanto Lindy Goetz negociava o contrato da banda com a EMI/Enigma, Flea e Anthony tivessem se tornado os únicos membros "oficiais" da banda, enquanto Hillel e Jack, em certo sentido, seriam músicos contratados temporariamente. Configuração necessária que talvez inadvertidamente também tenha tornado mais fácil a troca de integrantes mais adiante. (N. do A.)

O Chili Peppers não foi esquecido enquanto Flea e Anthony estavam fora. A foto que Lynda Burdick fez da banda em julho – os rapazes sem camisa e abraçados na frente do Music Machine – foi publicada junto a uma mensagem da gerência do Club Lingerie numa página inteira do *LA Weekly*. "Obrigado, Los Angeles, por mais um ano de apoio", dizia em letra de mão, "em particular a todos os artistas que criaram uma diversidade fascinante e que mais uma vez ditaram os precedentes e o estilo para os outros clubes seguirem e copiarem".

Embora o Chili Peppers só tivesse tocado no Club Lingerie duas vezes até então e nenhuma como *headliner* – isso ocorreria apenas no início de novembro –, ainda assim já era uma banda famosa (dentro da cena) que recebia bastante espaço ao lado de outros artistas. Um sinal do que estava por vir?

Quando Flea e Anthony retornaram do passeio pela Europa, havia alguns assuntos importantes a tratar. Primeiro, em questão de uma ou duas semanas após a chegada aos EUA, eles mais uma vez não tinham onde morar. Pagar o aluguel não estava entre as prioridades no La Leyenda; desde que se mudou para lá alguns meses antes, o trio do apartamento 307 vivia uma batalha constante com o proprietário em relação ao aluguel. A culpa era majoritariamente de Bob Forrest, que sumia com o dinheiro que Flea e Anthony lhe davam. Depois que o dono, desesperado, removeu a porta, pensando que essa medida drástica certamente os expulsaria dali, eles simplesmente pregaram um lençol no batente para substituí-la. Quando a água foi cortada, tomavam banho em outros lugares. Porém, ao voltarem da Europa, encontraram "avisos de que íamos direto para a cadeia se ocupássemos o lugar novamente", recordou--se Anthony. Suficientemente assustado, Flea se abrigou com sua irmã Karyn, que também recebeu Anthony por um breve período até convidá-lo a se retirar – mais uma vez – por ter sido pego tendo relações sexuais num local inapropriado.

SHOW Nº 26: 18 DE SETEMBRO DE 1983

O segundo assunto a ser tratado era a banda. Embora Cliff Martinez e Dix Denney já estivessem recrutados, ainda não tinham sido devidamente integrados e ensaiados. Havia uma série de shows já marcados antes que Flea e Anthony viajassem; agendados possivelmente antes mesmo do contrato de gravação com a EMI/Enigma ter surgido. Por sorte, Hillel e Jack ainda estavam disponíveis enquanto o What Is This buscava um novo baixista, e essa estranha versão da banda, envolta num limbo, poderia tocar.

O primeiro desses shows marcou um debute em si: a performance de estreia do Red Hot Chili Peppers fora do estado da Califórnia.

SHOW Nº 27

CIRCA 10-13 DE OUTUBRO DE 1983

E'wu's Paradise, South Galena Street, 450, Aspen, CO

EM MEIO À COBERTURA DO *LA WEEKLY* do histórico show de 3 de julho no Kit Kat Club havia a notícia de que o Chili Peppers estava "a caminho de Aspen", seguida da piadinha sarcástica que dizia que não havia planos de a banda "colaborar com Claudine Longet – o tiro sairia pela culatra. Eita!". Claudine Longet era uma atriz franco-americana condenada por homicídio culposo depois de atirar em seu marido, o esquiador olímpico Vladimir Sabich, em Aspen, no ano de 1976. Longet alegou que Sabich estava mostrando a ela o funcionamento de uma arma, que disparou acidentalmente. Muita gente considerou a alegação inacreditável, daí a alfinetada do *Weekly*.

Algum boi na linha deve ter feito os autores da matéria pensarem que a viagem para o Colorado estava marcada para julho; pode ter sido agendada em junho, mas aconteceu de fato em meados de outubro.

Por que a banda tomou a curiosa decisão de sair de Los Angeles logo quando começava a causar um alvoroço de verdade na cidade natal? E por que Aspen? Era uma escolha bizarra. A cidade turística do Colorado,

SHOW Nº 27: CIRCA 10 A 13 DE OUTUBRO DE 1983

conhecida pela abundância de estações de esqui e pelas músicas de John Denver, fica a 1,5 mil km de Los Angeles e dificilmente teria alguma cena associada ao punk, menos ainda ao punk embebido em funk. Porém, isso mostra quanta coisa pode mudar em tão pouco tempo; quando a viagem foi marcada, não havia contrato de gravação, nem o menor sinal de mudança de formação. Aspen, com suas montanhas, seu luxo e seu glamour, era imensamente diferente das ruas de Los Angeles, mas talvez esse fosse o ponto. Por que não arriscar e partir para algum lugar diferente? Era uma oportunidade de viajarem juntos, e L.A. sempre estaria ali quando voltassem. E lá se foram eles, cruzando as fronteiras da Califórnia pela primeira vez como banda, numa van alugada no início de outubro, acompanhados do velho amigo Gary Allen.

As responsáveis por fazer o show acontecer foram as irmãs Sherri e Deanne Franklin. Deanne morava em Los Angeles, era fã da cena punk e já tinha visto vários dos primeiros shows do Chili Peppers. Era tão fã que chegou a levar a fita demo a seu amigo Ron Fair, que era executivo de artista & repertório na Chrysalis Records. Deanne sentia que a banda "ia mesmo ser a próxima sensação", mas infelizmente não aconteceu. "Ele recusou no ato."

Ainda determinada a ajudar o grupo, Deanne se lembrou de algo que sua irmã Sherri, que vivia em Aspen e tinha um salão de beleza, lhe dissera alguns meses antes. David Moss, nativo de Aspen e amigo de Sherri, tinha um clube/bar/restaurante chamado E'wu's Paradise e queria "sacudir" a cidade montanhosa com um pouco de punk da Costa Oeste. Por sugestão de Sherri e através dos contatos de Deanne, Moss visitou Los Angeles e se encontrou com a banda em junho, convidando-a para uma residência de dois shows por noite durante três datas no clube mais para o final do ano – por 270 dólares a noite, um ótimo negócio para um grupo desconhecido, sem contrato ou empresário na época. Havia ainda uma conexão pessoal mais próxima entre David Moss e Anthony

Kiedis: Moss era amigo de Sonny Bono, "padrinho"* e, certa vez, babá de Anthony, que passava suas férias em Aspen. Bono, no fim, acabaria agradecendo a Moss por dar a seu afilhado a oportunidade de "fazer sucesso".

O E'wu's Paradise foi inaugurado em 1978 por David Moss e sua esposa, Nikki (nascida Nae Kyung Kim), considerada a primeira mulher de negócios de ascendência asiática de Aspen. Depois de ganhar alguma experiência com um restaurante chinês chamado Arthur's, o casal reformou o falido Rick's American Café – notório por seus concursos de camiseta molhada – e abriu o Paradise Theater. No início de 1983, o local passou a se chamar E'wu's Paradise, em homenagem a um dos cozinheiros do restaurante, tornando-se rapidamente uma das principais atrações da cidade. Era bar, restaurante e casa de shows num só lugar, parecido com o Grandia Room ou o China Club, em Los Angeles.

Apesar de todas as boas intenções de Sherri, Deanne e David e do quão bem a banda era recebida em Los Angeles, na rural e conservadora Aspen as coisas não correram exatamente como o planejado. Em relatos, Flea disse que eles conseguiram tocar um *set* inteiro, mas Sherri Franklin se recorda de que a banda foi convidada por Moss a se retirar depois de apenas duas músicas, uma das quais, segundo Gary Allen, foi o tema da *Família Buscapé*.

"Convidada a se retirar" talvez seja um eufemismo. A banda foi, em essência, escorraçada do palco por um público desordeiro: "Eles nos disseram para levar aquela 'música de preto' de volta para Hollywood".

Há várias razões para eles terem sido recebidos dessa forma, mas a explicação mais simples é a de que, ainda não sendo alta temporada, o público presente no E'wu's Paradise naquela noite não era adequado para aqueles punks bagunceiros da cidade louca e progressista. Os locais já se ressentiam dos turistas ricos de Hollywood que enchiam a

---

* Sonny Bono é frequentemente mencionado como padrinho oficial de Anthony, mas não é o caso. (N. do A.)

SHOW Nº 27: CIRCA 10 A 13 DE OUTUBRO DE 1983

cidade nas temporadas de esqui, o que pode ter sido mais um sinal – fora de época, esses tipos *definitivamente* não eram bem-vindos. Não foi a primeira vez que uma banda como o Chili Peppers foi recebida com desprezo, escárnio ou até ameaças de violência por um público que não estava pronto para ela.

O grupo não ficou nada contente com a recepção violenta; ficaram "putos demais", lembra Sherri Franklin. Podiam ser capazes de suportar uma hostilidade descarada – já tinham sido atacados com garrafas, ofendidos por multidões e mandados de volta para uma cidade de onde nem sequer eram por fãs do Oingo Boingo –, mas aquele racismo descarado (afinal, Garry Allen, que é negro, estava com a banda) e aquele pensamento tacanho atingiram onde não deveriam. Então deixaram o palco.

Depois do curto show, se retiraram para passar a noite na casa de um amigo de Allen, que, recorda-se ele, "preparou um belo jantar orgânico, do qual muito pouco foi de fato comido, porque tínhamos ecstasy e fomos nadar debaixo de chuva na piscina aquecida".

Sherri Franklin se juntou a eles, e logo chegou a hora de voltar para Los Angeles, mais cedo, mal pagos e com uma experiência negativa. "Todos nós chapamos, e eles foram embora no meio de uma nevasca."

No entanto, embora tenham tido *alguma* diversão depois que a residência chegou a um fim prematuro, a forma como foram tratados os deixou com um azedo na boca. "Fomos embora e nunca mais vamos tocar lá", afirmou Flea alguns anos depois, com a raiva ainda evidente. Mantiveram-se firmes na promessa; desde então, o Red Hot Chili Peppers tocou muitas vezes no Colorado, mas nunca em Aspen, a despeito de diversas oportunidades, especialmente quando eles mesmos começaram a se misturar às celebridades que a cidade geralmente atrai.

Já é estranho que a banda tenha ido a Aspen – com o contrato de gravação no horizonte, a troca iminente de integrantes e todas as mudanças cataclísmicas que estavam a caminho –, mas provavelmente foi por essas mesmas razões que eles acharam tão fácil retornar, uma vez que se deram conta de que as coisas não estavam rolando como o esperado. Tinham uma base à sua espera, um público que gostava deles e até incentivava suas estripulias, por enquanto, além de um trabalho importante a fazer. Por que perder tempo na neve do Colorado tocando para um bando de caipiras que não queria ouvi-los?

O Red Hot Chili Peppers só faria outro show fora de Los Angeles em abril e só sairia da Califórnia em agosto de 1984 – mas havia aqui um primeiro gostinho do que o ano (e a década) seguinte trariam: a saída da bolha; a possibilidade de hostilidade; as longas viagens pela neve em vans alugadas rumo a mundos novos e estranhos. Não foi o primeiro show fora da cidade para alguns deles (e *havia* a chance de aquela apresentação misteriosa em São Francisco ter ocorrido em julho), mas foi o primeiro em território descaradamente hostil, longe da terra natal e nas profundezas de algo desconhecido.

Não se sabe a data exata deste show e da pretendida residência. Aparentemente, não foi publicado nenhum anúncio nos jornais diários ou semanais de Aspen. Nenhuma das partes envolvidas também se lembra exatamente quando aconteceu – só que era outono e a cidade despertava da hibernação para a estação gelada. A única característica que poderia ajudar a datá-lo seria a nevasca que chegou enquanto a banda ia embora. Segundo o Colorado Climate Center, a primeira nevasca pesada daquele ano chegou ao estado entre os dias 10 e 13 de outubro.

Não há nenhuma evidência de shows marcados para o Red Hot Chili Peppers, o What Is This ou o FEAR entre 1º e 26 de outubro, o que torna o período do meio do mês como o mais provável para essa jornada malfadada a Aspen. Eles já estariam com o calendário livre, uma vez que os shows foram marcados em junho, levando em consideração ainda a viagem à Europa de Flea e Anthony. É claro, uma fonte primária poderia confirmar a data dessa performance curta, caótica e, ainda assim, histórica em alguns aspectos, indicando que a sugestão acima pode estar incorreta.

SHOW Nº 27: CIRCA 10 A 13 DE OUTUBRO DE 1983

Em casa, Flea voltou ao batente no FEAR e fez um show em El Monte, a nordeste de Los Angeles, no dia 26 de outubro. Foi o primeiro da banda em muitos meses e o início de um período discretamente mais produtivo.

Há uma gravação desse show de El Monte em circulação numa qualidade razoavelmente decente. Com 21 músicas (a maioria delas ainda não gravada ou lançada até então) em pouco mais de uma hora, é um documento frenético daquela era do grupo, repleto de brincadeiras sarcásticas – homofóbicas, racistas, xenófobas – que renderiam viradas de olhos na terceira década do século 21, mas que, no século 20, ainda retinham pelo menos parte da acidez. Anthony se expressou bem quando, anos depois, se recordou de que "a falação deles no palco não era muito politicamente correta para a maioria das pessoas, mas a gente não levava nenhuma daquelas provocações a sério. Era para tirar onda. Tentavam incomodar todo mundo no lugar".

É também uma das raras gravações da formação com Flea. Nela, podemos vislumbrar a tentativa dele de interpretar um punk durão e, apesar do que ele diria mais tarde ("Aprendi [...] como falar ao microfone com confiança, que eu poderia falar qualquer coisa, qualquer coisa que causasse comoção"), nem sempre é convincente. Além da homofobia preguiçosa (a qual, para seu crédito, ele viria a lamentar no futuro), numa pausa ainda no início causada por dificuldades técnicas, ele faz apenas barulhos ao microfone, perdido diante de um público que rapidamente vai se desinteressando. Lee Ving, que de todos ali é quem tem mais experiência de palco, de vez em quando se mostra ironicamente charmoso, mas a maioria do que a banda diz em cena não envelheceu bem e é difícil imaginar que em algum momento tenha sido cativante.

Porém, quando o FEAR de fato toca, não soa nada mal, ainda que o deslize para um território mais metal – o que Flea mais tarde diria ter sido um dos catalisadores de sua saída – já esteja evidente. Também é notável que Flea toque trompete (fazendo inclusive um solo) em "New York's Alright If You Like Saxophones". Evidentemente, não havia um saxofone disponível, e a troca de instrumentos foi tratada com piadas bem intencionadas às custas do músico*.

---

* Esta é também a gravação mais antiga de Flea ao trompete, instrumento ao qual ele retornaria várias vezes no futuro, muitas delas com o Red Hot Chili Peppers. (N. do A.)

SHOW Nº 28

29 DE OUTUBRO DE 1983

The Plant, Ventura Boulevard, 12446, Studio City, CA

NOVAMENTE A BANDA se deslocou até o The Plant. Desta vez, o Chili Peppers foi a atração principal num show que contou com um *lineup* muito familiar, com o Minutemen, o Blood on the Saddle e os Mentors.

Esta noite e as duas performances seguintes devem ter sido estranhas, um tanto melancólicas e levemente congeladas no tempo. Os contratos de gravação tanto para o Red Hot Chili Peppers quanto para o What Is This eram iminentes. Hillel e Jack sabiam que iam sair, e, mesmo assim, a banda continuava a se apresentar. Permanecer no RHCP, por ora, era possível porque o What Is This estava sem baixista, só voltando a tocar em dezembro. Então, embora Hillel e Jack tivessem a liberdade de continuar com o Chili Peppers, todos os envolvidos sabiam que não ia durar.

O que estaria se passando pela cabeça deles? Que esta era uma das últimas rajadas de diversão antes que tudo chegasse a um fim? Ou seria, agora, uma distração antes que eles pudessem tratar da banda à qual haviam decidido dedicar seu tempo e sua energia?

Não parece haver fotos deste show, exceto por uma possivelmente tirada naquela noite por Jennifer Finch, que mais tarde seria baixista da proeminente banda punk L7. A imagem mostra Flea (que parece especialmente fascinado), Jack e metade do ombro de Anthony assistindo ao Minutemen.

Infelizmente, este seria o último show da banda nessa casa industrial singular com seu palco de porta de garagem. Embora fosse amada pelos fãs e justa com as bandas – nem sempre o caso nos clubes de Los Angeles –, sua localização em San Fernando Valley deixava muito a desejar. "Há uma atitude provinciana muito arraigada no pessoal de Hollyweird de não se aventurar para o Valley, sob a pena de se tornar uma espécie de nulidade socialmente enferma", escreveu o *LA Weekly*. E tristemente o The Plant foi mais uma vítima dessa mentalidade. Com seu fim, mais uma das casas onde o Red Hot Chili Peppers tocou nos primórdios se fechou para sempre[*].

Na noite de Halloween, o FEAR fez um show no Starlite Roller Rink, em North Hollywood. Um rinque de patinação era um lugar estranho para esse tipo de performance, mas este recebia o caos punk com frequência – o Dead Kennedys, o T.S.O.L. e o Circle Jerks também tocariam lá antes do fim do ano. Há uma gravação do show feita do público em circulação, que difere daquela da semana anterior ao mostrar uma banda muito mais afiada e de sonoridade muito mais profissional. Não há problemas técnicos, a perda de tempo é mínima e os quatro integrantes passam como uma betoneira sobre o *set* com o mínimo de distrações. Estranhamente, por causa disso tudo, é inevitável pensar que estar lá deve ter sido bem menos divertido.

---

[*] Em 10 de dezembro, enquanto o Chili Peppers se encontrava num hiato forçado, Flea e Anthony se juntaram a diversas outras bandas para uma festa ébria de despedida, garantindo que, se a casa precisava fechar, pelo menos que fosse em grande estilo. (N. do A.)

SHOW Nº 29

7 DE NOVEMBRO DE 1983

Club Lingerie, Sunset Boulevard, 6507, Hollywood, CA

ESTE SHOW NO INÍCIO DE NOVEMBRO foi em prol do clube Zero One, que passava por uma necessidade urgente de dinheiro. Foi distribuído um *flyer* desenhado à mão que trazia quatro pimentas e convidava os frequentadores leais do clube a "proteger o lugar onde vocês pisam todas as noites de sexta e sábado". Mais uma vez, tocou o Tex and the Horseheads, que teve a companhia da Screamin' Sirens, banda só de garotas formada em 1983 no meio daquela enxurrada de shows que aconteciam nos clubes. Uma de suas integrantes era a multitalentosa Pleasant Gehman, agente do Cathay de Grande e uma das responsáveis pela coluna L.A. Dee Da do *LA Weekly*.

A L.A. Dee Da propiciara muita propaganda gratuita para a banda naquele ano, mas, depois deste show, publicou uma das primeiras resenhas negativas de verdade, na qual o colunista afirma que "alguns dos presentes diziam que o apelo piadista do grupo já perdeu a graça". Essa reação anônima, apesar de não ser indevidamente hostil, talvez sugerisse que o Chili Peppers, sua música e suas travessuras haviam começado a cansar o público, que tanto já o tinha visto ao longo de 1983. Com o *set list* praticamente idêntico desde maio e um padrão de retenção forçado desde setembro, é compreensível, pois estavam num precipício – e mudanças importantes ainda não tinham sido levadas a cabo. Eles eram uma banda petrificada em âmbar, com um número já envelhecido. Alguma coisa tinha de mudar.

Outros presentes, porém, curtiram o show. A vocalista da Screamin' Sirens, Rosie Flores, relembrou o bate-cabeça de Flea e de ter ficado com medo de que ele machucasse o pescoço.

Embora parecesse para o público que a banda se encontrava em modo de espera, nos bastidores o trabalho era duro. Eles tinham reuniões periódicas com os novos membros, Dix Denney e Cliff Martinez, para repassar o repertório antigo e começar a compor novas músicas.

Infelizmente, quando mentes criativas independentes se juntam, problemas podem surgir, mesmo com a melhor das intenções. Cliff encaixou-se de imediato e aprendeu suas partes com a mesma diligência que demonstrou em seu período com o Captain Beefheart. Já no caso de Dix, embora fosse um ótimo guitarrista com quem a banda se dava bem com facilidade, socialmente falando, ficou claro que ele "não estava acertando na guitarra" e que, apesar de suas habilidades, "não conseguia se empenhar nas criações de outras pessoas".

Pode ter havido outras razões para Dix não se conectar. Seu jeito de tocar, muito mais adequado ao tipo de papel que desempenharia no Thelonious Monster, que ele formaria com Bob Forrest e Pete Weiss no ano seguinte, nunca se prestou muito bem ao funk mais esparso e cortante do Red Hot Chili Peppers. Embora as partes de Hillel não fossem excessivamente complexas, tinham um espírito e uma pegada nessa economia que não eram fáceis de imitar. Denney também era bem mais velho do que Flea e Anthony; a lacuna etária não parecia ser um problema no caso de Cliff Martinez, mas talvez o tenha sido para Denney.

Porém, essas são teorias, sendo o relato de Anthony em sua autobiografia o único que existe da parte de qualquer um dos integrantes a

SHOW Nº 29: 7 DE NOVEMBRO DE 1983

respeito do período de Denney na banda. Em suma, ele simplesmente não era compatível, o que ficou evidente de modo quase instantâneo. E quanto mais cedo todos tocassem em frente, melhor.

Assim, Flea e Anthony bolaram um plano farsesco para demiti-lo no meio de uma partida de taco num parque da cidade – estratégia que não correu como esperada. Denney entendeu errado, pois nem Flea nem Anthony conseguiram tomar a dianteira e dizer o que precisava ser dito. A demissão gentil se transformou numa declaração seca, que deixou o vocalista e o baixista tristes e Dix, desamparado. "[Pensávamos] que sempre seríamos quatro malucos de Hollywood", recordou-se Anthony, "mas agora estávamos vendo que teríamos de enfrentar as realidades da vida". Este seria o primeiro episódio em que a dupla precisou demitir um membro da banda, uma experiência bastante diferente de Hillel sair por uma necessidade fortuita. Eles logo se acostumariam, mas esta foi mais uma primeira vez num ano cheio de experiências novas[*].

E foi assim que agora havia dois ex-guitarristas do Red Hot Chili Peppers[**]. Flea, Anthony e Martinez precisavam encontrar rapidamente outro substituto para o posto vago de Hillel após o tempo precioso que passaram com Dix ter sido desperdiçado, apesar da lição valiosa. Porém, não demoraram a surgir sugestões informais. Nos classificados da edi-

---

[*] Não houve ressentimentos, assim como não seria a última vez em que Flea ou Anthony tocariam com Dix Denney. No início de 1984, eles formaram a banda Anarchy 4 – com um "Baterista Misterioso", que talvez seja Cliff – para um único show no Club Lingerie, abrindo para a banda-paródia de metal Mega Death. (N. do A.) *[Não confundir com o Megadeth de Dave Mustaine: o "Mega Death", com essa grafia, era de fato uma banda de paródia de heavy metal popular na cena de Los Angeles na época. – N. do T.]*

[**] Numa entrevista de 2019 feita por Nate Pottker para o site do Thelonious Monster, Dix mencionou que apenas fez um *teste* para a banda e nunca entrou de fato. No entanto, menções no *LA Weekly* na época se referem especificamente a ele ter entrado antes da viagem à Europa, e, em *Scar Tissue*, Anthony afirma que Denney esteve presente em vários ensaios antes de topar entrar. Embora ele não tenha feito nenhum show, ainda pode ser considerado um membro legítimo, mais ou menos da mesma forma que Jesse Tobias no curto período em que esteve na banda, dez anos depois. (N. do A.)

ção de 17 de novembro do *LA Weekly*, entre os anúncios de telessexo e vendedores de fotocopiadoras, havia um aviso minúsculo: "RED HOT CHILI PEPPERS Precisa do guitarrista mais maluco, mais *funky* e mais intenso que já pisou na face da terra". *[sic]* Três anúncios acima estava um parecido do What Is This, que buscava um "baixista com o *groove* definitivo infl. Hendrix, Gang of Four do começo e Ohio Players. Imagem é importante". A banda ainda estava à procura de um substituto para Hans Reumschüssel, mais de um mês depois de sua demissão.

Flea, enquanto isso, estava ocupado com o FEAR – o mais ocupado que esteve com a banda em um bom tempo. Ele foi para a cidade de Azusa, ao norte, para fazer mais um show de final de semana no Timbers, com abertura dos grupos punk Mad Parade e Modern Industry.

Anthony também andava ocupado, porém num sentido mais social. Em meados de novembro, ele conseguiu conhecer Hugh Hefner, editor-chefe da *Playboy*, presumivelmente numa festa em Hollywood. Uma foto dos dois tirada por Gary Leonard foi, naturalmente, publicada numa edição da L.A. Dee Da no mesmo mês.

SHOW Nº 30

23 DE NOVEMBRO DE 1983

Reseda Country Club, Sherman Way, 18415, Reseda, CA

A ÚLTIMA PERFORMANCE DO GRUPO naquele ano inaugural de 1983 – e a última que Hillel Slovak e Jack Irons fariam com o Chili Peppers por 14 e 31 meses, respectivamente – foi num anticlímax, como atração de abertura para o Plimsouls. Fundada em 1978 por Peter Case, a banda lançara meses antes seu álbum de estreia por uma gravadora *major*, *Everywhere at Once*. Tocou também o The Plugz, grupo punk latino, formado em meados da década de 1970, que se apresentou por toda Los Angeles nos meses anteriores e aparece no documentário *The Decline of Western Civilization*, de Penelope Spheeris.

O Reseda Country Club foi inaugurado em março de 1980 sob o comando de Chuck Landis, *promoter* veterano e bem conhecido na cidade por ser sócio do mundialmente famoso clube Roxy, além de muitos outros na Sunset Strip. Como o nome sugere, o novo empreendimento foi aberto para apresentar especificamente música country, com Landis convidando "a nata do gênero, artistas como Willie Nelson, Kenny Rogers, Anne Murray e outros desta estatura" para tocar lá. Embora o cantor de outlaw country Merle Haggard tenha aberto as festividades da primeira noite, não demorou a ficar evidente para a gerência – outra lenda local, Jim Rissmiller, que logo a assumiu – que só o country não iria sustentar o lugar. No final do ano, todo tipo de música era tocada no espaço para mil pessoas e, em pouco tempo, a casa receberia até artistas de rap e hip-hop.

O Reseda Country Club acabou sendo o local perfeito para este último show, pois havia sido onde Anthony despertou para o rap e o hip-hop em outubro de 1982, naquela apresentação do Grandmaster Flash que mudou sua vida. E em apenas 13 meses, veja só onde ele estava. O entusiasmo com aquele show transformou uma fagulha nas chamas que trouxeram um compromisso de tempo integral: uma banda com repertório, contrato de gravação e um futuro brilhante pela frente, tocando agora no mesmo palco que o levou até ali. Que lugar melhor do que esse para fechar as cortinas do ano, fechar um ciclo?

Infelizmente, não há gravações nem fotos do show. E a pergunta que fica no ar é: será que quando Hillel e Jack saíram do palco – talvez depois de tocarem "Fire", que parecia fechar a maioria das apresentações da banda desde que entrara no *set*, em maio –, se deram conta de que seria sua última performance com o Chili Peppers? Após 11 meses de diversão, seria este o fim?

O Red Hot Chili Peppers não tinha mais shows marcados naquele ano[*], e o What Is This enfim conseguiu um novo baixista no final de novembro ou início de dezembro, Chris Hutchinson. Isso pode ter acontecido na época do show no Reseda Country Club, o que teria colocado um fim na estadia prolongada de Hillel e Jack na banda. Nesse sentido, é uma pena que eles não tenham conseguido encerrar como *headliners*, com todos os amigos na plateia para dar adeus ao grupo de uma maneira melhor do que por meio de uma apresentação de abertura, diante

---

[*] Se havia mais shows marcados, não há *flyers* existentes ou foram cancelados com antecedência. (N. do A.)

de pessoas que esperavam pacientemente pela atração principal. Porém, não era para ser. Tanto o Plimsouls quanto o The Plugz eclipsavam o Red Hot Chili Peppers em termos de reconhecimento e sucesso naquele momento, portanto, um terceiro lugar no cartaz era justo.

Hillel e Jack também podem ter sentido um alívio razoável; afinal, como eles viriam a dizer, o "Chili Peppers era algo que começou a decolar e era muito divertido, mas o What Is This sempre foi o grupo principal para nós". Agora, com Hutchinson a bordo e os graves da banda intactos, tinham a oportunidade de focar nesse "grupo principal".

Infelizmente, Peter Case, do Plimsouls, não tem memórias do Chili Peppers no show. E, embora Tony Marsico, baixista do The Plugz, também não se lembre de nada em particular sobre aquela noite, tem muitas recordações queridas de Flea e escreveu em sua autobiografia, de 2008, que ele "era um grande garoto, com muita coragem, que topava qualquer desafio. Arrependo-me de ter rido dele certa noite numa festa quando ele sugeriu que nós formássemos uma banda com dois baixistas!". Marsico veio a reconhecer Flea como alguém que "enfrentava o público para ficar bem na frente e no centro em todos os shows do The Plugz", o que talvez explique por que sua banda teria recebido a posição lucrativa; mais uma vez, a lealdade e a mente aberta tinham valido a pena.

À medida que o final do ano se aproximava, Flea foi para Sacramento e São Francisco para fazer dois shows com o FEAR, respectivamente no Club Minimal e no On Broadway. No dia 29 de novembro, fez a que foi provavelmente sua última apresentação com a banda, abrindo para o Circle Jerks no Starlite Roller Rink, em North Hollywood.

Flea se viu desestimulado com o FEAR ao longo do ano, o que culminou em sua saída no início de 1984. O que a princípio fora uma experiência empolgante e às vezes esmagadora, logo azedou; o FEAR era divertido, mas o Chili Peppers era inesperadamente mais divertido e, mais importante, era uma diversão entre iguais. Os companheiros de banda de Flea no FEAR eram amigos, mas não eram seus amigos *mais próximos*, como Anthony. Então, num golpe peculiar do destino, pouco mais de um ano depois de deixar os amigos do What Is This para ir tocar no FEAR e de ter de enfrentar a mágoa que causaria neles por isso, ele acabaria saindo do FEAR... para tocar com seus amigos.

Flea também passou a achar que a *"vibe"* de antagonismo, racismo, sexismo e xenofobia generalizada e irônica do FEAR estava "passando do ponto". Embora pudesse apreciar o humor e não o considerasse intocável, começou a ficar cada vez mais desconfortável com o que era dito no palco noite após noite para multidões de fãs que ou engoliam ou revidavam os abusos. Após um momento de inspiração particular envolvendo *Soul on Ice*, compilado de ensaios seminal, ainda que controverso, de Eldrige Cleaver sobre raça – escrito enquanto o autor estava numa prisão na Califórnia sob acusações de estupro –, Flea, nervoso, ligou para Lee Ving para dizer que teria de sair da banda, só para ser demitido no mesmo instante. Ving começara a sentir que o baixista estava se apertando demais entre o FEAR e o Red Hot Chili Peppers. Claramente, Flea não era o único que se sentia desiludido com seu lugar no grupo, mas, com a conversa desagradável resolvida, ele agora estava livre. A experiência com seus ídolos punk havia terminado, e, em fevereiro de 1984, o novo baixista do FEAR era Lorenzo Buhne, ex-integrante dos Dickies[*].

No que diz respeito ao envolvimento de Flea com a banda de fato, ele não foi um integrante particularmente impactante, tendo feito menos de 20 shows e participado de apenas uma única gravação em estúdio, sessão que, aliás, não foi lançada. Mas não foi por falta de tentativa. Flea

---

[*] O FEAR lançou seu segundo álbum, *More Beer*, em 1985. Porém, o resto da década foi silencioso para a banda, que se separou em 1993. Nesse ínterim, Lee Ving continuou a atuar; seu papel mais notável no cinema foi em *Os Sete Suspeitos*, adaptação do jogo de tabuleiro *Detetive*. O FEAR se reuniu muitas vezes, nas quais Ving, o mandachuva, foi o único membro constante. A formação clássica, com Tim "Spit Stix" Leitch e Philo Cramer, voltou a tocar junta em diversas ocasiões desde 2018. Fred "Derf Scratch" Milner faleceu em 2010. (N. do A.)

era um membro efetivo e não um tapa-buraco ou integrante temporário. Segundo o baterista Spit Stix, o grupo chegou a ensaiar extensivamente composições originais de Flea – material que, de forma tentadora, parecia conter ideias que vieram a se tornar canções do Chili Peppers. No fim das contas, nada disso chegou aos palcos ou ao estúdio, de modo que, quando o período de Flea no FEAR se encerrou, ele tinha marcado pouquíssima presença na banda, tendo apenas tocado entre dois baixistas que contribuíram mais e por períodos mais longos.

Enquanto isso, o novo What Is This reemergia na cena de Los Angeles dois dias antes do Natal para um show no Music Machine, abrindo para o Mega Death, banda satírica de metal farofa que contava com membros do Circle Jerks e do Plimsouls. O grupo, agora mais uma vez firme, se preparava rapidamente para gravar seu EP de estreia pela MCA Records.

Em relação às presenças no palco, esse show encerrou 1983; três bandas diferentes tocaram cerca de 70 vezes por Los Angeles, com incursões ocasionais a cidades mais ao norte e ao leste e, para uma delas, uma jornada caótica até Aspen em outubro. Para o FEAR, foi um ano quieto, quase de folga, especialmente depois do tumultuado período de 1982 e com o domínio dos projetos paralelos dos integrantes, ao ponto de parte da cena se perguntar se a banda havia acabado. O What Is This passou a maior parte do ano em banho-maria, com a partida de dois baixistas, mas, no outono, enfim obteve o contrato de gravação cobiçado por tantos anos, com a chance de finalmente ascender.

Quanto ao Red Hot Chili Peppers, eles haviam chegado totalmente formados e estouraram quase que de imediato. Sua chama era a que queimava com mais intensidade e rapidez. Depois daquelas primeiras apresentações em dezembro de 1982, o grupo entrou numa trajetória ascendente contínua; ganhou atenção, construiu um repertório e solidificou sua base, tendo sofrido só recentemente sua primeira crise de estagnação e má sorte.

Três bandas diferentes, três caminhos diferentes, três anos diferentes. Olhando para elas no inverno de 1983, à medida que 1984 se aproximava e os próximos capítulos de suas vidas engrenavam, seria impossível prever onde cada uma delas acabaria. Seriam alavancadas ao estrelato ou permaneceriam presas na estagnação?

Das três, o Chili Peppers era quem estava na posição mais precária. Eles eram os mais jovens e os menos experientes, especialmente fora de sua base. Tinham não só perdido o guitarrista e o baterista ao final do ano, como também um membro substituto, o que desfez todo o precioso espaço para respirar que haviam conseguido nesse ínterim. Porém, ao longo de novembro e dezembro, Anthony, Flea e Cliff trabalharam com afinco, tratando a banda com a seriedade que ela merecia, talvez pela primeira vez. Testavam novos guitarristas em busca daquele com quem se sentiriam confortáveis não só tocando o repertório já existente, mas também compondo. Enquanto antes dependiam de amizades, relacionamentos mais próximos e contatos dentro da cena para encontrar novos músicos, geralmente tocando com quem já conheciam, agora se valiam de fontes mais amplas, com notas em classificados e consultas a amigos mais distantes. Rick Cox, multi-instrumentista com quem Flea já tinha tocado em 1982, foi abordado, mas recusou: "Disse logo de cara que não era o guitarrista para eles".

Após algumas semanas árduas nas quais cogitaram "vários guitarristas", o Chili Peppers enfim chegou a dois nomes: Jack Sherman e Mark Metcalf, que atendia pelo nome artístico de Mark 9. Dois guitarristas que ocupavam mundos muito diferentes na indústria musical, mas que seriam, com alguma sorte, perfeitos para a banda. É um mérito da singularidade do som inicial do Chili Peppers que seu guitarrista não precisasse ser de um estilo específico: poderia ser um ritmista de funk afiado e limpo, como Nile Rodgers, ou um virtuoso ácido e uivante, como Eddie Hazel. O atestado do talento de Hillel Slovak é que ele conseguia tocar de ambos os jeitos com muita facilidade. Hillel Slovak, no entanto, não fazia mais parte da banda.

SHOW Nº 30: 23 DE NOVEMBRO DE 1983

Jack Morris Sherman nasceu em 18 de janeiro de 1956 em Miami, filho de um engenheiro elétrico. De forma semelhante a Flea e Anthony, a família de Sherman se mudou com frequência em sua infância – de Lake Hiawatha, Nova Jersey, a Allentown, Pensilvânia e Rochester, Nova York – até se estabelecer na Costa Oeste, em San Diego, quando Jack era adolescente. Seu desenvolvimento musical vem das fontes habituais; na infância, teve um interesse pela viola erudita que acabou em lágrimas, mas ver os Beatles no *Ed Sullivan Show*, em fevereiro de 1964, despertou nele um desejo por rock com guitarras, seguido pela educação musical oriunda de sua irmã mais velha, Gail. "Satisfaction", dos Rolling Stones, em particular, foi um "alarme antiaéreo" para o jovem quando a ouviu no rádio.

No que se refere a influências profundas também compartilhadas com o Red Hot Chili Peppers, aos 11 anos, Jack Sherman teve a honra suprema de ver Jimi Hendrix ao vivo, em carne e osso. Foi na época em que o guitarrista (num esquema do qual todas as partes envolvidas se arrependeram imediatamente) abriu para os Monkees numa curta turnê pelos EUA no verão de 1967.

Quando Jack tinha 14 anos, seus pais lhe deram sua primeira guitarra e pagaram por suas primeiras aulas, e um talento natural para o instrumento começou a florescer. Depois do ensino médio (cursando o dobro de créditos e optando por aulas nas férias de verão, ele se formou um ano mais cedo), Jack tocou numa variedade de bandas medianas, como Funky Demon, *cover* do Grand Funk Railroad, e Pagan Tumor, ambas do tipo em que alguém que acabou de sair da escola toca enquanto ainda tenta se encontrar como músico.

Em busca de pastos mais férteis, Sherman chegou a Los Angeles no outono de 1977 e logo de cara foi confrontado por um mau agouro ao ter seu carro roubado. Porém, instalado em Santa Monica, um sucesso razoável como guitarrista veio em seguida. Graças a uma dica de sua irmã, que cantava numa banda chamada Little Itch, o mais promissor de seus primeiros trabalhos foi como guitarrista solo no Toni & The Movers, que também contava com a futura baixista das Bangles, Micki Steele. Isso deu a Sherman sua primeira gravação de verdade, em 1981, além de uma aparição na TV logo depois*. Embora seu período com os Movers tenha por fim se estagnado e culminado com sua saída abrupta – "Começávamos a patinar, tocando as mesmas músicas repetidas vezes... show após show" –, os contatos feitos nessa época valeriam a pena.

O mais proeminente desses contatos era o cantor John Hiatt, a quem Sherman se juntou em 1982 para a turnê do álbum *All of a Sudden*. Porém, como era uma posição temporária, ele deixou a banda de Hiatt no final do ano seguinte, na época que o Chili Peppers se viu desfalcado de um guitarrista. Mais uma vez, Sherman estava à procura de trabalho e, mais uma vez, sua irmã Gail – que morava em Hollywood enquanto o irmão mais novo trabalhava em Santa Monica – lançou-lhe um bote salva-vidas. "Ela disse que uns caras que conhecia em Hollywood precisavam de guitarrista", recordou-se. "E, se não me engano, me deu o telefone de Flea e sugeriu que eu ligasse para ele. Foi o que fiz." A vida de Sherman havia mudado nos meses que antecederam esse momento; estava solteiro, sem trabalho regular e recentemente adotara alguns princípios alinhados ao taoísmo, como uma dieta macrobiótica. Em outras palavras, o meio no qual o Red Hot Chili Peppers circulava era muito distante do seu. Sherman nunca tinha ouvido falar na banda ou nas performances ao longo do ano, sequer de Anthony ou Flea antes do telefonema. Porém, a conversa foi boa. "Foi agradável, e nós combinamos um horário para eu fazer um teste."

Numa prova do vínculo ainda estreito que Hillel Slovak tinha com seus ex-companheiros de banda, esse teste – assim como os outros rea-

---

* O *single* "Africa", com o lado B "Bitches and Bastards", lançado sob o nome de Nadia Kapiche, foi gravado no Eldorado Studios por Dave Jerden como engenheiro de som – assim como o álbum de estreia do Red Hot Chili Peppers o seria alguns anos depois. (N. do A.)

SHOW Nº 30: 23 DE NOVEMBRO DE 1983

lizados naquele outono – aconteceu nos fundos da casa e estúdio que pertencia a Addie Brik, namorada de Hillel. O espaço era um antigo salão de bilhar reformado em North Heliotrope, chamado Crooked Cue, adquirido por Brik. O What Is This tinha começado a ensaiar lá no início dos anos 1980, sendo muito provável que o Chili Peppers também tenha usado o local quando começou a se tornar uma empreitada séria, em meados de 1983[*].

Depois de chegar ("Eu me lembro de ver um cara [Flea] se aproximar num carro velho e grande e achar a cabeça dele muito pequena dentro do veículo"), uma das primeiras coisas que Sherman notou foi a ausência do vocalista. Era um período de uso pesado de drogas para Anthony, que parece ter incrementado o comportamento autodestrutivo nos últimos meses de 1983, enquanto a banda se encontrava estagnada. Como Flea voltou a morar com a mãe e começou a pegar leve nas drogas graças a uma recém-adquirida apreciação (que durou pouco) pela cena *straight edge*, a nova namorada de Anthony, Jennifer Bruce, e o colega de apartamento Bob Forrest se tornaram seus novos parceiros no crime. Levaria alguns meses até que Sherman percebesse que a ausência de Anthony era um sinal de algo perturbador que estava por vir. Antes disso, ele estava apenas contente em tocar com um novo grupo de músicos promissor e empolgante.

A apresentação de Sherman a Flea e Cliff foi uma *jam* de funk padrão em Mi, uma forma de cada músico sentir um ao outro e descobrir quais os talentos dos demais. Porém, num repeteco de *seu* teste para o FEAR um ano antes, Flea, organicamente ou numa tentativa consciente de se exibir, passou o tempo todo causando, "sacudia a cabeça de um lado para o outro violentamente... esmurrando o baixo", recordou-se Sherman. "Eu não sabia se só o encarava boquiaberto ou continuava a tocar guitarra.

---

[*] Dito isso, com exceção de alguns ensaios acústicos em diversas salas de estar por Hollywood, a banda nunca revelou onde ensaiava naquele primeiro ano, se é que ensaiava. (N. do A.)

Foi intenso demais. 'Isso é meio interessante', pensei, embora não fosse nada novo. Era bem minimalista." O tipo de música que eles tocavam definitivamente o apetecia. Sherman, assim como Cliff Martinez, estava interessado em entrar na banda pela chance de afiar suas habilidades no funk. "Sempre gostei de funk. E ouvi falar que eles não eram a típica banda de funk de branco horrível que essa cidade tem tanto orgulho de produzir." Além da *jam* frenética, Sherman lembra que o grupo pode ter tocado uma versão inicial e rudimentar da faixa que viria a ser conhecida como "True Men Don't Kill Coyotes", primeira do álbum de estreia*.

Embora a *jam* e o teste tenham sido divertidos para todos os envolvidos, os caminhos das duas partes só voltariam a se cruzar algumas semanas depois. O Chili Peppers até precisava agir rápido para encontrar um novo guitarrista, com um contrato e a gravação do álbum de estreia à espera, mas parecia ter aprendido algo com a contratação rápida demais e a lamentável demissão de Dix Denney. Claro, eles poderiam achar alguém que tocasse guitarra de um modo incrível e que não fosse uma presença imediatamente repulsiva aos membros da banda. Mas será que essa pessoa se encaixaria com as demais personalidades depois do primeiro encontro? Saberia compor uma canção? Será que essa contratação simplesmente levaria a mais arrependimento e a uma futura instabilidade? Esse novo cuidado pode ter sido influência de Lindy Goetz, que teria apaziguado o potencial de Flea e Anthony para decisões precipitadas.

O próprio Sherman não tinha certeza se entraria na banda caso fosse convidado, pois recentemente começara a tocar com um virtuoso dos teclados chamado Barry Goldberg, que trabalhou com Bob Dylan nos anos 1970. Goldberg estava montando uma banda e tinha um contrato de gravação, o que era exatamente o tipo de situação que Sherman buscava. Porém, além de o tecladista (e o restante do grupo) serem con-

---

* Embora isso possa ter acontecido no teste seguinte, algumas semanas depois. (N. do A.)

SHOW Nº 30: 23 DE NOVEMBRO DE 1983

sideravelmente mais velhos, Sherman achou o Chili Peppers mais intrigante, ainda que sua música não fosse tão voltada para canções ou tão estruturalmente interessante quanto gostaria. Para ele, a música do Chili Peppers era "previsível" e rap não lhe interessava.

Diferenças musicais à parte, Jack Sherman tinha interesse em tocar com o Red Hot Chili Peppers por três razões principais. A primeira era por gostar da oportunidade de desempenhar um papel de estrela na guitarra, depois de tantos anos como coadjuvante tocando músicas dos outros. Nesta banda, ele seria um músico principal, faria solos e, embora já existisse um repertório, teria a tarefa de compor material original com os companheiros. Uma situação imensamente diferente da que ele já conhecia.

O segundo motivo era a existência de um contrato de gravação. Após anos de trabalho duro e frustrante na cena de Los Angeles, isso era um "incentivo enorme". Um contrato significava estabilidade financeira (relativa), a chance de gravar num estúdio de verdade pago pela gravadora e a oportunidade de incrementar sua carreira musical. Nenhum músico sério admitiria (ou pelo menos aqueles que não quisessem ser motivo de risadas), mas a glória do estrelato no rock nunca esteve longe da cabeça de ninguém. Sherman também tinha um mantra pessoal que tentava seguir, mesmo que talvez não o percebesse na época: ao deixar a tranquilidade de San Diego pela agitação e o drama de Los Angeles, ia "chegar lá e fazer música original de alguma forma". O Red Hot Chili Peppers lhe deu essa chance, por mais arriscada que fosse. "Eu não ia tocar só em bandas *cover*, ia partir para as cabeças."

A terceira razão era o fato de ele já conhecer Cliff Martinez como músico e ter um interesse profundo em tocar com o baterista. Jack Sherman podia nunca ter ouvido falar do Chili Peppers, mas Cliff, cuja carreira era tão variada, causara um impacto nele. Os dois já tinham se encontrado em algumas ocasiões, uma no Amigo Studios, em North Hollywood, onde Cliff ensaiava com o Captain Beefheart, que Sherman idolatrava, e outra numa festa dada para Beefheart pouco depois. No teste, Sherman ficou entusiasmado com o jeito de tocar de Cliff ao enfim ter a oportunidade de testemunhá-lo em pessoa: "Ele se jogava na bateria e me passava uma impressão muito singular, criava umas partes com muito tom-tom, de inspiração quase beefhartiana".

Por mais divertida que essa experiência inicial tenha sido, o Chili Peppers não ofereceu o posto a Sherman de imediato, e ele não pressionou o grupo para uma resposta rápida. Ao invés disso, agradeceram um ao outro e mantiveram as respectivas buscas abertas, segurando as cartas firmemente junto ao peito e ficando cada um na sua pelas semanas seguintes enquanto consideravam outras direções.

Outro guitarrista havia chamado a atenção do Chili Peppers. Num primeiro instante, Mark 9 teve uma conexão maior com o grupo do que Sherman; um "refugiado da escola de arte" vanguardista e sofisticado, tocara com o poeta pós-punk Randall Kennedy e numa curta formação da banda de Nina Hagen, ao lado de um herói local, o ex-integrante dos Germs (e futuro Nirvana e Foo Fighters) Pat Smear*. Mark 9 também tinha outro vínculo com o Chili Peppers, embora esse só se revelasse dali a alguns anos. Guitarrista de altíssimo nível, ele complementava sua renda dando aula a outros músicos aspirantes, e, ao longo de 1983, um de seus alunos era John Frusciante, prodígio de 13 anos do San Fernando Valley que vivia para a música, sobretudo o punk e a new wave. Mark 9 chegou até a dar ao jovem Frusciante sua primeira experiência de palco naquele ano, ao convidá-lo para tocar com sua banda Underworld, de inspiração psicodélica, num show no Lhasa Club, em 1º de abril ou 24 de junho de 1983.

---

* Essa conexão com Nina Hagen pode ter sido como Mark 9 e o Chili Peppers se conheceram. Em *Scar Tissue*, Anthony Kiedis afirma que Mark 9 tocou no Two Balls and a Bat com Cliff Martinez, mas pode ser um equívoco, já que a banda não contava com um guitarrista. (N. do A.)

SHOW Nº 30: 23 DE NOVEMBRO DE 1983

Mark 9 nunca mencionou publicamente seu teste para o Red Hot Chili Peppers, embora Frusciante se recorde de o professor tê-lo mencionado em aula naquelas semanas de novembro e dezembro: "Foi por meio dele que ouvi falar da banda pela primeira vez, quando contou estar esperando uma resposta se iria ser seu novo integrante ou não". Assim, embora não haja menções dele desde então, é possível imaginar que o teste tenha sido semelhante ao de Sherman – uma *jam* inicial e então silêncio estático. Enquanto Mark 9 aguardava a resposta e a banda continuava a procurar, o outro guitarrista tomou então a iniciativa.

Curioso para saber como a banda estava se saindo desde seu teste, semanas antes, Sherman ligou para Flea e foi convidado para novamente tocar com eles, desta vez com a presença de Lindy Goetz. O trio fez outra *jam* "destruidora" em Mi, deixando Goetz maravilhado com as habilidades de Sherman. "Como é que você toca deste jeito?", lembra o guitarrista sobre a pergunta atordoada do empresário.

Agora mais familiarizado com o ambiente, Sherman começou a captar alguns alertas naquele dia. O primeiro foi, mais uma vez, a ausência de Anthony Kiedis – o vocalista nunca está presente nas lembranças de Sherman daqueles primeiros encontros; apesar de ter certeza de que Anthony deveria estar no segundo teste, ele não interagiu com o guitarrista nem com o restante da banda. Embora Anthony talvez não pudesse se envolver na *jam* em tempo real – improvisar nunca foi seu forte –, o fato de que ele parecia estar delegando a contratação de um guitarrista a Flea e Cliff foi preocupante para Sherman. O baixista e o baterista precisariam se certificar de que a química musical se alinhava, mas será que o vocalista não teria mais o que dizer? Ou ele via Sherman apenas como um tapa-buraco que não demandava sua atenção total?

O segundo alerta envolvia Flea. Num intervalo do teste, o baixista, maravilhado e incrédulo, abordou Sherman, balançando a cabeça no ambiente ainda carregado. "Vai ser muito difícil te acompanhar, cara", disse. Ainda que Flea certamente tenha feito o comentário como um elogio, Sherman achou "estranho... Quase como se fosse uma aceitação ressentida de que eu teria de ser o guitarrista". Na cabeça de Sherman, foi um arroubo competitivo que não cabia numa banda que deveria se basear na apreciação mútua, corroborando com o que ele sentia sobre os supostos pensamentos de Anthony: que Sherman só estava ali porque Hillel Slovak não podia estar. "Talvez já houvesse um certo ressentimento desde o início... Foi muito esquisito e me deixou com uma pulga atrás da orelha."

Anos mais tarde, a mágoa seria escancarada quando Anthony relembrou a atuação de Jack no teste em sua autobiografia: "Tocamos algumas de nossas músicas, e, embora o som dele não tivesse um elemento sujo e feroz, era tecnicamente eficiente. Sua música não tinha o mesmo espírito que a de Hillel, mas pelo menos ele tocava bem".

Com ou sem alertas, depois que Sherman foi embora naquele dia de dezembro, os membros da banda ponderaram juntos e decidiram contratá-lo. "Não era o demônio explosivo do funk que estávamos procurando", Anthony admitiria tempos depois, "mas seria capaz de entrar no estúdio e tocar as músicas". E existia um respeito por sua musicalidade – Flea e Lindy Goetz se refeririam a ele como um músico "muito bom" e "um guitarrista incrível" anos mais tarde –, ainda que também um reconhecimento aparentemente imediato de que ele era um indivíduo muito diferente deles, em especial de Hillel. O que, até onde sabiam, poderia ser algo positivo. Uma banda é a soma dos seres humanos que a compõem – não só de seus talentos e jeitos de tocar, mas também de suas personalidades, escrúpulos e visões de mundo. E apesar de Sherman ser um indivíduo imensamente diferente de Anthony, Flea e (em menor grau) de Cliff, isso não precisava ser algo negativo, então a banda, como disse Anthony, "[decidiu] aceitar o nerd" Sherman e o recebeu cautelosamente no grupo. No fim das contas, eles precisavam de um guitarrista e aqui estava um guitarrista disponível.

Quando Sherman chegou em casa naquele dia, havia uma mensagem lhe esperando na secretária eletrônica. Os três outros Chili Peppers

SHOW Nº 30: 23 DE NOVEMBRO DE 1983

receberam o mais novo membro com uma cantiga em "harmonias em cascata", como colocou Sherman, soando como se estivessem fazendo um *cover* da versão dos Beatles de "Twist and Shout": *You got the gig, you got the gig, you got the gig!**

Isso mexeu com ele. "Algo dentro de mim queria essa aceitação", recordou-se. "Lembro-me de estar no meu pequeno apartamento ouvindo isso, me sentindo muito emocionado por ser aceito em alguma coisa. E foi assim que entrei para o Red Hot Chili Peppers."

Essa sensação boa durou algumas semanas até que um período de desconforto se instalou, desaparecendo só nos primeiros meses de 1985. Após uma série de ensaios rápidos e diligentes, a formação reconstituída do Red Hot Chili Peppers estreou em 19 de janeiro de 1984 no Music Machine, abrindo para o Tex and the Horseheads ao lado da banda dance pop Cambridge Apostles. O Tex and the Horseheads lançaria três álbuns pela Enigma até o grupo acabar, em 1986, enquanto o Cambridge Apostles também tinha uma associação com a gravadora ao ter participado da compilação *Hell Comes to Your House Part II* no ano anterior**. Com o Chili Peppers como o mais novo contratado da Enigma, em parceria com a EMI, o show foi uma espécie de vitrine para a gravadora e o início de um ano empolgante.

Como o cara novo que fazia seu primeiro show, Jack Sherman poderia esperar algumas molecagens, mas ao refletir anos mais tarde, com maturidade e lucidez, só conseguia ver os alertas que deixou passar, novos alertas depois dos vários presentes nos testes iniciais. "Estava com minha nova namorada, Anne, com quem viria a me casar, e minha amiga Micki

---

* "Você conseguiu o trampo", em tradução livre.

** Em julho de 1983, o Red Hot Chili Peppers foi anunciado como uma das muitas bandas a participar dessa compilação, mas, por algum motivo (talvez o novo contrato com Lindy Goetz ou a típica falta de organização do punk), acabou não entrando. Se tivesse entrado, teria sido seu primeiro registro oficial, embora não se saiba qual seria a gravação utilizada. (N. do A.)

[Steele], das Bangles. Muita gente." Jack ainda estava firme na dieta macrobiótica e evitava laticínios, o que parece ter dado ideia aos companheiros de banda. "Estávamos no palco e, de repente, Flea e Anthony jogaram um treco tipo queijo cottage ou iogurte em cima de mim e da guitarra... Fui extremamente humilhado." Provavelmente era o conceito de Anthony e Flea para um trote, as boas-vindas deles, ou talvez uma espécie de comemoração pelo aniversário de Jack, que fora no dia anterior. Para Jack, porém, "foi uma coisa horrivelmente cruel de se fazer com um novo membro". Também foi o primeiro show de Cliff, mas aparentemente ele já estava bem integrado à banda, e, se houve alguma pegadinha – cruel ou não – direcionada a ele, não foi mencionada desde então ou talvez tenha sido interpretada de modo diferente pelo baterista, que era mais tranquilo.

Como é típico dos shows em clubes pequenos dos primeiros anos da banda, não há registros do *set list* desse, mas muito provavelmente foram apresentadas versões iniciais das novas músicas nas quais o Chili Peppers vinha trabalhando nos ensaios com Jack e Cliff; "True Men Don't Kill Coyotes", uma ode à fauna selvagem que perambulava pela Califórnia e uma espécie de tributo ao X, uma das bandas de L.A. favoritas deles*; "Buckle Down", uma música mais pesada e agressiva sobre autossuperação que cai num pré-refrão jazzístico; "Mommy, Where's Daddy?", *groove* lento e funkeado baseado num acorde de Ré menor repetido por Jack, complementado por um dueto vocal ridículo e até assustador de Anthony e Flea; e, por fim, versões atualizadas de "Get Up and Jump", "Baby Appeal", "Police Helicopter", "Green Heaven" e "Out in L.A.", com seções em ordens diferentes, novos *riffs*, partes refinadas e versos acrescentados. A banda tinha alguns meses movimentados pela frente. Depois de enfim ter assinado um contrato de gravação e solidificado a formação, precisaria compensar aquele tempo perdido no final de 1983.

---

* O Chili Peppers abriria para o X dois dias depois, em 21 de janeiro, no Palace. (N. do A.)

SHOW Nº 30: 23 DE NOVEMBRO DE 1983

Os preparativos para o álbum de estreia do Red Hot Chili Peppers também estavam engrenando, com Jack e Cliff acrescentados ao contrato da banda com a EMI/Enigma e ao acordo de gerenciamento com Lindy Goetz. Com a ajuda de Eric Greenspan, cuja aposta inicial no grupo certamente começava a dar frutos, dois acordos de parceria foram elaborados. Um deles envolvia uma nova editora, a Moebetoblame Music, cujo nome foi tirado de um verso de "Green Heaven", usada pela banda até 2016*. Jack e Cliff receberiam crédito total por todo o trabalho que fizeram desde que entraram na banda, embora os créditos que constam no álbum de estreia sejam obviamente o resultado de negociações de bastidores entre membros atuais e anteriores**. O outro acordo era uma divisão igualitária dos lucros das vendas de discos e merchandising. Nesse aspecto, eles concordaram em dividir tudo em quatro partes, independentemente do tempo de serviço. Segundo Jack Sherman, a ideia teria sido sua, mas Flea ficou mais do que feliz em topar.

Houve ainda discussões preliminares com uma série de produtores em potencial. Os dois candidatos finais eram o guitarrista do Gang of Four, Andy Gill, e o tecladista do The Doors, Ray Manzarek – duas verdadeiras lendas, sendo qualquer um deles de um benefício e tanto para a banda. Em janeiro ou no início de fevereiro, eles entraram no Bijou

---

* Em 2021, o Red Hot Chili Peppers vendeu o catálogo da Moebetoblame à companhia de investimentos britânica Hipgnosis Songs Group por, segundo rumores, 140 milhões de dólares. (N. do A.)

** Os novos membros, Jack Sherman e Cliff Martinez, seriam creditados em "True Men Don't Kill Coyotes", "Buckle Down", "Mommy, Where's Daddy?" e (junto a Andy Gill) "Grand Pappy Du Plenty", todas canções em que eles tiveram partes iguais na composição. Para aquelas que já existiam na época da entrada deles, como "Out in L.A.", só Anthony e Flea são creditados, talvez para evitar conflitos com Hillel Slovak e Jack Irons. Estranhamente, Hillel e Jack Sherman são creditados em "Baby Appeal", embora ela já existisse bem antes de Sherman se juntar à banda. Só se pode conjecturar o motivo de Hillel ter sido creditado somente nessa única faixa. A outra exceção à regra é "You Always Sing the Same", creditada apenas a Flea, embora Joel Virgel-Vierset a tenha escrito. (N. do A.)

Studios, no North Cahuenga Boulevard, e gravaram uma série de demos com o agora ex-companheiro de banda de Flea, Spit Stix, mais uma vez envolvido na mixagem (mas não na produção). Como esses registros até hoje não viram a luz do dia, não se sabe ao certo o que a banda gravou, mas Jack Sherman se lembrou de uma versão de "Mommy, Where's Daddy?" ter sido feita, enquanto Andy Gill se referiu a uma demo de "True Men Don't Kill Coyotes"*.

Além das sessões de composição movimentadas, do primeiro ensaio fotográfico com a nova formação, feito pela fotógrafa e lenda local Ivy Ney, e um tanto de performances para testar as novas músicas e aparar as pontas soltas com Jack e Cliff – mais dois shows no Music Machine e uma matinê na UCLA em fevereiro, entre outras –, a banda ainda teve de se preparar para seu compromisso mais importante até então: a estreia na televisão.

---

* A banda muito provavelmente gravou uma versão demo do álbum inteiro nessa sessão, o que só soma à frustração por ela nunca ter sido disponibilizada. (N. do A.)

EPÍLOGO

9, 10 OU 11 DE MARÇO DE 1984

KTTV Studios, Metromedia Square, Sunset Boulevard, 5746, Los Angeles, CA

EM SEUS PRIMEIROS 12 MESES DE EXISTÊNCIA, o Red Hot Chili Peppers habitou uma pequena bolha – os arredores de Hollywood, em Los Angeles, com incursões breves e desastrosas pelo resto dos Estados Unidos. Assim, a participação no programa *Thicke of the Night*, no início de março, foi a primeira oportunidade do grupo de espalhar sua palavra por todo o país num *talk show* exibido em rede nacional. Foi mais um gol daquela jovem banda e, junto às conversas preliminares com produtores em potencial, sinalizava que tipo de conexões ela conseguiria estabelecer agora que estava associada a uma grande gravadora, ou mesmo a um selo pequeno como o Enigma, que também se beneficiava da parceria com a, muito maior, EMI-America.

O Chili Peppers tendia a ganhar fãs de imediato. Afinal, todos os que se envolviam com a banda pareciam perceber que havia algo especial ali depois de um único show de dois minutos. Que tipo de impacto poderiam causar num público nacional? A performance, gravada em 9, 10 ou 11 de março de 1984, poderia ser o ponto de virada – o momento em que eles acenderiam de verdade a chama de sua carreira promissora, aproveitando essa força até o lançamento do álbum de estreia.

Só havia um problema com esse sonho: ninguém estava assistindo.

Alan Thicke era um apresentador de TV, produtor e compositor canadense relativamente desconhecido nos Estados Unidos, mas que tinha um *talk show* diurno popular em sua terra natal no início da década de 1980. Escalado pelo executivo da NBC Fred Silverman para apresentar um programa noturno criado para competir diretamente com o colossal *The Tonight Show,* de Johnny Carson, então mal das pernas, Thicke foi anunciado como "a segunda vinda da comédia" na primeira coletiva de imprensa, fazendo o *hype* se inflar perigosamente daí em diante. A expectativa se mostrou exagerada, e, junto a problemas de distribuição e críticas ruins, a nova atração já começou malfadada. O público em geral se cansou da hiperexposição de Thicke antes mesmo de o programa ir ao ar pela primeira vez, em setembro de 1983, e alguns críticos até lhe deram o título impiedoso de *Sick of the Hype**. Pior ainda, o segundo episódio gravado foi considerado tão ruim que nem foi ao ar, sendo picotado para ter trechos inseridos em diversos episódios futuros. Em algum momento da curta vida do programa, foi visto por tão pouca gente que nem sequer teve registro em um dos medidores de audiência na Filadélfia. O *Tonight Show* podia estar mal das pernas, mas ainda estava à altura de seus rivais.

A audiência não era o único problema de *Thicke of the Night*. Como o *Tonight Show* era muito popular e tinha forte influência sobre as agências de artistas (sem medo de ostentar isso), os produtores de *Thicke of the Night* encontravam dificuldade para fechar com nomes mais renomados; uma única aparição no *Thicke* e talvez nunca mais surgisse um convite para esses artistas se encontrarem com Johnny Carson do outro lado da cidade. Pode muito bem ser por isso que o Red Hot Chili Peppers, banda

---

* Trocadilho com o título *Thicke of the Night* que, em tradução livre, significa algo como "enjoados do *hype*", ou seja, da divulgação e expectativa exageradas. (N. do T.)

EPÍLOGO: 9, 10 OU 11 DE MARÇO DE 1984

relativamente desconhecida, sem um álbum ou um *single* lançado ainda – que sequer havia *começado* a gravar o disco de estreia –, tenha recebido a oportunidade de tocar no programa. Fred Wiseman, ex-dentista e responsável por convidar os artistas, era fã do Chili Peppers e tinha um gosto musical eclético; agendou também Midnight Oil, Cyndi Lauper e Bon Jovi. Mas, se *Thicke of the Night* tivesse mais sucesso, esses artistas, então menores, talvez nunca tivessem essa chance de aparecer na TV.

A banda tocou duas músicas na gravação. "True Men Don't Kill Coyotes", a primeira, em breve seria a faixa de abertura do autointitulado álbum de estreia[*]. Os Chili Peppers são imediatamente notáveis pelas atitudes e escolhas de figurino. Anthony e Flea vestem as jaquetas Brothers Cup, embora Flea rapidamente se dispa da sua e revele fitas fluorescentes enroladas por todo seu tronco. Já o vocalista, agora ruivo, complementa as vestes com um cocar enorme e inexplicável e uma calça de retalhos feita por sua namorada Jennifer Bruce. Jack Sherman está com seu "traje de gorila" recém-feito sob encomenda: um terno bem cortado e decorado com pelos cuidadosamente posicionados. É uma performance caótica, tão caótica que o caos antecede a própria música: quando Thicke tenta apresentar a banda, eles o interrompem ao plugar os instrumentos, encobrindo o apresentador com microfonia enquanto ele só ri.

O que fica imediatamente claro é que Anthony e Flea comandam o show, e os produtores e câmeras parecem perceber isso. Durante a música, Cliff Martinez é anônimo, basicamente oculto, de macacão cinza atrás da bateria, enquanto Jack fica relegado à lateral, tocando suas partes e, de vez em quando, lançando um sorrisinho ou uma virada de olhos para Anthony e Flea, como se ele próprio fosse um espectador. Todo o foco está no vocalista e no baixista; quem olhasse para outra coisa perderia o melhor.

---

[*] Curiosamente, embora tenha sido produzido e lançado um videoclipe para a faixa em 1984, ela nunca foi lançada como *single* e nem foram enviados compactos promocionais às rádios. (N. do A.)

O nível de energia sobe ainda mais quando "True Men Don't Kill Coyotes" termina. Thicke se junta à banda e faz algumas perguntas retóricas ao público: "O que isso significa? O que eles disseram? De onde eles vêm?". E a banda, aparentemente sem mais ideias, aproveita essa oportunidade para pular em cima do apresentador certinho. Nesse momento, são um coletivo – até Cliff entra na onda –, provando que, embora talvez pareçam imaturos e malcriados, certamente eram mais interessantes do que os artistas pop indiferentes e de apresentação imaculada que estavam em voga e no topo das paradas na época. Atitudes conservadoras haviam reemergido por todo o país, e, apesar de as bandas punks já chocarem públicos há alguns anos, ainda eram uma raridade na TV.

Eles são um espetáculo diante de uma plateia que os adora, afinal, estão entre os seus: muitos dos amigos e familiares dos integrantes do Chili Peppers estão presentes na gravação, incluindo Blackie Dammett e a irmã de Jack, Gail, a responsável por conectá-lo à banda[*].

Depois de uma entrevista curta e errática (mais uma vez, apenas Flea e Anthony), na qual Thicke corre voltas ao redor dos dois amadores, começam "Get Up and Jump". A música é bastante diferente de "True Men Don't Kill Coyotes", mas segue uma trajetória similar; a banda se joga pelo cenário, com os câmeras fazendo o melhor possível para acompanhá-la. E, apesar de o Chili Peppers tocar de uma forma desleixada e cacofônica, consegue se manter no tempo, de modo que a música não fica bagunçada como poderia. Quando o furacão das estrofes desliza com facilidade para o final, é impossível não balançar a cabeça junto. No geral, "Get Up and Jump" soa parecida com as três versões existentes do ano anterior, embora Jack tenha encorpado as partes de guitarra e a banda soe compreensivelmente mais ensaiada. No fim, a plateia aplaude

---

[*] No *backstage*, Gary Leonard fez uma foto do Chili Peppers posando com Thicke que foi publicada na coluna L.A. Dee Da na semana seguinte. (N. do A.)

EPÍLOGO: 9, 10 OU 11 DE MARÇO DE 1984

de novo, o programa vai para os comerciais e o tempo do Chili Peppers sob os holofotes acaba por ora.

Pode não ter sido uma audiência de milhões, mas foi um espaço pelo qual qualquer banda nova em busca de sucesso mataria. E o Chili Peppers certamente causou impacto em quem estivesse assistindo ao programa quando foi exibido no dia 16 de março de 1984, sexta-feira, com o comediante Richard Belzer como convidado principal. Felizmente, um desses telespectadores teve a ideia de gravar a participação, e, décadas mais tarde, a primeira aparição televisiva do Red Hot Chili Peppers está disponível para os fãs curiosos testemunharem – a raridade definitiva, uma relíquia antiquíssima de uma era esquecida quase que por completo*.

Essa aparição em *Thicke of the Night* é, num sentido histórico, somente o começo da história do Red Hot Chili Peppers. Eles mal tinham um ano de existência, um punhado de gravações demo e apenas uns 40 shows no currículo, alguns dos quais, é claro, já eram lendários, enquanto outros se perderam no tempo, não foram gravados e acabaram esquecidos num mar turvo de lembranças nebulosas. O Chili Peppers que está no palco do programa de Alan Thicke ainda não gravara seu álbum de estreia, o qual, em todo caso, não vai ser a obra de arte impressionante e consagradora que a banda esperava fazer com seu herói Andy Gill. Ao contrário, *The Red Hot Chili Peppers*, lançado em agosto de 1984, será uma decepção instantaneamente datada para a qual o grupo irá sempre olhar com arrependimento. A primeira turnê do álbum com Jack Sherman e Cliff Martinez ainda não tinha acontecido. Quando cair na estrada, será, em sua maior parte, uma experiência infeliz, com shows demais feitos para pouquíssima gente num intervalo de tempo muito curto.

---

* Uma gravação chegou até as mãos de um jovem John Frusciante alguns meses depois e foi fundamental para despertar seu interesse pela banda. (N. do A.)

Haverá muita tristeza no futuro da banda, mas também muito sucesso conquistado com esforço e que trará alegrias. As mudanças de formação e a instabilidade forçadas ao grupo no primeiro ano continuarão sendo uma questão frequente. Jack Sherman, que nunca se encaixou de verdade, será demitido no início de 1985 para abrir espaço para o retorno de Hillel, vindo de um What Is This moribundo*. Cliff Martinez sairá em termos muito mais amigáveis um ano depois, com a volta de Jack Irons numa reunião inesperada da formação original. Entretanto, o núcleo básico, o Chili Peppers primário, o Fax City Four, Tony Flow and His Miraculously Majestic Masters of Mayhem, será desfeito mais uma vez após Hillel sucumbir a uma *overdose* de heroína em 25 de junho de 1988. As drogas estiveram presentes em suas vidas de forma recreativa ao longo de todo o ano de 1983, mas ainda não eram um problema. Elas rapidamente se tornariam um. Tanto Anthony quanto Hillel seriam mandados embora da banda, ainda que temporariamente, devido ao abuso de substâncias.

Ao longo disso tudo – as turnês com pouco público, os jornalistas ruins de ouvido, as rádios silenciosas, as poucas vendas de discos, as mudanças de formação, os problemas com drogas –, alguns discos clássicos serão feitos. *Freaky Styley* e *The Uplift Mofo Party Plan* são dois dos melhores álbuns de rock alternativo dos anos 1980 – *funky*, viscerais e pegajosos, magistralmente tocados e gravados, com músicas que ficaram

---

* O What Is This lançou seu EP de estreia *Squeezed* em 1984. Depois que as gravações de um álbum autointitulado terminaram no ano seguinte, Hillel Slovak saiu da banda e voltou para o Red Hot Chili Peppers. Alain Johannes, Jack Irons e Chris Hutchinson continuaram sem ele. Mais tarde naquele ano, lançaram outro EP, *3 out of 5 Live*, mas se separaram pouco depois. Jack Irons então seguiu os passos de Hillel e voltou para o Chili Peppers. Ao longo dos anos, Alain Johannes e Jack continuaram a tocar juntos em diversos projetos, sendo o Eleven o mais notável deles, com cinco álbuns gravados. Em 1994, Jack Irons entrou para o Pearl Jam, banda que havia ajudado a fundar e com quem tocou por quatro anos. Hoje segue carreira solo. Alain Johannes também é um artista solo renomado que ocasionalmente toca com PJ Harvey, Queens of the Stone Age e Them Crooked Vultures. (N. do A.)

no repertório ao vivo da banda por décadas, ou pelo menos deveriam. E um sucesso não imaginado nem em seus sonhos mais loucos chegará pouco depois do início da década seguinte, ainda que no rastro agridoce da morte do amigo.

A banda que existe hoje é praticamente irreconhecível para aqueles moleques malcriados que faziam careta para a câmera em *Thicke of the Night* em março de 1984, não só nas mudanças que ocorreram naturalmente ao longo de quatro décadas de existência, mas no estilo de música que ela toca e no seu lugar na cultura popular. Não são mais um grupinho desconexo e infame que mistura punk hardcore com o ritmo do funk, mas foram as sementes plantadas naquele primeiro ano de 1983 que desabrocharam na banda de rock alternativo mais bem-sucedida de todos os tempos.

Apesar desse sucesso – aproximadamente 80 milhões de álbuns vendidos, incontáveis milhões em lucros de turnês mundiais, a inclusão no Rock and Roll Hall of Fame em 2012 –, a banda já enfrentou reveses atrás de reveses. Embora Chad Smith seja uma presença constante à bateria desde janeiro de 1989, o grupo perde guitarristas numa frequência ridícula; nove músicos diferentes já ocuparam esse posto desde 1983. Acrescente duas dependências sérias em heroína e uma variedade de machucados que atrasaram o progresso da banda nos piores momentos possíveis. Seria aceitável pensar que eles foram amaldiçoados de algum modo, que seu sucesso foi algo realmente miraculoso.

No entanto, a longevidade desfrutada pelo Red Hot Chili Peppers se dá por dois motivos principais. O primeiro é o amor entre Flea e Anthony Kiedis. O amor de um pelo outro e pela banda e o desejo de seguir na jornada que iniciaram em dezembro de 1982 sem se importar com o quão incerto o sucesso (ou o sucesso futuro) pudesse parecer.

O segundo é o fato de eles estarem *acostumados* à tribulação. Jack Irons e Hillel Slovak terem saído do Chili Peppers no final de 1983 levou a banda, já naquele primeiro ano, a precisar direcionar esforços para substituir membros e manter o projeto (à beira do naufrágio) à tona. Substituir Hillel Slovak por Dix Denney e, depois, Jack Sherman, e Jack Irons por Cliff Martinez foi uma necessidade com o intuito de garantir que o contrato de gravação fosse cumprido e que a banda não fosse descartada justo quando começava a florescer. Só que pouco mais de um ano se passou até que o próprio Jack Sherman fosse mandado embora. Já haviam feito isso uma vez e, depois disso, o fariam muitas outras vezes no futuro, com diferentes níveis de sofrimento. Trocar de integrantes rapidamente se tornou a norma – não o deslocamento cataclísmico que poderia ser – e sempre apresentou uma oportunidade para mudanças e crescimento.

Quando Hillel Slovak faleceu e Jack Irons saiu da banda de tanta tristeza, Flea e Anthony sabiam que seguiriam em frente. Quando John Frusciante os abandonou abruptamente em 1992, dois meses depois estavam fazendo shows em festivais na Bélgica com um guitarrista substituto, Arik Marshall. Já tinham feito isso antes e voltariam a fazê-lo. Em 1998, quando eles chegaram a um beco sem saída e se deram conta de que talvez houvesse avenidas mais iluminadas a serem exploradas após não ter dado certo com Dave Navarro, não tiveram medo de fazer uma mudança drástica e trazer um enferrujado John Frusciante de volta à banda. Quando ele saiu *de novo*, em 2009, a questão da aposentadoria não foi uma vez sequer considerada quando os membros remanescentes se reencontraram. Já tinham feito isso antes e voltariam a fazê-lo. Onde bandas menores talvez jogassem a toalha, onde personalidades menos impetuosas decidiriam que já era o bastante, o Chili Peppers retornou às suas raízes resilientes. Seu futuro foi estendido no momento exato em que parecia que o grupo estava enfim esgotado. Os acontecimentos de 1983 tornaram essa forma de pensar possível, afinal era tudo o que eles conheciam.

A performance em *Thicke of the Night* pode ser considerada o começo de sua história, mas é, na verdade, o fim do primeiro capítulo. Muito

EPÍLOGO: 9, 10 OU 11 DE MARÇO DE 1984

trabalho os levou a esse ponto; quando os vemos dançar pelo palco dos estúdios da KTTV, ainda na infância do grupo, é fácil pensar que *aquela* é a banda como sempre foi, que emergiu totalmente formada das ruas de Los Angeles. Só que, se aquela fosse a banda, talvez não tivesse durado mais do que um ano ou dois. Muito já havia acontecido nos bastidores; os acontecimentos de 1983 garantiram não só que eles chegassem àquele lugar, como também que estivessem no topo do mundo apenas uma década depois. Antes de dezembro de 1982, o Red Hot Chili Peppers era ninguém. Em muitos aspectos, a própria existência deles seria risível para quem conhecia seus integrantes. Contudo, de um único show com alguns minutos de duração, eles criaram algo único numa cena abarrotada. Nos primeiros meses de 1983, ficaram em segundo plano, já que duas outras bandas, o FEAR e o What Is This, ganharam preferência. Doze meses mais tarde, essas duas bandas haviam sido deixadas amplamente para trás por Flea e Anthony.

Tudo isso em apenas um ano.

No final de 2019, John Frusciante retornou inesperadamente ao Red Hot Chili Peppers para um terceiro turno, substituindo Josh Klinghoffer, que o sucedera uma década antes. Se não fosse por 1983, essa reviravolta teria muito mais significância. Ao invés disso, é simplesmente um novo capítulo que talvez aponte para o final de um livro muito longo, mas ainda assim um novo capítulo; a história continua. Novas músicas estão aí para serem feitas, novidades a serem acrescentadas a um repertório celebrado que começou com uma cantiga de rap feita de bate-pronto para um único show numa noite fria em Los Angeles.

O Red Hot Chili Peppers foi formado para fazer esse único show em dezembro de 1982, mas, na verdade, não surpreende que tenham continuado a tocar juntos depois dessa primeira apresentação. É uma banda formada em torno do amor: amor pela música, amor pelo espetáculo da performance e amor de uns pelos outros. Eles tiveram sorte, em certo sentido, que seu primeiro ano juntos, 1983, tenha sido como foi. Os mais de 30 anos seguintes seriam muito mais dramáticos, muito mais difundidos e muito mais documentados, mas 1983 é o início perfeito da história do Red Hot Chili Peppers, o único início que faz sentido. O início de algo enorme, amado e contínuo.

Mas apenas o início.

AGRADECIMENTOS

NESTE PROJETO, fui auxiliado mais do que é possível por Leandro Cabo, do Red Hot Chili Peppers Live Archive (www.rhcplivearchive.com). Leni examinou cada descoberta, auxiliou com a pesquisa, fez muito trabalho de campo e me fez sentir um pouco menos sozinho sempre que eu achava que estava investindo esforços *demais* nessa banda boba. Devo agradecer também a Mark Minshall, outro fã do Chili Peppers que se tornou um amigo próximo e confidente nos últimos anos. Sempre desfrutarei dos nossos chats e espero que um dia possamos de fato conversar pessoalmente.

Um grande obrigado também a Rebecca Billingham, cujo site (www.thechilisource.com) se tornou a minha primeira parada sempre que precisei localizar um trecho de entrevista ou página escaneada de revista dos quais eu só meio que me lembrava. Rebecca é uma das maiores fãs do RHCP de todos os tempos e uma das melhores e mais esforçadas pessoas da nossa comunidade. Obrigado aos irmãos Townsend, Sam e Ben, pelo apoio e companhia (pelos fones de ouvido enquanto faço compras no mercado) de todos esses anos. Porém, preciso dizer o seguinte: tem laranjas de chocolate no Rawlinson's, é isso. Jack Bratt é o melhor guitarrista da Austrália e talvez até mais fã de Chili Peppers do que eu. Um dia, vamos criar coragem e ligar para o John. Dan Bogosian me ajudou a tirar este projeto do chão e me orgulho de estar no clube de autores de livros sobre o Chili Peppers ao lado dele. Esperemos que esse clube se expanda logo. Obrigado também a Skinny, do theside.free.fr – a fonte original para *set lists* e *flyers* da época.

Jack Sherman foi um tremendo cavalheiro que perdemos cedo demais. Sentiremos saudades doloridas dele e só posso esperar que seu trabalho sensacional em *The Red Hot Chili Peppers* (e em outros discos) seja um dia amado amplamente. E obrigado a Max Elfimov por ser o maior fã de Jack.

Obrigado a Gary Allen por ser sempre um deleite absoluto. Você é demais, Gary. E a Fabrice Drouet, Salomon Emquies, Tim Leitch, Pleasant Gehman, Brianna Murphy, Tom Bates, Nicole Bishop, April Tricase, Dan Walkington, Ana Maybury, Grace Bicknell, Emma Vickery, Lockie Clifford, Bec Newing, Jack Markham, Lara Demartino, Skip King, Kevin Moody, David Hughes, Carmaig de Forest, Deanne e Sherri Franklin, Rene Middlekoop, Irena Halder, Steven McDonald, Darrell Vickers, Phil Elverum, Linda Kite, Todd Godson, Rick Cox, Peter Bastone, Jeff Apter, Syndee Coleman, Anna Scott, da Aspen Historical Society, à equipe do Centro de Estudos e Pesquisa Bibliográfica da UCR, à California Digital Newspaper Collection, ao ONE Archives e a todos que responderam e rebateram minhas perguntas ineptas ao longo dos anos.

Tenho certeza de que estou me esquecendo de algumas (se não muitas) pessoas, mas como esquecer Anthony, Flea, Jack e Hillel (saudades eternas) por darem início a esta jornada lá em dezembro de 1982? Não estaríamos aqui sem eles. E minha infinita gratidão a Cliff Martinez, Jack Sherman, John Frusciante, Chad Smith, Dave Navarro e Josh Klinghoffer por lhe darem continuidade (e obrigado a Dix Denney, Chuck Biscuits, D. H. Peligro, Blackbyrd McKnight, Arik Marshall e Jesse Tobias por seus papéis nessa história também).

AGRADECIMENTOS

Obrigado a Kara Rota, Benjamin Krapohl e a todos da Chicago Review Press pela ajuda e apoio maravilhosos.

Meu amor eterno a Oliver Ryan, Josh Riley, Chris Brem, James Robinson e Mark Clark, que acho que é de fato o responsável por me fazer curtir a banda.

À minha mãe, meu pai, Seb, Tory, Willow, Otis, Olly, Hayley e Hendrix, e a Jae, Hugo, Annie, Dylan e Ines.

E principalmente a Rosa, Boo, Stevie e Squeaks, por serem meu lar.

APÊNDICE

AS CASAS DE 1983

1. GRANDIA ROOM, MELROSE AVENUE, 5657, LOS ANGELES.

Datas: 16 de dezembro de 1982; 30 de dezembro de 1982; 6 de janeiro de 1983; 31 de março de 1983.

O Grandia Room foi repaginado algumas vezes nos anos 1980 até ter o nome mudado para Grandia Palace antes de fechar no final de 1991. O prédio, cujo último nome foi The Larchmont, foi demolido em algum momento de 2010 e hoje é uma combinação de torre de apartamentos e espaço de lojas. Infelizmente, isso significa que já não é mais possível estar no mesmo recinto do primeiro show do Red Hot Chili Peppers.

2. CATHAY DE GRANDE, NORTH ARGYLE AVENUE, 1600, LOS ANGELES.

Datas: 4 de março de 1983; 25 de março de 1983; 18 de setembro de 1983.

O Cathay de Grande fechou em 1985. O prédio é hoje uma casa noturna chamada The Argyle. Fãs que procurarem pelo distinto telhado decrépito infelizmente sairão decepcionados; o interior foi vastamente renovado, como é o caso da maioria das casas nesta lista.

3. CLUB LINGERIE, SUNSET BOULEVARD, 6507, LOS ANGELES.

Datas: 31 de março de 1983; 18 de julho de 1983; 7 de novembro de 1983.
O Club Lingerie durou até 1995, quando fechou. Felizmente, o prédio ainda está de pé e foi também transformado numa casa noturna sofisticada, The Warwick.

4. HELEN'S PLACE, MELROSE AVENUE, 4658, LOS ANGELES.

Datas: 13 de abril de 1983; 4 de junho de 1983; 17 de junho de 1983.
A taverna Helen's Place foi demolida em 2009, assim como o shopping center que foi erguido depois em seu lugar. Atualmente, há um prédio de apartamentos sendo construído no local.

5. THE PLANT, VENTURA BOULEVARD, 12446, STUDIO CITY.

Datas: 29 de abril de 1983; 4 de agosto de 1983; 29 de outubro de 1983.
O The Plant fechou no final de 1983. Retornando às raízes, o prédio hoje abriga um salão de beleza.

6. FIESTA HOUSE, EAST OLYMPIC BOULEVARD, 2353, LOS ANGELES.

Data: 20 de maio de 1983.
O Fiesta House funcionou até o início de 1984, tendo depois permanecido vazio por muitos anos. O prédio hoje abriga uma oficina mecânica.

7. CHINA CLUB, WEST THIRD STREET, 8338, LOS ANGELES.

Data: 30 de maio de 1983.
O restaurante China Club fechou em meados da década de 1980, e, desde então, o prédio abrigou diversos outros restaurantes.

8. GOLDEN VILLAGE SUPPER CLUB, HOLLYWOOD BOULEVARD, 6541, LOS ANGELES.

Data: 5 de junho de 1983.
O Golden Village Supper Club saiu do número 6541 do Hollywood Boulevard em 1983, quando parecia que o prédio decrépito seria demolido. Porém, em 1985, a Janes House, a mais antiga de Hollywood, foi reerguida de sua fundação, transferida para a parte de trás do terreno e restaurada por preservacionistas. É hoje parte de um centro de compras e abriga (o que mais?) uma casa noturna.

9. THE VEX, NORTH SOTO STREET, 2580, LOS ANGELES.

Data: 11 de junho de 1983.
O The Vex fechou em 1983, enquanto o prédio que ocupava foi demolido no final da década de 1990 para dar lugar a um complexo de apartamentos.

10. KIT KAT CLUB, SANTA MONICA BOULEVARD, 6550, LOS ANGELES.

Datas: 3 de julho de 1983; 10 de setembro de 1983.
O Kit Kat fechou em 1984 e sofreu uma repaginação como Catz, mas logo depois o prédio foi demolido. Hoje, há uma concessionária de carros usados no local.

11. MUSIC MACHINE, WEST PICO BOULEVARD, 12220, LOS ANGELES.

Datas: 4 de julho de 1983; 25 de julho de 1983.

O Music Machine conseguiu sobreviver até meados da década de 1990, mas o local é hoje uma loja de materiais elétricos.

12. AL'S BAR, SOUTH HEWITT STREET, 305, LOS ANGELES.

Data: 31 de julho de 1983.

O Al's Bar fechou em 2001, mas o local segue de pé e o American Hotel ainda funciona. O térreo, onde a banda tocou, é atualmente uma loja de roupas.

13. POMONA VALLEY AUDITORIUM, WEST THIRD STREET, 235, POMONA.

Data: 13 de agosto de 1983.

O auditório fechou em 1987 e, desde então, tem sido usado tanto como igreja quanto como creche.

14. UNIVERSAL AMPHITHEATER, UNIVERSAL CITY PLAZA, 100, UNIVERSAL CITY.

Data: 17 de agosto de 1983.

O Universal Amphitheater foi demolido em 2013 para dar lugar a uma atração de Harry Potter.

15. RADIO CITY, SOUTH KNOTT AVENUE, 945, ANAHEIM.

Data: 9 de setembro de 1983.
O Radio City foi vítima de um incêndio criminoso em 1985 e nunca reabriu depois que seu alvará de funcionamento foi revogado. Hoje, o local é ocupado por um complexo de depósitos.

16. E'WU'S PARADISE, SOUTH GALENA STREET, 450, ASPEN.

Datas: muito provavelmente entre 10 e 13 de outubro de 1983.
O E'wu's Paradise fechou em 1984, mas o Belly Up continua a funcionar; Chad Smith tocou lá com Les Claypool em 2015.

17. COUNTRY CLUB, SHERMAN WAY, 18419, RESEDA.

Data: 23 de novembro de 1983.
O Country Club fechou no ano 2000 e o local hoje abriga uma igreja.

NOTAS

Antes do início: 1982

"*Conseguir o dinheiro da bolsa*": Janet Cunningham em *Red Hot Chili Peppers: Uma História Oral e Visual*, Red Hot Chili Peppers e Brendan Mullen (Caxias do Sul: Belas Letras, 2021), p. 82. Trad.: Paulo Alves.

"*21h até as pessoas*": Alan Rifkin e Janet Thompson, "L.A. After Hours", *LA Weekly*, 15 de abril de 1982.

"*uma mulher sem meias palavras*": Flea, citação de um trecho de diário sem data publicado em seu Instagram em 2019, desde então deletado.

Nascido em Melbourne: Flea, *Acid for the Children* (Caixas do Sul: Belas Letras, 2020). Trad.: Paulo Alves.

"*Aqueles caras pegavam*": Flea, entrevista a Karl Coryat, *The Bass Player Book* (São Francisco: Backbeat, 1999), p. 226.

"*Aqueles caras não davam sorte*": Flea, "Bad Influence: Flea on Jazz, Drugs and His Role in 'Low Down'", entrevista a Kory Grow, *Rolling Stone*, 6 de novembro de 2014, https://www.rollingstone.com/music/music-news/bad-influence-flea-on-jazz-drugs-and-his-role-in-low-down-42923/.

"*Precisávamos de um baixista*": Dave Thompson, *By the Way* (Londres: Virgin Books, 2004), p. 20.

"*Hillel disse que o baixista deles era um idiota*": Flea, "Flea: The Hottest Chili Pepper", entrevista a Matt Resnicoff, *Musician*, nº 183 (janeiro de 1994), p. 30.

"*Por que você não entra para a nossa banda de rock*": *Shangri-La*, episódio 3, "Wrestling", dirigido por Jeff Malmberg, exibido em 26 de julho de 2019 no canal Showtime.

"*Meu pai não achava que eu estava pronto*": Jack Irons, "Jack Irons: Alt Rock Anti Hero", entrevista a Patrick Flanary, *Drum Magazine*, 15 de maio de 2007, https://drummagazine.com/jack-irons-alt-rock-anti-hero/.

"*Eu era muito tímido, mal falava inglês*": McDonough Management, "Alain Johannes Talks About Meeting Jack Irons and Hillel Slovak", vídeo no YouTube, 1:24, 26 de junho de 2012, https://www.youtube.com/watch?v=xCKNEfUmh_0.

"*já dura mais de 40 anos*": Flea, *Acid for the Children*, p. 176.

"*Apesar de termos começado*": Anthony Kiedis, *Scar Tissue* (Caxias do Sul: Belas Letras, 2018), p. 61. Trad.: Luiz Roberto Mendes Gonçalves, Andréia Moroni.

"*com os mais solitários e desprezados*": Kiedis, *Scar Tissue*, p. 61.

Alter egos mexicanos: Kiedis, *Scar Tissue*, p. 73.

"*Cal Worthington os chama de*": Thompson, *By the Way*, p. 29; Kiedis, *Scar Tissue*, p. 72. Cal Worthington era um vendedor de carros conhecido por seus comerciais cafonas.

"*mestre de cerimônias e agente provocador*": Steve Roeser, "Stand by Me (And My Friends)", *Goldmine*, 7 de agosto de 1992, p. 48.

Anthony fumou o primeiro baseado: Kiedis, *Scar Tissue*, p. 33.

Michael mais ou menos na mesma idade: Flea, *Acid for the Children*, p. 109.

"*Eu gostava de fumar maconha*": Flea, *Acid for the Children*, p. 179.

"*Eu não tinha esse gene do vício pesado*": Flea, *Acid for the Children*, p. 179.

"*perturbação do sossego*": Jeff Spurrier, "L.A. Beat", *Los Angeles Times*, 18 de outubro de 1981.

"*um grande ser humano*": Hillel Slovak, *Behind the Sun*, ed. James Slovak (Hollywood: Slim Skinny Publications, 1999), p. 25.

"*festividades transbordavam para o estacionamento*": Flea, *Acid for the Children*, p. 271.

"*um homem incrível*": Flea, *Acid for the Children*, p. 291.

NOTAS

"Ogre Battle", do Queen: Jeff Apter, *Fornication* (Londres: Omnibus Press, 2004), p. 32.

"Havia muita Motown e R&B do bom": Jack Irons, "A Punk Globe Interview with Musician Jack Irons", entrevista a Ozgur Cokyuce, *PunkGlobe.com*, 18 de outubro de 2010, https://www.punkglobe.com/jackironsinteriew1010.html.

proclamar que, um dia, seria cantor: Kiedis, *Scar Tissue*, p. 32.

esperar no hotel em que Gene Simmons e companhia estavam hospedados: Apter, *Fornication*, p. 31.

"Cortamos o cabelo e passamos a usar ternos": Tzvi Gluckin, "Forgotten Heroes: Hillel Slovak", *Premier Guitar*, 17 de março de 2015, https://www.premierguitar.com/artists/forgotten-heroes-hillel-slovak.

"Eu soube no ato": Flea, "Jerky, punky, funky", *Guardian*, 7 de janeiro de 2005, https://www.theguardian.com/music/2005/jan/07/1.

guitarristas favoritos eram Andy Gill, do Gang of Four, e Jimi Hendrix: Koyaanisqatsi, "Hillel Slovak – Interview on Miami (1987)", vídeo no YouTube, 2:10, 3 de dezembro de 2019 (gravado em 6 de dezembro de 1987), https://www.youtube.com/watch?v=6ZgWKxDb5LA.

"Um público assistindo a um grupo moderno": Camel Soundboard, *LA Weekly*, 12 de maio de 1983.

"Quando voltei": Rick Cox, entrevista ao autor, 8 de dezembro de 2021. Há muito se esqueceu de quem foi o baterista desses shows, mas pode muito bem ter sido Read Miller. O evento no Anti Club foi provavelmente apenas Michael e Rick juntos no palco.

"O punk rock mudou a minha vida": Flea, entrevista a Mike McCready, *SiriusXM Pearl Jam Radio*, 24 de abril de 2016, https://vimeo.com/167197813.

"O punk esvaziou toda aquela coisa": Flea, "Generation Next: Flea of the Red Hot Chili Peppers", entrevista a Kim Neely, *Rolling Stone*, 17 de novembro de 1994, https://www.rollingstone.com/music/music-news/generation-next-flea-of-the-red-hot-chili-peppers-71601/.

"energia viciosa, animal": *Punk*, episódio 3, dirigido por Jesse James Miller, exibido em 25 de março de 2019 no EPIX *[que hoje se tornou a plataforma MGM+]*.

último show [do Germs]: Thompson, *By the Way*, p. 28.

"Encontrei uma garota": Kiedis, *Scar Tissue*, p. 75.
"Eu achei nojento": Thompson, *By the Way*, p. 27.
"Qualquer que fosse a nossa opinião": Anthony Kiedis, *Uma História Oral e Visual*, p. 80. Não está claro se Anthony foi à mesma apresentação que Michael, mas essa passagem parece implicar que sim.
não "se esforçava": Tim Leitch, "Spit Stix – 2004", entrevista a Mark Prindle, *Prindle Rock and Roll Review Site*, maio de 2004, http://markprindle.com/stix-i.htm.
Derf contestaria isso: Fred Milner, "Derf Scratch – 2004", entrevista a Mark Prindle, *Prindle Rock and Roll Review Site*, maio de 2004, http://markprindle.com/scratch-i.htm.
"depósito sujo de aparência doida": Flea, *Acid for the Children*, p. 347.
"Acho que ele pensou que fôssemos junkies": Apter, *Fornication*, p. 52.
"Cara, meus pontos de referência": Flea, *Acid for the Children*, p. 348.
Flea parente de amigo de Stix: Apter, *Fornication*, p. 51.
"Eram todos músicos muito bons": Flea, *Uma História Oral e Visual*, p. 23.
"O What Is This tinha uns grooves profundos": Flea, *Acid for the Children*, p. 347.
"O FEAR não era uma banda de punk rock de molecada": Anthony Kiedis, *Uma História Oral e Visual*, p. 23.
"Ele confidenciava para os amigos": Anthony Kiedis, *Uma História Oral e Visual*, p. 23.
"Hillel empalideceu": Flea, *Acid for the Children*, p. 350.
"Hillel abrandou seu ressentimento": Flea, *Acid for the Children*, p. 386.
"A cozinha foi cuidadosamente completada": Phil Heiple, "Punk Rock Triumph in Goleta", *Daily Nexus*, 28 de outubro de 1982.
O restante da noite foi puro caos: Richard Gibbs, mensagem ao autor via Facebook, 13 de maio de 2020.
ponto mais premente para Lee Ving: Todas as datas de filmagem providas pelo American Film Institute, https://www.afi.com/.
Hillel e o novo baixista Reumschüssel entravam em conflito: Thompson, *By the Way*, p. 53.
Anthony sugere que foi em 1982: Kiedis, *Scar Tissue*, p. 95.
Anthony quem lhe deu o apelido: Flea, "I'm Flea, ASK ME ANYTHING", Reddit, acessado em 25 de setembro de 2021. https://www.reddit.com/r/IAmA/comments/2ktu98/im_flea_ask_me_anything/.

"*Eu já era chamado de Flea aqui e ali*": Flea, *Acid for the Children*, p. 348.
"*Por que você quer se chamar de um negócio*": Gary Allen, *Uma História Oral e Visual*, p. 19.
"*Ele era Michael quando o conheci*": Janet Cunningham, *Uma História Oral e Visual*, p. 83.
"*Foi o primeiro garoto que conheci*": Flea, "Flea Starts from Scratch", entrevista a Scott Malandrone, *Bass Player*, fevereiro de 1996, p. 50.
"*um filho-da-mãe prepotente*": Kiedis, *Scar Tissue*, p. 61.
"*um deslocamento profundo*": Anthony Kiedis, *Uma História Oral e Visual*, p. 24.
"*No momento que bati os olhos nele*": Penelope Spheeris, "Penelope Spheeris on Suburbia and the Little Rascals", entrevista a Simon Abrams, Roger Ebert, 30 de janeiro de 2019, https://www.rogerebert.com/interviews/penelope-spheeris-on-suburbia-and-the-little-rascals.
"*Lee me apresentou como o novo baixista*": Flea, *Uma História Oral e Visual*, p. 24.
"*Eu estava bem fodido de MDA*": Flea, "Close-Ups", entrevista a Bruce Kalberg, *NOMAG*, abril-maio de 1983.
"*Eu tinha 20 anos na época das filmagens*": Syndee Coleman, mensagem ao autor via Facebook, 17 de novembro de 2021.
chegou a 62ª posição: Robert Hilburn, "Top 10 Singles Dance to Another Tune", *Los Angeles Times*, 28 de dezembro de 1982.
"*Foi acachapante*": Anthony Kiedis, "Icons", entrevista a Kate Sullivan, *Spin*, agosto de 2002, p. 64.
"*Comecei a entender*": Kiedis, *Scar Tissue*, p. 96.
"*Ele nunca tinha feito parte de uma banda*": Flea, "Funk Brothers", entrevista a Alan Di Perna, *Guitar World*, julho de 2006, p. 70.
"*Nunca notei aspirações musicais*": Flea, *Acid for the Children*, p. 390.
"*entrou na cozinha*": Flea, *Acid for the Children*, p. 389-390.

Show nº 1: 16 de dezembro de 1982

"*batalhas*" entre turmas rivais: Thomas Guzman-Sanchez, *Underground Dance Masters: Final History of a Forgotten Era* (Santa Barbara: Praeger, 2012), p. 83.

"noite sem compromisso": Robert Hilburn, "Hollywood Showcase", *Los Angeles Times*, 5 de dezembro de 1970.
A primeira sessão do Rhythm Lounge: Salomon Emquies, e-mail ao autor, 26 de maio de 2019.
"Íamos ao Rhythm Lounge": Flea, *Uma História Oral e Visual*, p. 16.
"influenciado pela moda": Gary Allen, *Uma História Oral e Visual*, p. 16.
essa história normalmente é contada: ver Thompson, *By the Way*, p. 50; Kiedis, *Scar Tissue*, p. 100; Apter, *Fornication*, p. 58, entre muitos outros.
"um camarada chamado Gary Allen": Anthony Kiedis, "Rock and Roll Hall of Fame Induction Ceremony", Rock and Roll Hall of Fame, Cleveland, Ohio, filmado em 14 de abril de 2012, vídeo do discurso: https://www.youtube.com/watch?v=dEui0E4cXG0.
"Flea e Hillel moravam num apartamento": Gary Allen, e-mail ao autor, 21 de fevereiro de 2019.
começou a escrever seus próprios raps no dia seguinte: Flea, *Acid for the Children*, p. 390.
após perdoarem Flea: Flea, *Uma História Oral e Visual*, p. 16.
"a sequência de acontecimentos não planejada, inesperada e orgânica": Flea, *Acid for the Children*, p. 387.
"Não tínhamos noção": Behind the Music, "Red Hot Chili Peppers", 2ª temporada, episódio 32, dirigido por Yann Debonne, exibido em 30 de maio de 1999 no VH1.
chegaram até a conhecer o guitarrista da banda, Kelvyn Bell: Kiedis, *Scar Tissue*, p. 84; durante a mesma viagem, eles assistiram a um show do grupo de jazz *avant-garde* Lounge Lizards, liderado pelo saxofonista John Lurie. Ele e a banda, Flea em especial, se tornariam muito amigos alguns anos depois.
"fazer as pessoas sentirem o que a música me fazia sentir": Kiedis, *Scar Tissue*, p. 85.
surgiu por inteiro nos poucos dias: Kiedis, *Scar Tissue*, p. 101.
"era só um riff de guitarra": Jack Irons, *Uma História Oral e Visual*, p. 16.
Anthony já tivesse a letra: Thompson, *By the Way*, p. 50; Apter, *Fornication*, p. 58. Um artigo na revista *BAM* de 1991 chegou a sugerir que a letra foi escrita na noite do show, o que não é verdade.

"*traduzia em raps poemas*": Flea, "Chili Con Carnage", entrevista a Scott Cohen, *Details for Men*, outubro de 1991, p. 12.

tentativa direta de imitar "Defunkt": Flea, "Funkin' Hell", entrevista a Lisa Johnson, *Raw*, 22 de janeiro de 1992, p. 20; Flea "Red Hot Chili Peppers", entrevista a Sylvie Simmons, *Mojo*, julho de 2004, p. 72.

"*a primeiríssima música que escrevemos*": Flea, "Fleamail", Red Hot Chili Peppers, 27 de abril de 2006, https://web.archive.org/web/20060504021637/http://www.redhotchilipeppers.com/news/journal.php?uid=208.

"*ele ainda estava no FEAR na época*": Syndee Coleman, mensagem ao autor via Facebook, 16 de novembro de 2021.

passou a música no apartamento: Fabrice Drouet, e-mail ao autor, 15 de setembro de 2018.

Flea confirma: Flea, *Acid for the Children*, p. 391.

Flea diz que ela nunca *foi ensaiada*: Flea, "The Red Hot Chili Peppers' Spicy Funk", entrevista a Jeff Silberman, *BAM*, 1º de junho de 1984.

"*a assoviaram uns para os outros*": Flea, "Born to be Wired", entrevista a Cary Darling, *BAM*, 9 de agosto de 1985, p. 28.

rápida passada a cappella: Kiedis, *Scar Tissue*, p. 101.

30 pessoas no clube: Kiedis, *Scar Tissue*, p. 101.

número específico de 27: Flea, *Acid for the Children*, 392.

"*do boom box no ombro*": Gary Allen, mensagem ao autor via Facebook, 8 de agosto de 2019.

dança no show de estreia: Flea, *Uma História Oral e Visual*, p. 16; Flea, *Acid for the Children*, p. 392.

tanto naquele primeiro quanto num show posterior: Salomon Emquies, e-mail ao autor, 26 de maio de 2019; Salomon Emquies, *Uma História Oral e Visual*, p. 19.

sob o nome de Tony Flow: Kiedis, *Scar Tissue*, p. 101; Thompson, *By the Way*, p. 50; Dimitri Erhlich, "The Red Hot Chili Peppers", *Interview*, agosto de 1991, p. 106; apenas três das muitas ocorrências ao longo dos anos.

aliteração farsesca: Flea, *Acid for the Children*, p. 390.

"*Houve uma época em que Hillel e eu*": Anthony Kiedis, entrevista a fãs, *99x*, 8 de junho de 2000, https://soundcloud.com/user-121858192/

rhcp-6800-99x-studio. "*I used to shout across the room to you, and you'd come dancing like a fool*" ["Eu gritava para você do outro lado da pista, e você vinha dançando feito bobo"].

"muito divertido": Behind the Music, "Red Hot Chili Peppers", 2ª temporada, episódio 32, dirigido por Yann Debonne, exibido em 30 de maio de 1999 no VH1.

"dias a fio": Anthony Kiedis, *Fandemonium*, p. 14.

"Enquanto tocávamos": Kiedis, *Scar Tissue*, p. 102.

"VRAU desde a primeira nota": Flea, *Uma História Oral e Visual*, p. 16.

"eles foram tão bons": Gary Allen, e-mail ao autor, 21 de fevereiro de 2019.

ficou impressionado: Salomon Emquies, e-mail ao autor, 26 de maio de 2019.

detalhes conflitantes e incorretos: Thompson, *By the Way*, p. 50; Apter, *Fornication*, p. 58; Jeff Thompson, *True Men Don't Kill Coyotes* (Londres: Virgin, 1993), p. 57.

integrantes da banda são propensos: Kiedis, *Scar Tissue*, p. 100; Flea, *Acid for the Children*, p. 392.

"É muito difícil lembrar a data exata": amdation1, "Red Hot Chili Peppers MTV 2006 documentary part1", vídeo no YouTube, 9:43, 25 de setembro de 2009, https://www.youtube.com/watch?v=ziP_Oh52gRs. Ao dizer "nos tornamos uma banda", Anthony pode ainda estar se referindo não à primeira apresentação, mas a uma decisão posterior de dar prosseguimento ao projeto.

"Lá atrás, bem atrás": Bram van Splunteren, "The Red Hot Chili Peppers – A Dutch Connection", vídeo no Vimeo, 1:24:10, 10 de fevereiro de 2019, https://vimeo.com/316406105.

O mês de fevereiro é citado desde pelo menos junho de 1984: Jeff Silberman, "The Red Hot Chili Peppers' Spicy Funk", *BAM*, 1º de junho de 1984.

O show de 6 de janeiro daquele ano: *Uma História Oral e Visual*, p. 238.

anúncios no Los Angeles Reader: Nightclubbing, *Los Angeles Reader*, 17 de dezembro de 1982.

Show nº 2: 30 de dezembro de 1982

"performances de The Flow": Scoring the Clubs, *LA Weekly*, 6 de janeiro de 1983. Não está claro se o uso do plural em *performances* significa que a banda tocou mais de uma vez na mesma noite, mas é improvável.

Show nº 3: 6 de janeiro de 1983

"de fato rápido e pesado": BigRobFR, 1983 Punk Rock Series on KTTV Channel 11 – Pt. 4", vídeo no YouTube, 3:33, 27 de abril de 2009 (exibido originalmente em fevereiro de 1983 na KTTV), https://www.youtube.com/watch?v=Df4qYYTqz7A.

Show nº 4: 4 de março de 1983

Matt Dike se recorda da incerteza: Matt Dike, *Uma História Oral e Visual*, p. 19.
bebido na fonte de grupos de jazz: Kiedis, *Scar Tissue*, p. 103.
Red Hot Peppers: Apter, *Fornication*, p. 61.
Moisés e sua sarça ardente como referência: Thompson, *By the Way*, 51.
sugestão do nome The Red Hots: Gary Allen, e-mail ao autor, 21 de fevereiro de 2019.
algumas das possíveis faixas: David Hughes, e-mail ao autor, 2 de março de 2020. Essas músicas não necessariamente foram tocadas naquela noite, mas faziam parte das coleções de Hughes e Callahan e estavam em alta naquela época. John Callahan faleceu em fevereiro de 2013.
apoiados pela CIA: Gary Webb, "America's 'Crack' Plague Has Roots in Nicaragua War", *San Jose Mercury*, 18 de agosto de 1996.
cenário de uma batida em julho de 1983: "58 Arrested in Hollywood Drug Raid", *Los Angeles Times*, 25 de julho de 1983.
"crescer em Hollywood": Anthony Kiedis, The Red Hot Chili Peppers Eat It Raw", entrevista a Roy Trakin, *Musician*, dezembro de 1989, p. 127.
"Elas caíam muito bem": Thompson, *By the Way*, p. 51.
o guitarrista quem apresentou a canção: Kiedis, *Scar Tissue*, p. 105.
performance de "She'll Be Coming...": Dave Thompson, *By the Way*, p. 51; embora não esteja claro de onde vem essa informação. Pode ter sido ainda um *cover* improvisado de "Comin' Round the Mountain", do Funkadelic, mas, a julgar pelas afirmações posteriores da banda de que eles desconheciam a música de George Clinton naquele ponto da carreira, é improvável.
"Só diversão, nada de racional envolvido": Flea, *Uma História Oral e Visual*, p. 143.
"Eu não conseguia aceitar que alguém": Kiedis, *Scar Tissue*, p. 105.

"*Quarteto de funk*": Craig Lee, Bruce D. Rhodewalt, Pleasant Gehman e Marci Marks, "L.A. Dee Da", *LA Weekly*, 17 de março de 1983.

"*Havia umas figurinhas carimbadas de Hollywood ali*": Flea, *Uma História Oral e Visual*, p. 143.

Show nº 5: 25 de março de 1983

"*Funk to Death*" rabiscado no topo: *Uma História Oral e Visual*, p. 153.

"*Não havia absolutamente vergonha nenhuma*": Kiedis, *Fandemonium*, p. 14.

Show nº 6: 31 de março de 1983

"*Meu amigo Kevin e eu*": Linda Kite, mensagem ao autor via Facebook, 10 de junho de 2020. "Eu me lembro bem de dizer ao Kevin depois do *set* deles: 'Esses caras prometem...'"

"*Bandas de rock locais que não conseguiam shows*": Cindy Jourdan, "Getting There", *LA Weekly*, 21 de dezembro de 1978.

"*quando Brendan abriu o Masque*": Flea, "L.A.'s Punk Magnet", *Los Angeles Times*, 14 de outubro de 2009.

"*Depois do primeiro disco*": Kiedis, *Scar Tissue*, p. 151.

"*fomos conferir*": Anthony Kiedis, "Born to Be Wired", entrevista a Cary Darling, *BAM*, 9 de agosto de 1985, p. 26.

"*ainda não tinha contato com muita coisa desse estilo*": Flea, *Uma História Oral e Visual*, p. 29.

Bob Forrest também leva o crédito por apresentar: Bob Forrest, *Running with Monsters* (Nova York: Crown Archetype, 2013), loc. 702 de 2946, Kindle.

Show nº 8: 13 de abril de 1983

"*lugar para meus amigos e eu tocarmos*": Jeff Spurrier, L.A. Beat, *Los Angeles Times*, 20 de fevereiro de 1983.

"*Se alguém dissesse*": Jeff Spurrier, L.A. Beat, *Los Angeles Times*, 20 de fevereiro de 1983.

"*ela foi a única*": Pleasant Gehman, "Thoroughly Modern Helen: A Tribute to the Anti Club", *Pleasant Gehman: Confessions of a Postmodern Showgirl* (blog), 4 de maio de 2014, http://pleasantgehman.blogspot.com/2014/05/thoroughly-modern-helen-tribute-to-anti.html.

"*psicodelia de classe trabalhadora*": Craig Lee, "Checking out the 'Paisley Underground'", *Los Angeles Times*, 18 de dezembro de 1983.
ter pintado o rosto de Anthony: Dan Stuart, e-mail ao autor, 29 de março de 2020.
"*os amendoins e a cerveja que ele estava consumindo*": Apter, *Fornication*, p. 53.

Show nº 9: 29 de abril de 1983

"*Todo mundo*": Anthony Kiedis, entrevista a Howard Stern, *The Howard Stern Show*, WXRK, 10 de julho de 2004.
"*bar estranho em L.A.*": Thompson, *By the Way*, p. 57; ele muito provavelmente se refere ao The Plant, embora o local tenha sido uma casa de música ao vivo sob um nome diferente por muitos anos. Porém, de fato *era* um lugar incomum onde se ver uma banda.
"*sabia alguma coisinha*": Blackie Dammett, *Lords of the Sunset Strip* (Beverly Hills: The Three Marketeers, 2013), loc. 4986 de 9684, Kindle.

Sessão de gravação: Início de maio de 1983

"*Para mim, todo esse processo era*": Kiedis, *Scar Tissue*, p. 108.
"*de bom grado*": Tim Leitch, e-mail ao autor, 20 de setembro de 2021.
sessão de três horas foi bancada: Kiedis, *Scar Tissue*, p. 107; Flea também se refere à sessão ter durado três horas em *Uma História Oral e Visual*, p. 148.
ajudinha de Fabrice Drouet: Flea, *Acid for the Children*, p. 332.
Ele esteve presente na gravação: Fabrice Drouet, e-mail ao autor, 30 de maio de 2019.
utilizando alguns truques: Tim Leitch, e-mail ao autor, 21 de novembro de 2019.
"*Himi Limi*": Tal como na primeira apresentação da história da banda fora dos Estados Unidos, em 17 de agosto de 1985, em Sankt Goarshausen, na Alemanha. Ou, mais recentemente, em *The Late Late Show with James Corden*, "Carpool Karaoke: Red Hot Chili Peppers", temporada 2, episódio 129, dirigido por Glenn Clements, exibido em 13 de junho de 2016 na CBS.

Dammett fala sobre 5 de maio, uma quinta-feira: Dammett, *Lords of the Sunset Strip*, loc. 4986 de 5684.
"parece que é isso mesmo": Tim Leitch, e-mail ao autor, 21 de novembro de 2019.
"mais produtivas e inspiradas que já fizemos": Kiedis, *Scar Tissue*, p. 108.
o grupo pegou uma cópia da fita demo: Nate Pottker, "In Conversation with Pete Weiss", *Bob Forrest Music* (blog), dezembro de 2013, https://bobforrestmusic.files.wordpress.com/2013/12/peteweiss_inconversation.pdf.
China White: Kiedis, *Scar Tissue*, p. 108.
"Não sabíamos muito bem como a indústria musical funcionava": Anthony Kiedis, *Uma História Oral e Visual*, p. 90.
"mas surpreendentemente toda a garotada que se aproximava começava a dançar": Kiedis, *Scar Tissue*, p. 109.
"fizeram cocô pelo lugar todo": Flea, notas do encarte de *The Red Hot Chili Peppers*, Red Hot Chili Peppers, gravado em 1984, EMI Records, 72435-40380-2, CD.
Bob Forrest discotecando no Cathay de Grande: Brendan Mullen, "Bob Forrest Tells All", *LA Weekly*, 24 de novembro de 1999.
"dias melhores": Kiedis, *Scar Tissue*. Devemos notar que, no documentário *Bob and the Monster* (dir. Keirda Bahruth), de 2011, o próprio Forrest parece bastante incerto se essa história é mesmo verdadeira. Anthony, por outro lado, está bem seguro de que ela é. Nenhum dos dois tem a memória lá muito boa.
Foi aí que percebi que Anthony: Forrest, *Running with Monsters: A Memoir*, loc. 667 de 2946.
"Ao crescer": Kiedis, *Fandemonium*, p. 12; ele faz diversas exceções compreensíveis e óbvias, tais como Jimi Hendrix.
"Por seis meses": Forrest, *Running with Monsters: A Memoir*, loc. 682 de 2946.

Show nº 10: 20 de maio de 1983

"Duas músicas": Peter Bastone, mensagem ao autor via Facebook, 21 de novembro de 2019. Eles provavelmente tocaram mais do que duas músicas, mas o repertório de seis ou sete só durava cerca de 15 minutos, de qualquer forma.

What Is This fez um show: Camel Soundboard, *LA Weekly*, 26 de maio de 1983.
"*Definitivamente havia uns sentimentos bizarros*": Thompson, *By the Way*, p. 53.
um segurança vingativo e ciumento: Kiedis, *Scar Tissue*.
"*O mais recente cliente vetado*": Donald Adams, Red Baron, Shari Famous, Marci Marks e Craig Lee, L.A. Dee Da, *LA Weekly*, 2 de junho de 1983.
"*O que eu gosto no Chili Peppers*": Flea, "Close-Ups", entrevista a Bruce Kalberg, *NOMAG*, abril/maio de 1983.
"*Para nós, tocar nossas músicas*": Kiedis, *Scar Tissue*, p. 107.
"*Cliff Martinez é um grande baterista*": Flea, "Close-Ups".

Show nº 11: 30 de maio de 1983

"*funk caótico de quebrar o esqueleto*": rhcpfreak2006, "Red Hot Chili Peppers –MTV Cutting Edge 1984", vídeo no YouTube, 4:59, 19 de dezembro de 2007 (exibido originalmente na MTV em agosto de 1984), https://www.youtube.com/watch?v=Y121u9_wkpA.
"*caos de quebrar o esqueleto*": DeeAnne Rodeen, "Red Hot Chili Peppers Beat It to Death", *Daily Nexus Arts and Entertainment*, 7 de abril de 1988.
o cover foi feito a pedido de Hillel: Kiedis, *Scar Tissue*, p. 111.
"*Sempre que havia uma oportunidade*": Flea, *Uma História Oral e Visual*, p. 100.
"*Aparecer em texto ou em foto na Scratch*": Pleasant Gehman, "Boswelling the Scene", *LA Weekly*, 8 de setembro de 1983.
"*uma reação contra o esnobismo dos antenados*": Ruben MacBlue, *Whores: An Oral Biography of Perry Farrell and Jane's Addiction*, ed. Brendan Mullen (Boston: Da Capo Press, 2005), loc. 574 de 6120, Kindle.

Show nº 12: 4 de junho de 1983

"*Eu só estava molhando os pés naquela piscina*": Todas as citações de Carmaig de Forest são de entrevista ao autor, 26 de fevereiro de 2021.

Show nº 13: 5 de junho de 1983

"*Todo mundo chegava com a roupa que estava usando na noite anterior*": Pleasant Gehman, "Princess of Hollywood", *More Fun in the New*

World: The Unmaking and Legacy of L.A. Punk, ed. John Doe e Tom DeSavia (Boston: Da Capo Press), p. 195.

"*o boulevard era uma estrada de pedra*": Dan Morain, "Owner Dies; Home's Future Uncertain", *Los Angeles Times*, 20 de janeiro de 1983.

o show com o Horseheads certamente aconteceu: Steven McDonald, e-mail ao autor, 10 de janeiro de 2020; Craig Lee, "Triple Bill of 'Exciting' Bands", *Los Angeles Times*, 7 de junho de 1983.

Show nº 14: 11 de junho de 1983

"*Grupos bons vistos esta semana*": Pleasant Gehman, Shari Famous, Donald Adams e Craig Lee, L.A. Dee Da, *LA Weekly*, 23 de junho de 1983, p. 43.

Show nº 15: 17 de junho de 1983

ter convidado o Chili Peppers para abrir para o Alley Cats: Randy Stodola, mensagem ao autor via Facebook, 2 de março de 2020.

"*O chapéu coco*": Dammett, *Lords of the Sunset Strip*, loc. 5009 de 9684.

"*Anthony, há quanto tempo a sua banda*": Ruben MacBlue, "Interview with the Red Hot Chili Peppers", *Scratch* nº 2, junho de 1983.

Flea causou uma ótima impressão a Steven: Steven McDonald, e-mail ao autor, 8 de maio de 2020.

conhecer Grandmaster Flash em pessoa: Halloween Night, Shari Famous, Donald Adams e Craig Lee, L.A. Dee Da, *LA Weekly*, 7 de julho de 1983, p. 45.

"*Meu primeiro encontro com Flea e Anthony*": Brendan Mullen, introdução de *Uma História Oral e Visual*.

"*Caramba, é melhor a gente se ajeitar bem*": Kiedis, *Uma História Oral e Visual*, p. 144.

Show nº 16: 3 de julho de 1983

"*Os shows não eram para uns velhos tarados*": Flea, "Funk Brothers", entrevista a Alan Di Perna, *Guitar World*, julho de 2006, p. 72.

"*O Kit Kat Club está se tornando rapidamente*": Pleasant Gehman, Bruce D. Rhodewalt, Craig Lee e Marci Marks, L.A. Dee Da, *LA Weekly*, 29 de julho de 1982. Algumas semanas depois, o jornal publicaria uma

foto do astro de cinema Elliot Gould de braços dados com a *promoter* do clube, Suzanne Schott.
"*muito café*": Cliff Martinez, *Uma História Oral e Visual*, p. 140.
"*rock de roupa íntima*": Scoring the Clubs, *LA Weekly*, 3 de março de 1983.
tocou com Flea no grupo: Cliff Martinez, *Uma História Oral e Visual*, p. 29.
"*Dei uma corrida*": Kiedis, *Scar Tissue*, p. 112.
"*levitando de nervosismo*": Thompson, *By the Way*, p. 61.
"*congelou*": Kiedis, *Scar Tissue*, p. 113.
"*Foi ótimo*": Behind the Music, "Red Hot Chili Peppers", temporada 2, episódio 32, dirigido por Yann Debonne, exibido em 30 de maio de 1999 no VH1.
decisão tomada *naquela noite*: Robin Smith, "Fighting Talk", *Record Mirror*, fevereiro de 1988, p. 38.
"*coisa espontânea a se fazer*": Apter, *Fornication*, p. 66.
"*Como estávamos tocando*": Kiedis, *Scar Tissue*, p. 111.
"*Pode ter sido de Hillel*": Flea, "Funk Brothers", entrevista a Alan Di Perna, *Guitar World*, julho de 2006, p. 72. A mais recente aparição das "meias no pau" aconteceu em Wantagh, Nova York, em 12 de agosto de 2000.
"*Então, um dia em que ela apareceu em casa*": Anthony Kiedis, "Anthony Kiedis", entrevista a Lawrence Grobel, *Penthouse*, janeiro de 2002, p. 123.
"*Recebíamos visitas*": Flea, "Get a Grip: Red Hot Chili Peppers Exposed", entrevista a Pete Stanton, *Smash Hits*, março de 1994, p. 36.
"*Era tão engraçado*": Thompson, *By the Way*, p. 61.
Anthony se recordou: Thompson, *By the Way*, p. 61.
"*dando às dançarinas de topless*": Shari Famous, Donald Adams e Craig Lee, L.A. Dee Da, *LA Weekly*, 14 de julho de 1983.
"*Nada de pelos pubianos!*": Thompson, *By the Way*, p. 61.
"*pintados de verde*": Apter, *Fornication*, p. 66.
"*Achei que eles fossem negros*": Laurie Kammerzelt, "Red Hot Chili Peppers", *Artist Magazine*, 1984, http://www.artistwd.com/joyzine/music/rh_chili_peppers/peppers.php.

Show nº 17: 4 de julho de 1983

comentários depreciativos sobre o nome da banda e as letras de Anthony: Brian Kild, e-mail ao autor, 16 de maio de 2020.
"a banda de rock de bad boys": "Nite Life", *In Touch*, edição 85, novembro de 1983.

Show nº 18: 18 de julho de 1983

"eu estava surtando lá no meu canto": Flea, *Uma História Oral e Visual*, p. 144.
alma sábia: Kiedis, *Scar Tissue*, p. 228.
"queria algo bem limpo": Flea (@flea333), Twitter, 8 de maio de 2021, 3h28min, https://twitter.com/flea333/status/1390720207082037248. "É Karl. Eu gravei originalmente, mas eles tiraram meu baixo e o substituíram pelo dele. Ele tocou o que eu gravei, mas 'de forma profissional' acho que substituíram jack e Hillel também não me lembro. [sic] Produzida por Keith Forsey. Ele queria algo bem limpo."
"foi ótima ao tocar seus riffs quentes": Richard Cromelin, "Red Hot Chili Peppers and Bad Brains", *Los Angeles Times*, 20 de julho de 1983.
do anúncio de um show anterior: "The Red Hot Chili Peppers, Four White Boys That Sound Like Captain Beefheart Playing James Brown", Camel Soundboard, *LA Weekly*, 21 de julho de 1983.
"No Lingerie, conheci um cara": Kiedis, *Uma História Oral e Visual*, p. 26; Anthony nunca menciona Richardson pelo nome, mas era um sujeito alto que tocava baixo e vinha de Atlanta.
"Naquela tarde fumamos um baseado": Kiedis, *Scar Tissue*, p. 113.
"de fato gostado muito de Lindy": Flea, notas do encarte de Red Hot Chili Peppers, *The Red Hot Chili Peppers*, 1984. EMI Records 72435-40380-2-0, 2003.
"Ganhamos porco agridoce": Kiedis, *Scar Tissue*, p. 113.

Show nº 20: 31 de julho de 1983

"Velozes e furiosas": John Danger, "Black's Paradise", *Los Angeles Record*, 3 de julho de 1914. Fonte da história do American Hotel: "POSTcards from the Past", Tales of the American, 2018, https://talesoftheamerican.com/history/.

"*criado por artistas*": Laurie Pike, "Raise a Glass for Al's Bar – It's Last Call", *Los Angeles Times*, 16 de agosto de 2001.

"*para caras gays*": Rachel Kreisel, "Finding Aid for American Hotel and Al's Bar Project Records", UCLA, última modificação em 30 de setembro de 2020, https://oac.cdlib.org/findaid/ark:/13030/c87m0dnc/entire_text/.

"*disco music hostil*": David Velasquez, comentário em "Necropolis of Love – The Hope, 1984", *Bimble's Windy Weather* (blog), 2 de janeiro de 2009, http://windyweather-bimble.blogspot.com/2008/10/necropolis-of-love-hope-1984.html.

"Não parávamos de cruzar": David Velasquez, mensagem ao autor via Facebook, 24 de abril de 2020.

"*caras muito amigáveis*": David Velasquez, mensagem ao autor via Facebook, 24 de abril de 2020.

"Sempre deixávamos para depois": Skip King, mensagem ao autor via Facebook, 28 de abril de 2020.

exibir a tatuagem na rua: Rick Cox, entrevista ao autor, 8 de dezembro de 2021.

Show nº 21: 4 de agosto de 1983

Hagen dublou duas músicas: Miss Cari, Miss Shari Famous, Miss Marci Marks, Donald Adams e C. Lee, L.A. Dee Da, *LA Weekly*, 25 de agosto de 1983, p. 41. Nesta reportagem, há os primeiros sinais de que os colunistas do *LA Weekly* estavam ficando cansados das travessuras onipresentes do Chili Peppers: "Precisamos falar *deles* de novo?".

colaborar com os irmãos John e Dix Denney: Halloween Knight, Shari Famous, Marci Marks e C. Lee, L.A. Dee Da, *LA Weekly*, 11 de agosto de 1983, p. 41.

"*para o norte com a banda*": Dammett, *Lords of the Sunset Strip*, loc. 5024 de 9684.

"Me lembro da primeira vez": Flea (@flea333), foto de Instagram, 17 de janeiro de 2019, https://www.instagram.com/p/Bstzb0-B9Kq/.

Show nº 22: 13 de agosto de 1983

Relação de Flea com o Oingo Boingo: Richard Gibbs, mensagem ao autor via Facebook, 13 de maio de 2020.

"*Deverá ser*": Halloween Knight, Shari Famous, Marci Marks e C. Lee, L.A. Dee Da, *LA Weekly*, 11 de agosto de 1983, p. 41.

"*um público new wave cruel*": Jeff Spurrier, "The Chili Peppers Remain Red Hot", *Los Angeles Times*, 12 de fevereiro de 1984.

Show nº 23: 17 de agosto de 1983

"*Ali estávamos nós, sem contrato de gravação*": Kiedis, *Scar Tissue*, p. 115. A capacidade do Universal Amphitheater era de seis mil pessoas, então a banda pode ter tocado para bem mais do que quatro mil. Do mesmo modo, 200 pessoas é provavelmente uma estimativa muito alta para o público de muitos dos primeiros shows da banda pelos clubes de Los Angeles.

"*causar*": Dammett, *Lords of the Sunset Strip*, loc. 5045 de 9684. Só podemos especular se a expressão "causar" seria um eufemismo referente a algum ato mais ousado.

"*roupas mais malucas*": Kiedis, *Scar Tissue*, p. 116; Jason Lloyd, 30 de janeiro de 2019, comentário em: Emilio Loza, https://www.facebook.com/groups/179734645377051/posts/2514874038529755/.

"*as lanchonetes terceirizadas aplaudiram*": Dammett, *Lords of the Sunset Strip*, loc. 5045 de 9684.

"*roupão de banho e com o rosto cheio*": Kiedis, *Scar Tissue*, p. 116; considerando-se o senso de humor de Elfman, a espuma de barbear pode ter sido uma piada visual.

"*explodiu no palco pulando*": Emilio Loza, 6 de maio de 2020, comentário em: Duncan, https://www.facebook.com/groups/179734645377051/posts/3485683098115506/.

"*agir feito famosão e tal*": Pete Weiss, *Uma História Oral e Visual*, p. 143.

"*presente por tudo o que ele havia conseguido*": Dammett, *Lords of the Sunset Strip*, loc. 5045 de 9684. Como ele mesmo admitiu, também estava lá na tentativa de conseguir representação para Anthony como ator, então talvez não estivesse tão confiante quanto afirma em relação a essa nova carreira.

"*Depois de toda a comoção negativa*": Dammett, *Lords of the Sunset Strip*, loc. 5024 de 9684.

Show nº 25: 10 de setembro de 1983

"volta triunfal": Kiedis, *Scar Tissue*, p. 116.
executivos das gravadoras: Halloween Knight, Shari Famous, Marci Marks, Craig Lee e Donald Adams, L.A. Dee Da, *LA Weekly*, 22 de setembro de 1983.
"empolgante e bacana": Kiedis, *Scar Tissue*, p. 113.
reuniões que ele e Flea faziam: Kiedis, *Scar Tissue*, p. 113.
"em que as duas gravadoras": "Enigma Records", *New on the Charts*, agosto de 1984, p. 17.
"gravando demos para uma gravadora interessada": Halloween Knight, Shari Famous, Donald Adams e C. Lee, L.A. Dee Da, *LA Weekly*, 18 de agosto de 1983. Se eles de fato gravaram outra demo mais tarde em 1983, antes da saída de Hillel e de Jack, não há referência nenhuma a ela por qualquer membro da banda nos anos seguintes, além de nada ter aparecido de forma não oficial.
"especialmente agressivo": Kiedis, *Scar Tissue*, p. 116.
"Se íamos tentar um contrato de gravação": Kiedis, *Scar Tissue*, p. 113-114.

Show nº 26: 18 de setembro de 1983

"Certa noite, Flea e eu": Kiedis, *Scar Tissue*, p. 116; é quase uma certeza que seu relato seja uma versão condensada dos acontecimentos.
"Não era como se eles fossem incidentais": Kiedis, *Scar Tissue*, p. 117.
"emocionalmente devastado": Apter, *By the Way*, p. 65.
recontados em biografias da banda e entrevistas: *Fornication*, de Apter, implica que o Chili Peppers conseguiu o contrato primeiro (p. 71); *By the Way*, de Thompson, se refere a ofertas "simultâneas" (p. 64). Linda Laban acerta ("Red Hot Chili Peppers", *Record Collector*, agosto de 1990, p. 64).
já era considerada pela MCA: Halloween Knight, Shari Famous, Marci Marks, Craig Lee e Donald Adams, L.A. Dee Da, *LA Weekly*, 22 de setembro de 1983.
"Hillel e Jack me disseram": Lindy Goetz, *Uma História Oral e Visual*, p. 28.
"nunca teria dado certo": Thompson, *By the Way*, p. 64.
"Estávamos no grupo": Thompson, *By the Way*, p. 64.

"Quando comecei a pensar": Kiedis, *Scar Tissue*, p. 117.
"imediatamente sugeriu": Kiedis, *Scar Tissue*, p. 117.
"Não só eu queria ser músico": Cliff Martinez, "Interview: Cliff Martinez", entrevista a Mister French, *The Offline People*, 19 de fevereiro de 2011, http://theofflinepeople.blogspot.com/2011/02/interview-cliff-martinez.html.
"bagunça desgraçada": Apter, *Fornication*, p. 73.
"foi capaz de tocar cada ritmo": Jerry Kishbaugh, "Captain Beefheart Preparing 'Ice Cream for Crow'", *Citizen's Voice*, 26 de março de 1982.
"apartamento destruído": Kiedis, *Scar Tissue*, p. 117.
"já tinha visto o Chili Peppers várias vezes": Cliff Martinez, *Uma História Oral e Visual*, p. 29.
"*Era um estilo*": Apter, *Fornication*, p. 74.
decidiram tocar mesmo assim: Chris Ziegler, "The Weirdos: We Were Toxic", *Los Angeles Record*, 13 de dezembro de 2013, https://larecord.com/interviews/2013/12/13/the-weirdos-we-were-toxic.
"sujeito legal": Kiedis, *Scar Tissue*, p. 118.
"As coisas já estavam estremecidas o bastante": Goetz, *Uma História Oral e Visual*, p. 28.
"novos Chili Peppers": Halloween Knight, Marci Marks e Craig Lee, L.A. Dee Da, *LA Weekly*, 13 de outubro de 1983.
o grupo inteiro sairia de viagem: Halloween Knight, Shari Famous, Marci Marks, Craig Lee e Donald Adams, L.A. Dee Da, *LA Weekly*, 22 de setembro de 1983.
a dupla visitou Londres, Paris e Amsterdã: Kiedis, *Scar Tissue*, p. 118.
ácido consumido no cemitério: Flea (@flea333), Twitter, 26 de março de 2020, 2h42min, https://twitter.com/flea333/status/1242839350246690817. "Só para esclarecer, a maior parte da minha primeira viagem a Londres foi passada em Catford. Tomei ácido no cemitério de Catford. Verão de '83." "*Taking acid in a graveyard*" é um verso de "Dreams of a Samurai", canção do Red Hot Chili Peppers de 2016, que pode ou não ter relação com esse período formativo. É claro, *graveyards* e *cemeteries* são palavras diferentes...
soma de dois fatores: Kiedis, *Uma História Oral e Visual*, p. 92.
"abandonou": Kiedis, *Scar Tissue*, p. 118.

"faziam um barulho tipo um gongo": Kiedis, *Uma História Oral e Visual*, p. 95.
perda da jaqueta: Kiedis, *Scar Tissue*, p. 16.
menção da viagem na L.A. Dee Da: Halloween Knight, Shari Famous, Marci Marks, Craig Lee e Donald Adams, L.A. Dee Da, *LA Weekly*, 22 de setembro de 1983.
segunda menção: Halloween Knight, Marci Marks e Craig Lee, L.A. Dee Da, *LA Weekly*, 13 de outubro de 1983.
"baixista funky": Classificados, *LA Weekly*, 6 de outubro de 1983.
"Obrigado, Los Angeles": "Club Lingerie", *LA Weekly*, 6 de outubro de 1983.
sumia com o dinheiro: Forrest, *Running with Monsters*, loc. 716 de 2946.
"avisos": Kiedis, *Scar Tissue*, p. 118. Um aviso de aluguel atrasado, datado de 1º de novembro de 1983, está reproduzido na página 85 de *Uma História Oral e Visual*. A data implica que talvez eles tenham sido despejados algumas semanas *depois* de retornar da Europa.

Show nº 27: *Circa* 10-13 de outubro de 1983

"a caminho de Aspen": Shari Famous, Donald Adams e Craig Lee, L.A. Dee Da, *LA Weekly*, 14 de julho de 1983.
"ia mesmo ser a próxima sensação": Deanne Franklin, e-mail ao autor, 9 de abril de 2020. Ironicamente, anos mais tarde, Fair trabalhou com a banda na EMI como produtor executivo de "Show Me Your Soul", de 1989, da trilha sonora de *Uma Linda Mulher*.
"fazer sucesso": David Moss, 1º de março de 2016, comentário em: Moss, https://www.facebook.com/groups/aspenusa/posts/616117951868500/. A conexão entre Bono, sua esposa, Cher, e a família Kiedis pode ser explorada mais a fundo em *Lords of the Sunset Strip* e *Scar Tissue*.
convidada a se retirar: Sherri Franklin, e-mail ao autor, 9 de abril de 2020.
tema da Família Buscapé: Gary Allen, e-mail ao autor, 21 de fevereiro de 2019.
"Eles nos disseram para levar": Gilbert Garcia, "The Chili Peppers' Flea discusses 'Magic' inspirations", *Daily Texan*, 9 de março de 1989. Em 9 de abril de 2020, David Moss disse em mensagem ao autor via Facebook que havia "muito mais na história" e que ela envolvia "uma

altercação física", talvez com alguém da plateia, mas não forneceu mais detalhes. Tristemente, Moss faleceu em dezembro de 2020.
"*putos demais*": Sherri Franklin, e-mail ao autor, 9 de abril de 2020.
"*belo jantar orgânico*": Gary Allen, e-mail ao autor, 30 de agosto de 2020.
"*Todos nós chapamos*": Sherri Franklin, e-mail ao autor, 9 de abril de 2020.
"*Fomos embora*": Thompson, By the Way, p. 56.
primeira nevasca pesada daquele ano: Nolan J. Doesken e Thomas B. McKee, Colorado Climate Summary, Water-Year Series, October 1983–September 1984, Climatology Report (Fort Collins, CO: Colorado Climate Center, fevereiro de 1985).
"*a falação deles no palco*": Kiedis, Uma História Oral e Visual, p. 24.
"*Aprendi* [...]": Flea, Acid for the Children, p. 351.
um dos catalisadores: Flea, Acid for the Children, p. 378.

Show nº 28: 29 de outubro de 1983

"*Há uma atitude provinciana muito arraigada*": Pleasant Gehman, Marci Marks e Craig Lee, L.A. Dee Da, LA Weekly, 22 de dezembro de 1983.

Show nº 29: 7 de novembro de 1983

"*alguns dos presentes*": Halloween Knight, Carri e Craig Lee, L.A. Dee Da, LA Weekly, 17 de novembro de 1983.
bate-cabeça de Flea: Rosie Flores, e-mail ao autor, 19 de outubro de 2020.
"*não estava acertando na guitarra*": Kiedis, Scar Tissue, p. 120.
"*sempre seríamos quatro*": Kiedis, Scar Tissue, p. 121.
"*RED HOT CHILI PEPPERS Precisam*": Classificados, LA Weekly, 17 de novembro de 1983.
conseguiu conhecer Hugh Hefner: Halloween Knight, Miss Carri, Marci Marks e Craig Lee, L.A. Dee Da, LA Weekly, 24 de novembro de 1983.

Show nº 30: 23 de novembro de 1983

"*a nata do gênero*": Charles A. Barrett, "Lavish Country Music Nitery to Open by Owner of Roxy", Hollywood Reporter, 19 de novembro de 1979.
"*Chili Peppers era algo*": Jeff Spurrier, "Slap in the Ear by What Is This", Los Angeles Times, 18 de março de 1984.

não tem memórias do Chili Peppers: Peter Case, e-mail ao autor, 17 de setembro de 2020.
também não se lembre de nada: Tony Marsico, mensagem ao autor via Facebook, 17 de setembro de 2020.
"era um grande garoto": Tony Marsico, *Late Nights with Bob Dylan* (Los Angeles: Swingomatic, 2008), s/n.
"vibe [...] passando do ponto": Flea, *Acid for the Children*, p. 378.
o grupo chegou a ensaiar extensivamente composições originais de Flea: Tim Leitch, "Spit Stix—2004", entrevista a Mark Prindle, *Prindle Rock and Roll Review Site*, maio de 2004, http://markprindle.com/stix-i.htm.
"Disse logo de cara": Rick Cox, entrevista ao autor, 8 de dezembro de 2021.
"vários guitarristas": Kiedis, *Scar Tissue*, p. 121. Nenhum outro nome além de Rick Cox, Jack Sherman ou Mark 9 já foi mencionado, mas Jack Sherman afirmou numa entrevista de 2014 ao programa *The Five Count* que "muita, muita, muita gente" fez teste para a vaga, enquanto uma entrevista de 1984 com a banda toda na revista *BAM* (Jeff Silberman, "The Red Hot Chili Peppers' Spicy Funk", *BAM*, 1º de junho de 1984) apresenta o número de 30.
"alarme antiaéreo": Jack Sherman, "Interview with Jack Sherman", entrevista a RealInspectorShane, Michael Steele, julho de 2010, https://web.archive.org/web/20130702122639/http://www.mickisteele.net/jack_sherman.html.
"Começávamos a patinar": Sherman, "Interview with Jack Sherman", entrevista a RealInspectorShane.
"Ela disse que uns caras": Jack Sherman, "Interview with Jack Morris Sherman", entrevista a Max Elfimov, fevereiro de 2018, http://rhrsandse.tilda.ws/.
"Foi agradável": Sherman, "Interview with Jack Morris Sherman", entrevista a Elfimov.
"Eu me lembro de ver um cara": Sherman, "Interview with Jack Morris Sherman", entrevista a Elfimov.
ausência do vocalista: Kiedis, *Scar Tissue*, p. 121-124.
"sacudia a cabeça": Apter, *Fornication*, p. 74.

"*Sempre gostei de funk*": Jeff Silberman, "The Red Hot Chili Peppers' Spicy Funk", *BAM*, 1º de junho de 1984.

"*previsível*": Jack Sherman, "An Evening with the Red Hot Chili Peppers' Jack Sherman", entrevista a Dustin Wilmes e Justin Cline, *The Five Count*, julho de 2014, http://thefivecount.com/interviews/an-evening-with-the-red-hot-chili-peppers-jack-sherman/.

"*incentivo enorme*": Apter, *Fornication*, p. 75.

"*chegar lá*": Sherman, "Evening with Jack Sherman", entrevista a Wilmes e Cline.

"*Ele se jogava na bateria*": Sherman, "Evening with Jack Sherman", entrevista a Wilmes e Cline.

"*refugiado da escola de arte*": Kiedis, *Scar Tissue*, p. 121.

"*Foi por meio dele que ouvi falar da banda*": John Frusciante, *Uma História Oral e Visual*, p. 30.

"*destruidora*": Apter, *Fornication*, p. 74.

"*Como é que você toca*": Apter, *Fornication*, p. 74.

"*Quase como se fosse uma aceitação ressentida*": Sherman, "Evening with Jack Sherman", entrevista a Wilmes e Cline.

"*Tocamos algumas de nossas músicas*": Kiedis, *Scar Tissue*, p. 121.

"*Não era o demônio explosivo do funk*": Kiedis, *Scar Tissue*, p. 121-122.

músico "*muito bom*" e "*um guitarrista incrível*": Flea, Lindy Goetz, *Uma História Oral e Visual*, p. 29.

"*aceitar o nerd*": Kiedis, *Scar Tissue*, p. 121.

"*harmonias em cascata*": Jack Sherman, "Interview with Jack Morris Sherman", entrevista a Max Elfimov, fevereiro de 2018, http://rhrsandse.tilda.ws/.

"*Algo dentro de mim queria essa aceitação*": Jack Sherman, "An Evening with the Red Hot Chili Peppers' Jack Sherman", entrevista a Dustin Wilmes e Justin Cline, *The Five Count*, julho de 2014, http://thefivecount.com/interviews/an-evening-with-the-red-hot-chili-peppers-jack-sherman/.

"*Estávamos no palco*": Sherman, "Interview with Jack Morris Sherman", entrevista a Elfimov.

O outro acordo era uma divisão igualitária: Apter, *Fornication*, p. 89.

Epílogo: 9, 10 ou 11 de março de 1984

A audiência não era o único problema: David Leboitz, "Talk Show Graveyard: Thicke of the Night", *Deadshirt*, 2 de julho de 2014, http://deadshirt.net/2014/07/02/talk-show-graveyard-thicke-of-the-night/; e Darrell Vickers, ex-membro da equipe do programa, e-mail ao autor, 12 de dezembro de 2020.

Este livro foi composto em Minion Pro e impresso em offset 75 g pela Gráfica Impress em fevereiro de 2024.